西學研究

十石题

2020 年第 1 辑 / 总第 3 辑

主编　　陈莹雪　　李隆国

商務印書館
创于1897　The Commercial Press

本书由北京大学社科部资助出版

目　　录

布里塞伊斯致阿喀琉斯[*]

刘淳(北京大学外国语学院)

　　布里塞伊斯的故事,最早见于荷马史诗《伊利亚特》。按照史诗的说法,布里塞伊斯是希腊联军攻陷特洛伊附近密西亚(Mysia)的吕尔涅叙斯(Lyrnessos)时,掠来的女俘;她作为战利品,被分配给阿喀琉斯(2.690—693)。在史诗的第一卷,希腊联军的统帅阿伽门农为了平息阿波罗的怒火,不得不归还自己的女奴,并因此与大英雄阿喀琉斯发生冲突。阿伽门农夺走了阿喀琉斯帐下的女奴布里塞伊斯,阿喀琉斯认为自己的荣誉受到了伤害,宣布退出战斗,史诗的故事徐徐拉开帷幕。需要注意的是,史诗中的阿喀琉斯之"怒"虽然很复杂,也有很多层次,但并没有什么浪漫元素。阿喀琉斯也许很喜欢布里塞伊斯,但布里塞伊斯对他来说,是一件战利品,是英雄荣誉的标志和外在体现;布里塞伊斯被夺后阿喀琉斯的反应,并不是失去爱人的情爱伤痛,而是荣誉遭到侵害后的愤怒。在帕特克罗斯代替自己出战、被赫克托尔杀死后,阿喀琉斯的怒火有了新的高度和内涵,也驱动他再次出战,为好友复仇。

　　奥维德的第三封信,完全从荷马史诗演绎而来,所提到的情节集中在《伊利亚特》卷一和卷九。不过,奥维德笔下的布里塞伊斯,却充分发挥了哀歌体裁的特点,完全从浪漫的男女恋情来解释以上一系列事件;她对阿喀琉斯的理解,完全不同于史诗所呈现的英雄形象,更将自己摆在了远高于女俘的地位,反复强调自己的重要性。可以

　　* 本文为中国国家社科基金重大项目"古罗马诗人奥维德全集译注"(项目号15ZDB087)阶段性成果。

说,是布里塞伊斯弄错了形势,误解了事情的来龙去脉:可能因为她听说阿喀琉斯与阿伽门农发生冲突,就自作多情地以为一切因自己而起。奥维德为什么要刻画这样一种心态、这样一个人物? 也许他想通过一个女子浪漫化的视角,来呈现那个广为人知、以男性为主角的故事;也许在奥维德的时代,已有很多读者和听故事的人,难以理解史诗中阿喀琉斯之怒的本质,进而开始种种浪漫化的解读和演绎,而奥维德正是要刻画这种"不理解"且妄自揣度的心态。在某种意义上说,第三封信中的布里塞伊斯,有些喜剧的色彩,可笑又可叹。这种浪漫化的解读在现当代文艺作品中也很常见。例如,南星译本中,在此信的前言中提到:"女俘勃来西绮丝成为联军主将阿奇里兹的情人,但后来不得不将她转让给联军统帅阿伽门农。为此事引起二将不和,阿奇里兹不再参战。"①2004 年上映的美国电影《特洛伊》更是将布里塞伊斯演绎为特洛伊公主,与阿喀琉斯互生情愫。

根据信中布里塞伊斯提到的信息,这封信应该写于阿伽门农派使者劝说阿喀琉斯不成的那一天。如果布里塞伊斯很有手段的话,也许能在天亮前设法把信送到(因为她以为天一亮,阿喀琉斯就要离开特洛伊)。收到信的阿喀琉斯,会读完它吗? 帕特克罗斯会不会也看到信? 如果布里塞伊斯的信没能当天送达,阿喀琉斯可能第二天甚至更晚才收到信,而第二天帕特克罗斯就出战阵亡;失去挚友的阿喀琉斯,可能更没有兴趣读完这封信了。

不过,阿喀琉斯随后仍然出战了。熟悉史诗传统的读者知道,他是为了给帕特克罗斯报仇;但在布里塞伊斯看来,则是她的书信、她的劝说,起了影响阿喀琉斯的作用;而她也如愿以偿,回到阿喀琉斯的军帐。布里塞伊斯会不会为此而洋洋得意呢? 无论如何,此信都展示了女主人公对自己魅力和说服力的自信,以及对阿喀琉斯的卑微却执着的感情。

---

① 〔古罗马〕奥维德:《女杰书简》,南星译,生活·读书·新知三联书店 1992 年版,第 26 页。

　　此信中译所采用的主要底本为：Palmer，A.，ed. *P. Ovidi Naso-*
nis Heroides. 2nd ed. Oxford，1898；同时参考了洛布新校本：Goold，
G. P. rev. ed. of G. Showerman，ed. *Ovid：Heroides and Amores*.
Cambridge，Mass.，1977.

　　此信译文如下：

1　　你正阅读的文字，来自被夺走的布里塞伊斯，

　　　她异族的手很难把希腊文写好。

　　　你将看到的涂抹污痕都是泪水所致；

　　　可泪水也依然有言语的力量。

5　　若是可以容许我抱怨你几句，我的主人和爱人，

　　　我就要抱怨几句，我的主人和爱人。

　　　那么快我就被遵命转给那国王，这不是

　　　你的错——可是这到底也是你的错；

　　　因为欧吕巴忒斯和塔尔堤比乌斯刚刚来讨要我，

10　　我就被交给欧吕巴忒斯和塔尔堤比乌斯带走。

　　　他们向对方投去目光，面面相觑，

　　　无声地询问：我们之间的爱意在哪里。

　　　我本可以被多留一会儿；痛苦的延迟也会让我感激涕零。

　　　呵！离别时我未曾给出分别的吻；

15　　但我流下了无尽的泪水，撕扯我的头发——

　　　不幸的我，仿佛再度遭俘！

　　　我常常想骗过守卫逃回去，

　　　可是外有敌军，会擒拿我这胆怯的女孩。

　　　我担心，要是自己走出来，会被趁夜捉住，

20　　被当作礼品，送到普里阿摩斯某个儿媳跟前。

　　　然而就算我被送走是因为必须被送走——我离开这么多日子

　　　也并没被讨还；你在拖延，你的怒火来得迟缓。

　　　我被交出的时候，墨诺提奥斯之子曾亲自在我耳边

　　　说道："为什么流泪？不久你就会回到这里。"

25　不曾把我讨还只是小事;阿喀琉斯,你竟还尽力阻止我被归还!

　　罢了,热烈的情人,这名声你可真当得起!

　　忒拉蒙和阿明托尔的儿子们来拜访你——

　　一个在血缘上与你是近亲,另一个是友伴——

　　还有拉厄尔特斯的儿子,我本该在他们的伴随下归来。

30　他们曲意恳求,佐以丰厚的赠礼:

　　二十只黄褐色大锅,由青铜锻造,

　　七只三足鼎,重量和工艺相匹;

　　此外再加上金子,五个塔兰特再翻倍,

　　十二只惯于取胜的马匹,

35　还有容貌过人的女孩子们——这却纯属多余,

　　她们来自莱斯波斯岛,家园被毁,身成奴隶。

　　伴随这一切的还有新娘——尽管新娘子你可不需要——

　　是阿伽门农三个女儿中的一位。

　　你却拒绝接受这一切;假如你要用钱从阿特柔斯之子那里

40　把我赎回,这些东西本该由你送出!

　　我做错了什么,在你眼中这样一文不值?

　　你对我那轻飘飘的爱意,这么快就飞去了哪里?

　　还是说,凄惨的命运顽固地纠缠不幸的人们,

　　厄运一旦开始,便不会再有更好过的时刻?

45　我亲眼看到吕尔涅叙斯的城墙毁于你的兵戎——

　　我自己便曾是家国的重要部分。

　　我亲眼见到,从出生到死亡都命运共通的兄弟,

　　三人一齐死去——他们三个与我有同一位母亲;

　　最后,我亲眼见到自己的夫君伸展四肢,倒在

50　浸透鲜血的地上,胸口流血。

　　失去了这么多,我只有你一个作为补偿;

　　你便是我的主人,是夫君,是兄长。

　　你曾用你海神母亲的神性起誓,

亲口说我被俘虏是件幸事。

55　然而，我带着陪嫁而来，你却赶我走，
　　还连我赠给你的财宝一起回绝了！
　　甚至还听说，明日晨曦初现之时，
　　你有意迎着行云的南风扬帆归去。
　　当这噩耗传到不幸的我惊恐的耳朵

60　我的胸膛顿时失去了鲜血和气息，
　　你要离开——悲惨的我啊！——你要把我留给谁，狠心的人？
　　一旦被抛弃，谁将会给我温柔的抚慰？
　　我祈祷自己被裂开的大地突然吞没，
　　或者雷电飞射，让我被那红焰焚尽，

65　也不要让我看到海水因皮提亚人的船桨泛起白沫，
　　看到你的船队离去，却将我抛下。
　　若你现在一心想要回去，再见祖辈家神，
　　我也不会是你航船上沉重的负担。
　　让我身为女俘追随胜者，而不是做新娘跟随夫君；

70　我也有灵巧的手，能够打理羊毛。
　　阿凯亚的女人中，姿容远胜她人的姑娘，
　　将做新娘走进你的卧房，愿她到来！
　　这儿媳之高贵，一如她丈夫的父亲——朱庇特和埃吉那的孙儿，
　　年迈的涅柔斯也愿有这样的外孙媳妇。

75　我是你一个卑微的女奴，会完成分配给我的工作，
　　牵线纺织，让满满的绕线杆变轻。
　　我只求你的夫人不要苛待我——
　　出于某种缘故她不会公平对我——
　　不要让我当众被撕扯头发，

80　而你轻描淡写："这一个以前也是我的。"
　　就算让我遭受这般，只要我不会被鄙视，被抛弃——
　　唉，不幸的我！这恐惧让我骨头打颤。

可你还在等什么？阿伽门农后悔自己发火，

哀痛的希腊匍匐在你的脚下。

85　你总是征服别人，也请克制你的骄傲与怒火！

为什么赫克托尔仍精力充沛地袭击达纳奥斯人的战线？

拿起武器吧，埃阿科斯之孙，在此之前请先把我收回，

在战神的惠爱下，击垮那些被搅乱的敌军！

你的怒气因我而起，也让它因我平息，

90　让我做你怨恨的缘由和终点。

你不要觉得，向我的恳求让步会不得体；

俄纽斯之子就曾因妻子的恳求回心转意，拿起武器。

我只是听说此事，你确是熟知。失去兄弟们后，

做母亲的诅咒儿子的希望和性命。

95　战事燃起；他却傲慢地放下兵刃，

顽固拒绝为家国效力。

唯有他的妻子令他回心转意。她可比我幸运！

我的话却达不到目的，没有任何分量。

然而我并不怨恨，也不会像妻子那样举止，尽管

100　我身为女奴，却常常被召唤到主人的床榻。

我记得，曾有个女俘把我称作女主人。我说：

"我的奴隶身份，又被你加上那名字的负担。"

以我丈夫的遗骨起誓：它们草草掩埋在仓促的坟冢，

在我看来永远值得敬畏；

105　以我三个兄弟的无畏英魂起誓：他们是我的神灵，

为了家国死得其所，也长眠于家国；

以你我的头颅发誓，他们曾依偎在一处，

以你的刀剑，我的家人曾尝过的武器——

我起誓，那迈锡尼人从未与我同床共榻；

110　若有欺瞒，你便弃我再不相见！

若我现在对你说："最勇猛的人儿，你也发誓

我不在时你不曾享受欢愉!"你会拒绝。

达纳奥斯人以为你在哀伤——可你拨动着琴弦,

温柔的女伴把你揽在温暖的怀抱!

115 可有人追问,你为何拒绝战斗?

因为战斗危险,琴儿、夜晚和爱神则带来愉悦。

更安全的是躺在榻上,怀抱娇娘,

用手指拨响色雷斯的里拉琴,

总好过手握青铜盾牌和箭头的长矛,

120 额上头盔紧紧压着头发。

可是,过去你喜欢的是丰功伟业,不是安全,

战斗赢得的荣光令你开怀。

或者说,激烈的战斗为你所好,只在俘获我之前,

一旦我家国被征服,你的荣誉心也熄灭?

125 神明不许! 我祈祷,你有力的臂膀,让那颤抖的

珀琉斯之子的长矛,刺穿赫克托尔的肋腹!

达纳奥斯人啊,派我去吧,我会作为使者恳请主人,

还会在差事中掺上许多的亲吻。

相信我,我会比菲尼克斯,比能言善辩的尤利西斯,

130 比透克尔的兄长,都成就更多。

这可是了不得的事,用你熟悉的手臂环上你的脖颈,

提醒你的双眸是我本人在此。

就算你严苛无情,比你母亲的海浪还冷酷,

即便我沉默无语,你也会因我的泪水动摇。

135 即便现在——愿你的老父珀琉斯尽享天年,

愿皮洛士带着你的好运拿起武器!

勇猛的阿喀琉斯,请顾念忧虑的布里塞伊斯,

不要心如铁石,用顽固拖延煎熬可怜的我!

然而,若是你对我的爱已变作厌恶,

140 你让我失去你活着,何不让我死!

你现在的作为,正如此逼迫。我身体消瘦,颜色凋零;

唯有对你的希望还支撑这一点生气。

如果我连这也失去,就让我去追随兄长和丈夫——

令一个女子去死,于你也无甚可称道。

145　然而你为什么要令我死?拔出利刃刺穿我的身体;

胸膛剖开,我还会有血流出。

让你那把剑来击我吧;若是当时女神允许,

这剑本会穿过阿特柔斯之子的胸膛!

啊,还是救下我的性命吧,这是你的馈赠!

150　你曾作为胜者给予我这敌人的东西,现在我作为朋友恳求。

帕迦玛那海神铸造的城墙提供了更适合你杀死的人;

从敌人那里搜寻杀戮的对象吧。

至于我,不管你准备举桨促舟,还是留在此地,

请用你主人的权力,命令我回还!

简注

1—4　简要说明写信人的身份,特别强调:自己的情绪可以弥补文字的不足。

1　此行中的 *quam*,语法上也可以修饰 *Breseide*:“这些文字来自被掠夺的布里塞伊斯,你正在阅读她。”在某种意义上,阅读这封信的过程也是在阅读布里塞伊斯其人,故此这种语法上的双重可能也带来非常微妙的效果。

2　“异族的”:很有意思的是,荷马史诗中对希腊人和特洛伊人的语言并未做区分;布里塞伊斯的家乡虽在特洛伊附近,也讲希腊语。这一行读来既讽刺又诙谐,因为读者看到的并不是希腊文,而是拉丁文书写的诗句。

5—42　布里塞伊斯出人意料地开始向阿喀琉斯抱怨。

17—20　帕尔默(Palmer)倾向认为这几行可以删去。布里塞伊斯在这几行极力将自己的处境戏剧化,强调自己可能遭遇的危险,

并且把特洛伊人称作"敌军",尽管她本来属于特洛伊盟军一方。

22　"怒火":*ira*,指向史诗《伊利亚特》开篇的第一个希腊字*menis*,也是整部史诗的关键词。布里塞伊斯似乎也对阿喀琉斯之怒有所耳闻,但她对此却有自己的理解。

23—24　"墨诺提奥斯之子",指帕特克罗斯。对比《伊利亚特》19.295—299。

27　指阿明托尔之子菲尼克斯,和忒拉蒙之子埃阿斯。忒拉蒙与珀琉斯是兄弟,故此埃阿斯与阿喀琉斯是堂兄弟。

30 以下　布里塞伊斯显然被阿伽门农的礼物所打动;相比之下,作为女神之子的阿喀琉斯似乎对这些礼物毫无感觉。

43—82　布里塞伊斯追忆自己不幸的过往,强调阿喀琉斯是自己的唯一。她还想象了自己以女奴的身份追随阿喀琉斯回到故乡后的生活,似乎将自己的位置放得很低,是信中语气最为卑微的部分;不过,她是真诚的吗?

45　关于吕尔涅叙斯,对比《伊利亚特》2.690。

52　对比《伊利亚特》6.429 中,安德洛玛克对赫克托尔的话。这段明显的化用,让我们感到布里塞伊斯把自己比作了阿喀琉斯的妻子;尽管在此信接下来的部分,她不断将自己放在低位:如 69 行以下和 99—100 行。两下对比,似乎很好地展示了女性百转千回的内心活动:明说出来的内容可能并非出自本心,不曾明说的暗示也许更是内心所想。

55　"陪嫁":*dotata*;《伊利亚特》第九卷中,阿伽门农为了平息阿喀琉斯的怒火,答应归还女奴,赠送贵重的礼物,并将女儿许给阿喀琉斯为妻。这里的布里塞伊斯把自己看作事件的中心,认为所有的赠礼都是她的陪嫁。

59—82　布里塞伊斯叙述了自己听说阿喀琉斯第二天将远航回乡后的担忧和恐惧。在这一部分中,她的语气相对谦卑,强调自己愿意以女奴的身份跟随阿喀琉斯。

73　阿喀琉斯的父亲是珀琉斯,而阿喀琉斯的祖父埃阿科斯,是朱庇特与埃吉那的儿子。

83—102　布里塞伊斯转而继续劝说阿喀琉斯。她似乎为自己的身份纠结,语气摇摆不定;有时候她语气强硬(85 行),以妻子自比(97—98 行),有时候又强调自己只是女奴,并无非分的举止(99 行以下)。布里塞伊斯还像荷马中的英雄那样,引用著名英雄的故事,来劝说对方。

84　布里塞伊斯这里形容希腊的,是奴隶臣服的形象;在此之前,她正是如此卑微地恳求阿喀琉斯的。

85　布里塞伊斯在这一句用了祈使语气,几乎是在命令阿喀琉斯。她提及他的骄傲和怒火,但似乎完全不能理解英雄的心境。

86　"战线":opes,这里指军队,但这个词也是财富的意思,出现在上文 56 行。布里塞伊斯此时心心念念的,仍然是那些令她垂涎、被阿喀琉斯拒绝的财宝。

88　"在战神的惠爱下":marte favente,这是非常讽刺的一句。战神并没有站在希腊人一方,而很快阿喀琉斯也将在战场上死去。

92　俄纽斯之子,指墨勒阿革尔(Meleager)。在《伊利亚特》9.527—599,菲尼克斯曾用墨勒阿革尔的故事,劝说阿喀琉斯重回战场。菲尼克斯引用那个故事,要点是劝说阿喀琉斯抓住时机,接受道歉和礼物。但布里塞伊斯引用此事,却是强调妻子的进谏值得听从,这显然是对神话的误用。墨勒阿革尔听信妻子加入战斗,却因之前触发了母亲的诅咒,最终战死;故此,这里以他为榜样来劝说阿喀琉斯参战,是非常不吉的。

103—120　布里塞伊斯似乎又回到之前的"抱怨"主题;在郑重起誓自己未曾与阿伽门农有肌肤之亲后,她责备阿喀琉斯与别人寻欢作乐,因为享乐而放弃战斗。

113—114　对比《伊利亚特》9.186;布里塞伊斯的措辞,似乎在暗示阿喀琉斯,他远离战场,是因为胆怯,为了享乐。这是非常幼稚粗俗的猜测。

121—134　布里塞伊斯列举理由,自荐为使者,认为自己定能说动阿喀琉斯重返战场。

123—124　布里塞伊斯看到了阿喀琉斯与过去的不同;她并不能理解英雄心境的变化,于是再次给出了以自我为中心的解释:因为已经夺到了她,阿喀琉斯再无心征战。

132　帕尔默本为 *sinu*,但帕尔默在注释中认为,读作 sui 更好。(中译从 sui)。

135—154　布里塞伊斯最后以性命相挟,敦促阿喀琉斯不要再拖延下去,而是尽快将自己召回他身边。

145　布里塞伊斯再次提到了身体,*corpora*;对比 36 行提到的 *corpora*。

147—148　参照《伊利亚特》1.194。阿喀琉斯在盛怒中曾拔剑想要杀死阿伽门农,赫拉派雅典娜将他拦住。布里塞伊斯从自己的死联系到这件事,仍然是自我提升和自我戏剧化。然而,当时雅典娜只对阿喀琉斯一人现身,在场的其他人并不知晓。布里塞伊斯能知道此事,应该是阿喀琉斯事后对自己帐下人谈起过。

150　"朋友":*amica*,这个词也可以指"情人"、"爱人"。

151　对比《伊利亚特》7.452;21.440 以下。据传,是海神波塞冬和阿波罗为拉俄墨冬建造了特洛伊的城墙。

约翰·克里索斯托《穷人拉撒路布道词二》疏义

陈莹雪(北京大学历史学系)

一、约翰小传

约翰·克里索斯托(John Chrysostom)[①]与卡帕多西亚教父纳西昂的格里高利(Gregory of Nazianzus)、巴西尔(Basil the Great)一起并称为东正教会的"三圣",是东正教传统的最主要奠基人之一。约翰是希腊教父中传世著作最多的一位,他为后人留下了一千多部

[①] 约翰生平最直接且最重要的史料是约翰自己的作品,除了他本人的作品之外,重要史料还有约翰的学生帕拉迪乌斯(Palladius)为他所写的《对话》, *Dialogus de Vita S. Joannis Chrysostomi*, ed by P. R. Coleman-Norton, Cambridge: Cambridge University, 1928;以及托名安条克主教马缇如斯(S. Martyrius)所写的约翰颂词, S. Martyrius, *Laudatio in S. Joannem Chrysostomum*, PG 47, pp. xli—lii, 这两篇传记材料圣徒传色彩浓重,类似的传记作品还有 Marcus Diaconus, *Vita S. Porphyrri Episcopi Gazensis*, PG 65, 1211—1254;圣徒传以外,以下三位教会史学家的记录也很重要:Socrates, *Historia Ecclesiastica*, 6. 2—23, 7. 25, 45;Sozomenus, *Historia Ecclesiastica*, 8, 2—28;Theodoretus, *Historia Ecclesiastica*, 27—37, 三位教会史作家有各自的写作动机,因此对约翰的记录也各有侧重与选择,比较研究可参见 Wendy Mayer, "The Making of a Saint, John Chrysostom in Early Historiography", Martin Wallraff und Rudolf Brändle (hrsg), *Chrysostomosbilder in 1600 Jahren Facetten der Wirkungsgeschichte eines Kirchenvaters*, Berlin: Walter de Gruyter, 2008, 40—59。较重要的当代传记及约翰生平研究有 C. Baur, *Johannes Chrysostomus und seine Zeit*, 2 vols, München 1929—1930, 此书已有英文译本:*John Chrysostom and His Time*, 2 vols, Westminster, MD 1959—1960;J. N. D. Kelly, *Golden Mouth. The Story of John Chrysostom-Ascetic, Preacher, Bishop*, Ithaca: Cornell University Press, 1995;R. Brändle, *Johannes Chrysostomus. Bischof-Reformer-Märtyrer*, Stuttgart 1999;C. Tiersch, *Johannes Chrysostomus in Konstantinopel (398-404). Weltsicht und Wirken eines Bischofs in der Hauptstadt des Oströmischen Reiches*, Tübingen: Mohr Siebeck, 2002;W. Mayer, "John Chrysostom as Bishop: The View from Antioch", *Journal of Ecclesiastical History*, 55(2004), pp. 455—466。

作品,包括 13 篇论文,219 封书信,而他最主要的作品形式是超过 800 篇的布道词。① 他的演说天赋,不仅令他的同代人难以望其项背而且也为后来者称许。约翰虽然以希腊文写作,但是他的影响力却不仅局限于东正教会,恰是在六世纪的拉丁历史文献中,人们首次将"金嘴"这一绰号赋予约翰。②

　　公元 349 年左右,约翰出生于罗马帝国叙利亚行省的首府安条克。父亲曾就职于罗马军队,家境还算殷实。③ 约翰从小就接受了系统的异教教育,尤其是修辞学训练,师从当时安条克赫赫有名的修辞学大师利巴尼乌斯(Libanius),④后者素与罗马皇帝朱利安交好,曾极力为朱利安复兴异教、打压基督教的国策背书。约翰应该是利巴尼乌斯的得意门生。据教会史学家索佐曼努斯(Sozomenus)的记载,利巴尼乌斯死后,他的朋友纷纷感慨:如果不是基督徒偷走了他们的约翰,约翰必将继承利巴尼乌斯的衣钵。⑤ 家中安排约翰接受修辞学教育是想让他今后可以从事一些世俗职业。⑥ 但是约翰志不在此,367 年在完成了异教教育之后,18 岁的他并没有步入世俗事业,而是决定回归教会。此时的约翰遇到了他的伯乐——安条克主教美勒提乌斯(Meletius)。他不仅为约翰施洗,也希望约翰可以用他的演说天赋服务教会,约翰由此开始了他在安条克教会的布道事业。⑦

　　372 年左右,约翰决定暂时中断他在安条克教会的工作,选择在安条克周边的荒野与那里的隐修士一起修行。在之后的整整六年

---

　　① W. Mayer,"John Chrysostom",in K. Parry ed.,*The Wiley Blackwell Companion to Patristics*,(West Sussex:John Wiley & Sons,2015),p. 141.

　　② W. Mayer,"John Chrysostom",p. 141.

　　③ Palladius,*Dialogus*,28;R. E. Carter,"The Chronology of Saint John Chrysostom's Early Life",*Traditio* 18 (1962),pp. 357—364.

　　④ Socrates,*Historia Ecclesiastica*,3. 1.

　　⑤ Sozomenus,*Historia Ecclesiastica*,8. 2. 1,"πυνθανομένων τῶν ἐπιτηδείων,τίς ἂν τ' αὐ τοῦ ἔσται,λέγεται εἰπεῖν Ἰωάννην,εἰ μὴ Χριστιανοὶ τοῦτον ἐσύλησαν."

　　⑥ Socrates,*Historia Ecclesiastica*,3. 2.

　　⑦ Palladius,*Dialogus de Vita S. Joannis Chrysostomi*,28—29.

中，约翰研读《圣经》，日夜苦修，将自己的肉体需求降到了最低。他很少睡觉，常年苦修对他的健康造成了终生难以挽回的创伤，他不仅有胃疾，也有严重的肾病。① 但这六年的苦修生活却在精神上滋养了他，在随后几十年的主教生涯中，我们可以随处观察到修道思想对于他的影响。

378 年，主要由于健康原因，约翰终止了隐修生活，重新回到安条克继续他的布道工作。31 岁左右，被按立为执士，36 岁左右成为安条克主教。② 397 年 9 月 26 日，时任君士坦丁堡大主教奈克塔里乌斯（Nectarius）突然去世，大主教一职空悬，引来各方势力角逐。③ 397 年年底，皇帝阿卡迪乌斯（Arcadius）派来的钦差将约翰带离安条克，直到此时他才得知原来此行的目的是去君士坦丁堡继任大主教一职。④ 约翰当选大主教是多方博弈的结果，事实上他的主要支持者是皇帝的宠臣宦官欧特洛匹乌斯（Eutropius），但并没有证据表明此前他们彼此之间有往来。约翰当选自然也引来不少人的不满，其中就有后来约翰的宿敌亚历山大教区的大主教提奥菲鲁斯（Theophilus）。⑤ 约翰上任之后，首先对君士坦丁堡教区的教会生活进行了较大力度的整顿与规范。他一改前任大主教的铺张浪费，提倡节约，尽量减少教会应酬开支，并严令君士坦丁堡教区的修士遵守

---

① Palladius, *Dialogus de Vita S. Joannis Chrysostomi*, 28—29, "ἄϋπνος διετέλει τὸν πλεῖστον, ἐκμανθάνων τὰς τοῦ Χριστοῦ διαθήκας πρὸς ἐξοστρακισμὸν τῆς ἀγνοίας... νεκροῦται τὰ ὑπὸ γαστέρα, πληγεὶς ἀπὸ τοῦ κρύους τὰς περὶ τοὺς νεφροὺς δυνάμεις."

② Palladius, 29. 约翰在安条克的主教生涯，参见 W. Mayer, "John Chrysostom as Bishop: The View from Antioch", 以及 J. L. Maxwell, *Christianization and Communication in Late Antiquity: John Chrysostom and his congregation in Antioch*, Cambridge: Cambridge University Press, 2006。

③ Sozomenus, *Historia Ecclesiastica*, 8.2.1; Socrates, *Historia Ecclesiastica*, 6. 2.1—5。

④ 根据索佐曼努斯的记载，考虑到约翰在安条克人心目中举足轻重的地位，如果提前告知大主教任命结果恐引起安条克人骚乱，所以皇帝决定秘密将约翰带离安条克。Sozomenus, *Historia Ecclesiastica*, 8.2.15—16, "ἔδοξε δὲ τὰ περὶ τούτου καλῶς διῳκηκέναι, πρὶν Ἀντιοχέας μαθεῖν, χαλεποὺς τε περὶ στάσεις καὶ δήλους ὄντας ὡς οὔποτε ἂν ἑκόντες Ἰωάννου ἀπηλλάγησαν, πρὶν παθεῖν τι ἢ δρᾶσαι."

⑤ Sozomenus, *Historia Ecclesiastica*, 8.2.17—19.; Socrates, 6.2.6—9。

修道纪律,不得涉足世俗事务。与此同时,他还开办了一些慈善医院,用于救治穷人和麻风病人。约翰的改革并没有得到所有人的理解与赞赏,在君士坦丁堡的教会圈子,他的改革为他树敌颇多。① 世俗人士那里,由于他平日在布道中对富人的生活方式多有批判,所以在权贵阶层中间也不讨喜。②

　　约翰当选大主教之后将很大一部分精力都用于打压异教、异端以及向包括哥特人在内的蛮族传教,比如在他的努力游说下,皇帝下令关闭了嘎扎(Gaza,今加沙一带)地区的很多异教神庙,他本人曾多次在君士坦丁堡的哥特人教堂布道以纠正他们的阿利乌信仰,为培养符合正教教义的哥特人神职人员设立专门的教育机构。他对向帝国以外的异族人传教热情也很高涨。③ 此时的君士坦丁堡主教区在管辖权方面正处于一个扩张期,约翰对教会事务的管理不仅局限于君士坦丁堡及周边教区,他时而会插手其他主教区的事务,比如他曾离开自己的教区四个月之久只为解决小亚细亚以弗所教会的一些问题。④ 他还为因与亚历山大主教提奥菲鲁斯发生争执而逃至君士坦丁堡的几位埃及隐修士提供庇护,而这事件最终引爆了提奥菲鲁斯对他蓄积已久的愤怒。⑤ 此后,提奥菲鲁斯来到君士坦丁堡多方游说,联合了一大批对约翰不满的教俗人士,意欲将约翰赶下台,这些约翰的反对者得到了皇后欧多克斯亚(Eudoxia)的支持。⑥ 403 年召开了专门针对约翰的橡树会议(Synod of Oak),对约翰的指控主

---

　　① J. N. D. Kelly,*Golden Mouth*,pp. 119—127。约翰的改革见 Sozomenus,*Historia Ecclesiastica*,8.3.1—3。历史学家苏格拉底认为约翰树敌颇多与他一贯的性格缺陷有关,约翰待人异常严苛,引得众人记恨、怨愤,见 Socrates,*Historia Ecclesiastica*,6.4.1.,"μείζονι ἤ ἐχρῆν τῇ ὀφρύι κατὰ ὑπηκόων ἐκέχρητο,διορθοῦν τοὺς βίους τῶν ὑφ'αὐτῷ κληρικῶν,ὡς ᾤετο,προαιρούμενος. εὐθὺς οὖν ἐν ἀρχῇ φανεὶς τοὺς τῆς ἐκκλησίας τραχὺς ὑπ'αὐτῶν ἐμισεῖτο,πολλοί τε πρὸς αὐτὸν ἀπηχθάνοντο καὶ ὡς ὀργίλον ἐξέκλινον."

　　② J. N. D. Kelly,*Golden Mouth*,pp. 135—136。

　　③ J. N. D. *Kelly*,*Golden Mouth*,pp. 141—144。

　　④ 约翰的以弗所之行,见 Sozomenus,*Historia Ecclesiastica*,8.6.1—8。

　　⑤ Sozomenus,*Historia Ecclesiastica*,8.11.1—12.12;Socrates,*Historia Ecclesiastica*,6.9—13,7。

　　⑥ Sozomenus,*Historia Ecclesiastica*,8.16.1—3;Socrates,*Historia Ecclesiastica*,6.11.21。

要涉及两个方面：一是滥用职权，二是约翰是奥利金主义的同情者。[①] 会议最终决定罢黜并放逐约翰。但是因为约翰支持者的强烈反对，会议决定并没有被马上执行。404 年皇帝最终下令将约翰流放到亚美尼亚的库库苏(Cucusus)，407 年又下令将他流放到更偏远的黑海东岸，[②]约翰本就身体欠佳，此时又年事已高，根本经受不住长途奔波，407 年 9 月 14 日病死于流放途中。[③]

二、《穷人拉撒路布道词二》疏义

《穷人拉撒路布道词》(Λόγοι εἰς τὸν πτωχὸν Λάζαρον καὶ τὸν πλούσιον)[④]是约翰任安条克主教时为《新约·路加福音》(16:19—31)"财主与穷人拉撒路"所做的八篇布道词，写作时间大约是 388 年或 389 年。[⑤] 此处选译了第二篇布道词。

这篇布道以讨论"贫富"的本质开始，约翰认为"贫富"只是一种主观感受(τῇ γὰρ διαθέσει τῆς γνώνης)[⑥]，而不是客观存在，即富人是那些欲求、需求较少，适可而止，可以自足的人；反之欲壑难填的人总感到自己是贫穷的。[⑦] 用主观感受来定义贫富，并非约翰的发明，我

---

① 有关约翰与提奥菲鲁斯之间的争端以及这次会议，参见 S. Elm. ，"The dog that did not bark: Doctrine and patriarchal authority in the conflict between Theophilus of Alexandria and John Chrysostom of Constantinople"，in L. Ares and G. Jones ed. ，*Christian origins: Theology, rhetoric and community*，London : Routledge，1998，pp. 68—93；Peter Van Nuffelen，"Theophilus against John Chrysostom: the fragments of a lost liber and the reasons for John's deposition"，*Adamantiu Rivista del Gruppo Italiano di Ricerca su"Origene e la tradizione alessandrina"*，19 (2013)，139—155.

② Sozomenus，*Historia Ecclesiastica*，8. 20—22；Socrates，*Historia Ecclesiastica*，6. 18

③ Sozomenus，*Historia Ecclesiastica*，8. 28；Socrates，*Historia Ecclesiastica*，6. 21.

④ 根据 Jacques P. Migne ed. Patrologia Graeca(PG)，Vol. 48，982—993 译出，译文有一小段省略；英文译文见 *St. John Chrysostom on Wealth and Poverty*，translated and introduced by C. P. Roth，New York: St. Vladimir's Seminary Press，1981，pp. 39—55。

⑤ *St. John Chrysostom on Wealth and Poverty*，p. 10.

⑥ PG48，982.

⑦ 其他希腊教父的相似观点，参见 A. D. Karayiannis，"The Eastern Christian Fathers (A. D. 350—400) on the Redistribution of Wealth"，*Journal of History of Political Economy*，1994(26)，p. 42。

们可以在同时期的异教哲学中找到类似的观点。① 根据约翰此处的定义,贫富并不是自然的存在,而是人为制造的社会弊病,匮乏的根源不在于客观上物质财富不足,而在于堕落后人类的一种病态心理——贪婪,即对于物质财富无节制的追求,最大化个人利益,这种扭曲心理的一个直接后果就是因觊觎和占有他人财富而导致社会分配不均。② 约翰这里将"贫穷"或"匮乏"归咎于贪婪这种病态心理可以说也是希腊教父的共识,③ 在教父们看来,贫穷并不是一种单纯的经济问题,而是由社会心理和价值取向所致的社会问题。

"贫富"问题的主观性又与所有权问题息息相关。既然"贫富"并非绝对存在,那么富人对财富的占有也不是永恒的、不可改变的,事实上所有物质财富从根本上说是都是神创的,最终的归属权都在于神,④ 这也就是约翰这篇布道中所说的"财富无论我们是从哪里得到的都是主的"(Δεσποτικὰ γὰρ ἐστι τὰ χρήματα,ὅθεν ἂν αὐτὰ συλλέξωμεν)⑤,因而物质财富从本质上说也可以为世人所共享。⑥ 既然如此,那么如何看待现实社会中确实存在的私有制和贫富分化现象? 总体而言,教父们并非激进革命者,主张废除私有,施行绝对共有。⑦ 虽然约翰曾憧憬在安条克实现一个共产社会,但他希望的是通过基督徒的道德自觉而非借助暴力革命的手段去实现这一社会理想。⑧ 包括约翰在内的几乎所有教父其实都是承认和接受社会既定秩序的。那么富

---

① W. D. Desmond, *The Greek Praise of Poverty*, *Origins of Ancient Cynicism*, Notre Dame:University of Notre Dame Press,2006,p. 39.

② 约翰其他作品中的相同观点,参见 A. D. Karayiannis,"The Eastern Christian Fathers(A. D. 350—400) on the Redistribution of Wealth", p. 41。

③ B. Gordon, *Economic Problem in Biblical and Patristic Thought*, New York:Brill,1989,pp. 104—106。

④ 约翰在其他许多布道词中也有类似观点,参见 R. Grant, *Early Christianity and Society:Seven Studies*, San Fancisco:Harper & Row Publishers,1977,p. 115。

⑤ PG48,988.

⑥ 共享即是拉丁教父也是希腊教父的一种共识,见 B. Gordon, *Economic Problem in Biblical and Patristic Thought*, pp.113—115。

⑦ 无论是希腊还是拉丁教父既不否认私有制,也不主张强制推行共有制,见 R. Grant, *Early Christianity and Society:Seven Studies*, pp. 110,113,119。

⑧ B. Gordon, *Economic Problem in Biblical and Patristic Thought*, p. 111.

人存在的合理性又在哪里? 如何解释现实社会的财富分配不均? 既然贫富分化是人类堕落后一种非本然的状态,那么在一个基督教社会里又将如何改善贫富差距? 为解答这些疑难,在四、五世纪的基督教父思想中逐渐发展出一种"管家"(οἰκονόμος/ὑποδέχτης)理论。[①]正如约翰在这篇布道词中指出的,"富人不过是那本属穷人财物的管家"(ὁ πλούσιος, ὑποδέκτης τίς ἐστι τῶν τοῖς πένησιν ὀφειλομένων χρημάτων)[②]。这里需要引起我们特别注意的是借助"管家"说,约翰事实上是否定了"私有权"的绝对性。罗马法至少在法理层面是支持和保护绝对私有权的,即所谓"所有权者,所有人于事实上及法律上之可能范围以内,对于所有物所得行使之最完全、最绝对之物权也"[③]。与这样的完全的绝对的私有观念相反,约翰不仅认为富人只不过是在暂时管理社会物质财富,而且富人对自己暂时代管的财产也只有十分有限的支配权。约翰在这篇布道词中所表达的对罗马社会绝对私有权的否定普遍存在于希腊与拉丁教父的思想之中,[④]而这一所有权观正如约翰在这里对《旧约》经文的引用,有着深刻的《旧约》背景,它的出现极大地颠覆了罗马帝国旧有的经济伦理。

另一方面,"管家"说也向我们表明,社会财富占有的不平等并不是财富本身的问题,而是财富分配问题。物质财富本身是价值中立的,并不邪恶,物质财富的善与恶取决于人们对它的使用。[⑤] 富人的使命就是要懂得如何正确使用他们暂时享有的这些物质财富,富人对财富的支配并非随心所欲,而是要将其中的一部分分享给有需要

---

①　B. Gordon, *Economic Problem in Biblical and Patristic Thought*, p. 106.

②　PG 48,988.

③　陈朝碧:《罗马法原理》,法律出版社 2006 年版,第 252 页。

④　有关希腊、拉丁教父物权观的研究,参见 Charles Avila, *Ownership: Early Christian Teaching* (Oregon: Wipf&Stock Publishers,1983)。

⑤　物质财富的价值中立也是教父们普遍持有的观点,而这一观点也与斯多亚学派的财富观有相契合之处,R. Grant, *Early Christianity and Society*, p. 122; A. D. Karayiannis, "The Eastern Christian Fathers (A. D. 350—400) on the Redistribution of Wealth", p. 46.

的人，也就是穷人。① 正因为富人占有的财富本属于穷人，如果富人挥霍无度、奢靡享乐或者为富不仁，拒绝分享，那么他的自私行为就是在掠夺和剥削穷人。这也就是约翰所谓的"不是说只有夺了别人钱财才是掠夺，不将自己财富的一部分分给别人的也是掠夺，也是在贪图和剥夺他人钱财"（οὐ τὸ τὰ ἀλλότρια ἁρπάζειν μόνον，ἀλλὰ καὶ τὸ τῶν ἑαυτοῦ μὴ μεταδιδόναι ἑτέροις，καὶ τοῦτο ἁρπαγὴ καὶ πλεονεξία καὶ ἀποστέρησίς ἐστι.）②。鼓励富人分享财富，施舍穷人，不仅会在一定程度上切实改善社会分配不均，而且对于富人而言这也是得救的不二法门，如约翰所说："神说我把穷人拉撒路送到你家门口，是要给你做美德的老师，给你施展仁慈的机会。你忽视了其中的益处，不愿使用这个对你的得救十分必要的助手，而是将之用以更大的地狱之苦与惩罚。"（ἔπεμψά σοι，φησίν，εἰς τὸν πυλῶνα τὸν πένητα Λάζαρον，ἵνα σοι γένηται διδάσκαλος ἀρετῆς καὶ φιλανθρωπίας ὑπόθεσις，παρεῖδες τὸ κέρδος，οὐκ ἠθέλησας εἰς δέον χρήσασθαι τῇ τῆς σωτηρίας ἀφορμῇ，χρήσῃ λοιπὸν αὐτῷ εἰς μείζονα κολάσεως καὶ τιμωρίας ὑπόθεσιν.）施舍的救赎意义也是教父作品中十分常见的神学主题。③ 我们注意到在施舍有助于得救这一神学思想的发展过程中，给富人提供得救良机的穷人，其形象在古代晚期也发生了巨变。④ 相比起古典时期精英对穷人的忽略以及对穷人道德水准的贬低与鄙夷，认为穷人以及贫穷是可耻的，⑤此时的穷人不仅逐渐发展为一个被社会精英所重视的社会群体，⑥

---

① A. D. Karayiannis，"The Eastern Christian Fathers（A. D. 350—400）on the Redistribution of Wealth"，p. 47.

② PG48，988.

③ 相关研究，参见 Roman Garrison，*Redemptive Almsgiving in Early Christianity*，Sheffield：Sheffield Academic Press 1993；以及 Hellen Rhee，*Loving the Poor，Saving the Rich*，Michigan：Baker Academic，2012。

④ 古代晚期对穷人形象的再塑造，相关研究参见 Richard Finn，*Almsgiving in the Later Roman Empire，Christian Promotion and practice*（313—450），Oxford：Oxford University Press，2006，pp. 182—190。

⑤ N. Morley，"The poor in the city of Rome"，in M. Atkins and R. Osborne ed.，*Poverty in Roman Empire*，Cambridge：Cambridge University Press，2006，pp. 34—35.

⑥ P. Brown，*Poverty and Leadership in the Later Roman Empire*，Hannover and London：University Press of New England，2002，p. 3.

　　而且在许多基督教作品中,穷人天生占有一种道德制高点,天生具有更多美德,如约翰在本文中对拉撒路的多处赞美。拉撒路身处贫困,却毫无怨怼之心,用极大的忍耐对待生活的种种逆境,极其虔诚,死后得享尊荣,堪称穷人的典范,借此劝慰经济上暂时困顿的穷人效法拉撒路。至于哪些人值得施舍,哪些人不值得,约翰要求信众不要妄自揣测,也不要随意判断,对施舍对象不应加以甄别。而在这方面,另外一些教父如巴西尔的观点要更审慎一些,他主张要区分哪些人是真正需要帮助的人。[①]

　　修辞技巧方面,这篇布道词最引人入胜之处莫过于约翰的“演员”比喻。他将穷人与富人比作戴着面具在舞台上表演的演员。借用这个比喻,约翰是在向听众展示世俗世界富人与穷人的社会身份只不过是暂时的、虚假的表象,富人与穷人的角色往往会在后世发生逆转,就像富人与穷人拉撒路的故事一样。因此,约翰断定“拉撒路比所有人都富,而财主比所有人都穷”($\dot{o}$ μὲν Λάζαρος πάντων ἦν εὐπορώτερος, οὗτος δὲ πάντων πενέστερος.)。事实上,约翰主张的“穷即富,富即穷”的佯谬命题也存在于同时期流行于罗马帝国的犬儒派思想体系中,[②]约翰的言说方式似乎也受到了这类命题的影响,或至少与这类命题在行文上有极大相似性。另外,虽然约翰曾尖锐批评时人对看戏的狂热,但在布道中他又很钟爱使用异教的戏剧化的表现手法或戏剧语言打动他的听众,[③]就如我们在本文中所读到的。尽管渗透着一些异教文化因素,但此世与末世张力下贫富的相对性才是这个比喻真正的寓意,约翰借用这个比喻就是要提醒他的听众——安条克的基督徒,真正的贫富是要到此世的一切落幕之后,在末日审判之时才能真正显现。

---

　　① B. Gordon, *Economic Problem in Biblical and Patristic Thought*, p. 108.

　　② W. D. Desmond, *The Greek Praise of Poverty*, p. 28.

　　③ F. Cardman, "Poverty and ManWealth as Theatre: John Chrysostom's Homilies on Lazarus and the Rich Man", in S. R. Holman ed., *Wealth and Poverty in Early Church and Society*, Michigan: Baker Academic, 2008, pp. 160—161.

三、译文

我很惊讶你们对我之前所做的有关拉撒路的布道词甚是喜爱，显然你们接受了穷人的忍耐，而厌弃富人的冷酷无情、毫无仁慈之心，这并非美德微不足道的表征。尽管我们没有在追求美德，但是赞美美德就总有可能走上寻求美德之路；尽管我们没能摆脱恶，但是我们批评恶就总有可能逃脱恶。既然你们欣然接受了我所说的，我会接着讲下去。

你们看到拉撒路曾经坐在富人家门口，如今却坐在了亚伯拉罕的怀里；你们看到他曾被狗舔舐，如今却被天使守护；你们看到他曾经忍饥挨饿，如今却在享福；你们看到他曾经久病缠身，如今却富裕充足；你们看到他曾经挣扎，如今却荣戴花冠；你们看到他曾经的痛苦，你们无论富人还是穷人都看到了他如今的报偿。富人们，不要认为生财可以无道；穷人们，不要以为贫穷是坏事。对于任何一方来说，拉撒路的故事都是有益的。如果穷人不因贫穷而抱怨，那么身为富人还抱怨的人如何能被原谅？如果挨饿之人尚能欣然接受现状，那么物质充盈却不想走向美德的人又如何能为自己辩护？同样地，拉撒路忍受着经年累月的疾病、饥饿、匮乏，蜷缩于富人家门口却被所有人忽视，穷人又有何理由因贫穷而愤怒、怨怼。从没有哪个人与拉撒路一般遭遇，他却用智慧应对困境。

拉撒路让我们明白不要去祝福富人，也不要认为穷人是不幸的。说实话，富人并非那些占有很多财富的人，而是需求不多的人；穷人也不是那些一无所有的人，而是所求甚多的人。我们本应如此认识贫穷与富有。如果你看到某人所求甚多，你就应该认为他比所有人都穷。尽管他拥有所有人的财富；如果你看到某人所求不多，你就应该认为他富过所有人，尽管他一无所有。我们习惯上以主观感受而不是物质尺度来判断贫富。这就像总是觉得口渴的人，我们并不能称他为健康人，尽管他享有充足的物质财富、尽管他守着江河水源，如果他的欲火不被扑灭，丰盈的水源又有何用？我们也是这样认识富人的，对于那些总是在索求、渴望他人财富的人，我们不会认为他们是健康人，他们也不会有感到满足的时候。因为不能克制自己欲望的人，即便他坐拥无数财富，他又怎么可能感到富足？而那些满足于自己所拥有的、从不觊觎他人财富的人，即便比任何人都穷，我们也应该认为他比任何人富有。因为那些不需外物、安于自给的人比任何人都富有。如果你们愿意，我还会回到我们目前讨论的话题……

因此，是否听从魔鬼的说教全由我们自己做主，我们完全不必屈服于他的淫威之下。从我们所说的以及从这个寓言中，很明显：灵魂离开肉体之后，不会逗留，而是直接被带走。经文如是说："被天使带去。"（《路加福音》16：22）不只是义人的灵魂，还有那些不义之人的灵魂都会被带到那里。另一个富人的经历也可明确说明这一点。因为他的土地特别丰产，他就对自己说："我要怎么办？要把我的仓房拆了，另盖个更大的。"（《路加福音》12：19）没有什么比这个想法更糟糕的了，事实上他真的拆了仓房。因为令仓房安全的并不是墙而是穷人的胃，而他却舍弃了穷人的胃，只顾着盖墙了。

神对他说了什么？"无知的人啊，今夜就要你的灵魂。"你看，这里经文说他被天使带去，那里说的却是"要你的灵魂"。富人像囚徒一样被带走，拉撒路像戴冠的胜利者一样被守护。就像角斗场的角斗士浑身是血，围观的人才会对他赞许有加，将他请回家中待以掌声与欢呼，拉撒路就是这样被天使带走的。而富人的灵魂被更可怕的力量带走了，这股力量到此就是为了抓捕他的灵魂，而走向来世的并非只是孤单单的灵魂，因为这不可能。如果我们是从一座城市挪动到另一座城市，我们需要向导，从肉体流溢而出的灵魂走向来世更需要向导。因此，脱离肉体的灵魂时沉时浮，恐惧、战栗，对罪的自省鞭打着我们，尤其是当我们将要离开此世，去到彼世，在令人恐惧的审判席上接受审判。

那时，不管是偷窃、贪婪、胁迫他人的，因不义而与人为敌的，还是做了其他恶事的人，所有的罪都一次性席卷而来，伫立眼前，鞭打着他们的意识。就像囚笼中的人总是心情低落、痛苦万分，而在他们被带到法官面前、坐到被告席上聆听审判之时，这种低落与痛苦就会加倍，他们呆若木鸡，绝不比死人更有活力。同样地，犯罪的灵魂会更加痛苦不安，尤其是当它离开此世去到彼岸之时。

听到这些，你们还是默不作声？而我更欣赏你们的沉默而不是掌声。掌声与赞美会让我更有名气，但是沉默会使你们更明智。那位富人，如果有人如此劝告他而不是听信那些逢迎拍马的人，深陷奢靡，就不会坠入地狱，受尽折磨，懊悔莫及。但是所有人都投其所好，推他入地狱之火。但愿我们能长久审慎思考并谈论地狱，经文说："于你所做的一切，记住你生命的终点，那样你就不会行恶。"（《西拉书》7：36），经文还说："你要为你所做的准备好出路，并为这条路做好准备。"（《箴言》24：27）① 如果你抢了别人的东西，还给人家，就像撒该所说："我若讹诈了谁，就还他四倍。"（《路加福音》19：3）如果你诽谤过谁，曾与谁为敌，在接受审判的时候务必和好。在这一刻，所有都将被清除，好让你无障碍地看到祭坛。只要我们尚在此处就还会有希望，而当我们到达那里的时候就不能决定我们是否能忏悔，也不能洗掉我们的罪了。因此我们必须时刻为进入那里而做准备。如果今夜主就召唤我们怎么办？如果明天召唤我们怎么办？未来是晦暗不明的，因此我们要时刻为彼岸的美好生活而努力，就像拉撒路时刻处于持忍之中，因此，以这样的荣耀被天使带走。

"财主也死了并且埋葬了"（《路加福音》16：22），就像他的灵魂被囚禁于坟冢一般的肉体，他的肉身也被坟冢围困。他生前将肉体绑缚于醉酒、美食，早就使身体变得无用、形如死尸。我亲爱的听众，请不要忽略了"埋葬了"一词，你们应该知道所有那些镶银的餐桌，床榻，躺椅，毛毯和其他所有家用物品，香膏，香水，美酒，美食，各种食物，调味料，菜肴，阿谀者，保镖，仆人，还有所有其他的奢侈享受都会

---

① 此处约翰的引用与圣经原文有出入。

腐败朽烂，灰飞烟灭。一切都是烟云，一切归于灰烬，一切只剩哀嚎、悲恸，无人可助一臂之力，无人可挽回出走的灵魂。金钱与许多物质财富的力量总在被拷问。

他从左拥右簇的生活走来却赤裸而孤独，富足并没有让他在此世强大，而只是让他孑然一身、无所依靠。侍奉过他的、帮助过他的，没有谁能在他濒临地狱与审判之时拯救他。离开了那些人，他只能独自一人承受不可承受的惩罚。"草必枯干，花必凋谢；惟有我们神的话，比永远立定！"（《以赛亚书》40：8）死亡来了，抹去了一切。死亡俘虏了他，他屈身低头，满是悔意，失声，战栗，就像他曾拥有的奢靡生活只是一场空梦。就这样，财主乞求穷人，他需要拉撒路的施舍，那个曾经忍饥挨饿、被狗舔疮的人。时移而事迁，所有人都明白了谁穷、谁富，拉撒路比所有人都富，而财主比所有人都穷。

就像舞台上戴上面具扮演国王、将军、医生、演说家、智者、士兵的演员，他们其实本不是这些人。同样地，在此世贫穷与富贵也只不过是面具而已。你坐在剧场看戏，并不会去羡慕那些演员也不会相信他们就是国王，你也不会希望变成这样的国王，因为你知道他只不过是一个市井之徒，可能恰巧就是一个编绳的或是一个铜匠。你不会因为面具和戏服就去羡慕他，也不会根据这些去判断他们的生活，而会因他们的卑贱而唾弃他们；同样地，在此世，就像在剧场中，你坐在人群之中看台上那些表演的人，即便你看到很多富人，你也不会认为他们真的富有，他们只不过是戴着富人的面具而已。

就像那位站在舞台上扮演国王和将军的人，很多时候他可能恰巧就是一个乞丐，也可能是市场上卖无花果、葡萄的人；同样地，这个财主很多时候可能比所有人都穷。如果你摘掉他的面具，打开他的意识，走进他的思想，你会发现那里毫无美德，他是最卑鄙可耻之人。就像夜幕降临，曲终人散，演员们卸下妆容，那些"国王"、"将军"都露出了他们的真容；同样地，现在死亡来了，戏散场了，所有人摘掉了贫与富的面具，离开了此世。只能依据德行来评判到底谁贫谁富，谁高尚谁卑鄙。

很多时候在此世富有的人，在彼世却很贫穷，就像这个财主一样。夜幕降临，死亡掌控了他，他从此生的剧场走出，摘下面具，成了那里最穷的人，他是如此穷困以至于一滴水都不能占有，为一滴水而一再哀求，却不能得偿所愿。还有什么比这更穷的？听，他抬眼望见亚伯兰罕，对他说："我祖亚伯拉罕，可怜我吧！打发拉撒路来，用指尖蘸点水，凉凉我的舌头。"（《路加福音》16：23—24）你看他有多痛苦？他曾经习惯忽视他的邻人，现在却在呼唤那个已远离他的拉撒路，那个他进进出出却总也视而不见的人，如今离着老远却看得真真切切。

为什么他看见了拉撒路？这个财主以前可能多次说过："虔诚、美德于我何益？一切财富于我如泉般喷涌，我享受着无尽的奢华与富贵，从来不承受任何不能承受之苦。我为什么要有美德？而穷人拉撒路虽虔诚正直，却受尽苦痛。"这就是现在很多人想说的。为了根除这种邪恶的说教，神向他展示地狱是为恶而设立的，尊容与荣冠是为因虔敬而受苦的人准备的。因为富人不仅是因为这样而看到拉撒路，而是现在要遭受比穷人拉撒路当时遭受的更多的痛苦。穷人曾经蹲坐富人门口，只能眼巴巴看着别人坐拥财富，这让穷人所受的痛苦加倍；同样地，现在富人身陷地狱，也只能眼巴巴看着拉撒路享福，这也让富人备感煎熬，不只因为地狱之苦本身，而是他在尊享荣耀者身边受苦，这让地狱之苦变得愈发不可承受。

就像神把亚当赶出天堂，让他在天堂对面定居，神给予了他更敏锐的视觉以便让他时刻看清自己受的苦，看清自己失去的财富；同样地，神也将富人放在拉撒路的对面，为的是让他看清他自己将何种财富给舍弃了。神说："我把穷人拉撒路送到你家门口，是要给你做美德的老师，给你施展仁慈的机会。"你忽视了其中的益处，不愿使用这个对你的得救十分必要的助手，而是将之代以更大的地狱之苦与惩罚。

从中我们可知所有那些我们曾经折辱和对之行不义的人，在末日都会站到我们的对面。虽然拉撒路并没有被富人折辱，但是富人并没有把自己财产的一部分分给他。如果他没有将自己财产的一部分分给穷人,他会因不施舍而受到指责。这个抢了他人钱财的人,他被周遭这么多穷人包围,还能有什么借口为自己辩解。那里根本不需要什么证人、控告人、证明、证据,我们做过的所有的事本身就会在我们眼前显现。因此,人们会说出他所做的事,没有分享就是掠夺。

我说的你们可能听着奇怪,但是别觉着奇怪,我这就给你们拿出圣经的证据,不是说只有夺了别人钱财才是掠夺,不将自己财富的一部分分给别人的也是掠夺,也是在贪图和掠夺他人钱财。圣经的证据是哪个呢?神通过先知对犹太人说:"大地献出了它的物产,你们却不交上十分之一的捐献,你们在你们的家中掠夺穷人。"(《马拉基书》3:10)因为他说你们没有按照习俗将地里出产的(十分之一)交上,你们就是在掠夺穷人。神说这些是为了向那些富人表明他们的财富即便是继承自父辈或无论从哪里得来,都是属于穷人的。神又在另一处说:"不要剥夺了穷人的生计。"(《西拉书》4.1)剥削者就是占有他人财富的人。剥削就是占有抢夺属于别人的财富。

以上所说教导我们,如果我们不施舍,就会同剥削者一样受惩罚。因为财富无论我们是从哪里弄到的都是神的。如果我们把钱分给需要的人,就会得到无穷的益处。因此,神允许你拥有的比别人多,并不是为了让你把钱花在嫖娼、醉酒、贪吃、奢侈着装以及其他懒散事物上,而是将钱分享给有需要的人。就像国王的财政官,如果将国王命令让他分配的钱财用于自己的好逸恶劳,他将受到严惩乃至死刑;同样地,富人不过是那本属穷人财物的管家,他被命令将财物分给与他一起为奴的穷人。如果他花费的比他的需求更多,那他将受到更残酷的惩罚。因为属于他的其实不是他的,而是属于与他一起为奴者(σύνδουλοι)。

让我们节约钱财,就好像我们的钱是别人的,这样财富就可以变成我们(共有的)。如何节约钱财,就好像我们的钱是别人的,只要我们的消费不超出我们的需求而且我们不能只在自己身上花钱,而是应该将钱财平均分配给穷人。即便你很富有,但你的消费多于你的需求,你就会因被委托的财产而遭清算。这种事在大家庭也是存在的。许多人都是把金库委托给他的家奴,被委托者不能滥用委托给他的钱,而是无论什么时候只要主人一声令下,就会分配财物。你就应该这样做,你得到的比别人多,不是为了把钱都花在自己身上,而是为了成为别人的好管家。

还有一事值得我们深究:为什么他看到拉撒路坐在了亚伯拉罕而不是其他义人的怀里?亚伯拉罕是好客的,因此他就会成为财主不好客的审判者,因而富人看到拉撒路与亚伯拉罕在一起。亚伯拉罕网罗过往行人,将他们邀请到自己家中,而富人却对躺在家门口的人视而不见,他有如此财富和得救的契机,但他却终日置若罔闻,并没有充分利用对穷人的保护。亚伯拉罕不似财主,而其行为恰都与之截然相反。他终日蹲坐家门前,网罗所有过往行人,就像渔夫将网撒入大海,既能捕到鱼,很多时候也能捕获金子、珍珠,正是如此亚伯拉罕既邀请到了人,也邀请到了天使,令人称奇的是他并不知道。对于这件事,保罗甚是惊讶,赞美道:"不可忘记用爱心接待客旅,因为曾有接待客旅的,不知不觉就接待了天使。"(《希伯来书》13.2)保罗说得多好,"不知不觉"。如果是提前知道他们的身份而如此款待他们,亚伯拉罕就不会行如此的奇迹了。他最值得赞扬,因为他并不知道这些过往的行人是谁,认为他们只是人,只是客旅而已,他以如此之大的热忱将他们邀请到家中。

如果你热情款待了那些有名望的人,你并没有做任何值得称奇的事。好客人的美德很多时候会迫使不好客的人展现出热情。最令人称奇的是我们热情款待那些偶遇的、被鄙视的、穷困潦倒之人。因此,基督对那些款待这些人的人说:"这些事你们既作在我这兄弟中一个最小的身上,就是作在我身上了。"(《马太福音》25:40)他又说:"你们在天上的父也是这样,不愿意这小子里丧失一个。"(《马太福音》18:14)他还说:"凡使这信我的一个小子跌倒的,倒不如把打磨石拴在这人的颈项上,沉在深海里。"(《马太福音》18:6)到处都有基督为弱小者所说的话。

亚伯拉罕知道这些（基督的教导），就没有像我们现在的人那样盘问过路者到底是谁，从何而来，只是款待了所有过往的客旅。因此所有表示出友好的人，不应该审查他人的人生，而只应该救济贫苦，满足需求。穷人只有一种恳求，即贫穷与身陷需求。除此之外不要从穷人那里苛求更多，即便他是最邪恶的人，只要他缺少必要的食物，就让我们同情他们的饥馑。这就是基督的诫命，他说："这样，就可以作你们天父的儿子。因为他叫日头照好人，也照歹人，降雨给义人，也给不义的人。"（《马太福音》5∶45）怜悯他者的人是所有有需要者的避风港。避风港接受的是所有触礁遇险的过往行人，解除他们的困难。不管是坏人还是好人，或者是其他什么遇险的人，他都会将之收入怀抱。

当你看到世上有人遭遇饥饿的劫难，不要审判，不要责难，而是要解决困难。你为什么要给自己制造麻烦？神已经饶恕了你所有的好奇与好管闲事。如果神命令先纠察我们每个人的人生，我们的成长过程，我们每一个人所做过的事，然后才给我们施舍，那么我们将会有多少抱怨和不满。而现在我们被解除了这一困难，那么我们何苦庸人自扰？法官是一回事，怜悯他者的人是另一回事。仁慈就是我们要给那些配不上帮助的人帮助，保罗就是这么赞美仁慈的："我们行善，不可丧志，不可灰心。"（《加拉太书》6∶9—10）

如果我们过分好奇并审查不值得的人，那我们也会很难遇到值得的人。如果我们为不值得的人提供帮助，我们就会遇到那值得的人以及那些与之等价的人。就像亚伯拉罕所做的，他对于过路人没有太多好奇也没有过多审查，所以他才能款待天使。让我们在这方面与亚伯拉罕的孙子约伯竞争吧，约伯完全地继承了先祖的慷慨，因而他说："我的家门对所有旅客都是敞开的。"（《约伯记》31∶32）门并不是对一个人敞开，对另外的人就是关闭的，而是对所有的人都是敞开的。

这就是我请求大家要做的，除非必须，不要责难。穷人的价值就是他的需求而已。如果有人带着需求来找你，不要过多责难，我们不能以这种方式提供帮助，而要以仁慈的方式提供帮助。我们怜悯穷人不是因为穷人的美德，而是他的不幸，为的是我们能够得到主更多的怜悯，我们自己作为微不足道者能够获得神的怜悯。如果我们苛求与我们同为奴者的价值，那么神也将会对我们做相同的事。如果我们要求审查与我们同为奴者，我们自己就会失去来自主的仁慈。他说："因为你们怎样论断人，也必怎样被论断。"（《马太福音》7:2）

让我们再次回到我们的话题，财主看到拉撒路在亚伯拉罕的怀里就说："我祖亚伯拉罕，可怜我吧，打发拉撒路来。"（《路加福音》16:27）为什么他不跟拉撒路说？以我所见，他是羞愧难当，他认为拉撒路会因为他做过的事而睚眦必报。我曾坐享财富，没有遭受不公正的待遇，却忽视了这个深陷苦难的拉撒路，没有给他施舍过一粒面包屑，这个被如此忽视的人肯定不会愿意给我施以任何仁慈。我们这样假设并不是要责备拉撒路，他不会这样做，绝不会！而是财主是这么想的，所以他没有请求拉撒路，而是请求了亚伯拉罕，他想着亚伯拉罕并不知道发生过什么。他请求那双手，那双任由狗去舔舐的手。

亚伯拉罕是怎么说的："儿啊，你应回想你生前享的福。"（《路加福音》16:24）瞧瞧，这就是义人的智慧与温情。他并没有说："你个冷酷无情的恶徒，你如此对待这个人，这时候还指望仁慈、怜悯和饶恕吗？你不脸红？不羞愧吗？"而是说："儿啊，你已享过福了。"（《路加福音》16:25）对他的惩罚已足够，我们不要再加重他的苦难，你万不可认为亚伯拉罕是因为记仇所以不让拉撒路离开，他称财主是"儿啊"，这一个称呼就足以为他辩护。

他说"你已享过福"，为什么他不说"得到"而是"享受"，我认为这里为我们敞开了一个意义的海洋。因此，我们要极其准确地守护所有经文的意义，无论是现在还是过去说过的，都要极其准确地守护。通过已说过的你们要将自己调整得更好以听取未来的教导，如果你们做不到所有的，那么我请你们永远铭记：如果不从自己的口袋里把钱给穷人就是对穷人的掠夺与剥削，钱不是我们的，而是我们占有他们的。

如果我们这样想,我们就会把我们的钱献出来,我们在此世照拂基督,就为后世积累了许多财富,我们就能拥有来世的财富。以我主基督的恩典、仁慈并父与圣灵的荣耀、尊荣与权力,直到永永远远,阿门!

劝谕青年查理曼：卡特伍尔夫书信译释[*]

刘寅（浙江大学）

一、导言

公元 774 年下旬或 775 年初，一个名叫卡特伍尔夫（Cathuul-fus）的教士或修士向即将或刚刚年满 27 岁的查理曼写了一通书信。卡特伍尔夫在书信中向这位法兰克国王（此时亦是伦巴德国王）论证了上帝对他的特别赐福，并劝谕他郑重对待身为人君的职责，做一位虔敬和正义的国王，为自己和王国赢得更多、更大的神圣恩典。卡特伍尔夫其人没有在这通书信外任何现存文献中出现过。姓名本身暗示作者为盎格鲁-撒克逊裔。在书信开篇的问候语中，卡特伍尔夫自称是查理曼的"小仆"（vester servulus）。除问候语和告别语外，卡特伍尔夫在信中通篇使用第二人称单数称呼查理曼，而非表示尊敬的第二人称复数。这在以查理曼为收信人的其他现存书信中是极为罕见的。[①] 卡特伍尔夫因此可能与这位君主关系亲密。书信表现出作者对法兰克政局甚至加洛林家族的宫闱都有相当的了解。卡特伍尔夫因此应是身在欧洲大陆而非英格兰。综合考量以上证据，合理的

---

* 本文写作得到浙江省哲学社会科学规划课题一般项目"《申命记》在中世纪早期拉丁世界的阐释与接受史研究（5—9 世纪）"（项目号 20NDJC035YB）与浙江省教育厅一般科研项目"查理曼时代里昂地区的文化与社会革新研究"（项目号 Y201941209）的资助。

① 构成对比的是，一位名叫安伍尔夫（Eanwulf）的诺森伯兰修道院长在 773 年写给查理曼的信中，通篇用第二人称复数称呼这位国王（*Die Briefe des heiligen Bonifatius und Lullus*，MGH Epistolae Selectae 1，ed. Michael Tangl，Berlin：Weidmann，1916，no. 120，pp. 256—257）。阿尔昆写给查理曼的书信也一贯使用第二人称复数称呼后者。

推断是,卡特伍尔夫是一位生活在法兰克的盎格鲁-撒克逊教士,或许供职于加洛林王室。[①] 玛丽·加里森根据文风进一步推测,卡特伍尔夫可能隶属于早年围绕卜尼法斯形成的东法兰克传教和文化团体。[②]

卡特伍尔夫在书信中提到了查理曼享受上帝特殊恩典的八大证据,其中后三条均与 773—774 年的伦巴德征服战争相关,暗示书信的写作时间应在战争结束后不久。伦巴德王德西德里乌斯(Desiderius)的投降和查理曼首次在文书中使用"伦巴德王"之号,[③]均发生在 774 年 6 月。迈克尔·麦考密克认为,卡特伍尔夫请查理曼"与你所有的军队(com(sic)omnibus exercitibus tuis)一起,日夜把荣耀归于万国之王的上帝",说明该信写作于查理曼从意大利率兵返回法兰克(774 年 7 月或 8 月)之前。[④] 乔安娜·斯托里则提出,数字"8"是卡特伍尔夫书信中反复出现的意象;查理曼在征服伦巴德后所颁布文书,同时以法兰克王号和伦巴德王号纪年;从 774 年 9 月到 775 年 6 月间的纪年是"我的统治的第七和第一年",叠加后为八年。[⑤] 以上两种观点在证据上均稍显薄弱,聊备参考。将书信的写作时间更加宽泛地限定于 774 年下旬至 775 年初,是当下学界的共识。[⑥]

唯一载有卡特伍尔夫书信的中世纪抄本是著名的 Paris, Bibliotheque nationale de France, MS lat. 2777。[⑦] 该抄本由两个独立的

---

① 相关历史背景,参考 James Palmer, *Anglo-Saxons in a Frankish World*, 690—900, Turnhout: Brepols, 2009。迈克尔·摩尔提出,卡特伍尔夫是在新格兰写作此信的(Michael Edward Moore, "La monarchie carolingienne et les anciens modèles irlandais", *Annales: Histoire, Sciences sociales* 51 (1996): p. 307),但这一观点未得到其他学者的认同。

② Mary Garrison, "Letters to a King and Biblical Exempla: The Examples of Cathuulf and Clemens Peregrinus", *Early Medieval Europe* 7 (1998): p. 324.

③ *Die Urkunden Pippins, Karlmanns und Karls des Grossen*, no. 80, MGH, Diplomata Karolinorum I, ed. Engelbert Mühlbacher, Hanover: Hahn, 1906, p. 114.

④ Michael McCormick, *Origins of the European Economy: Communications and Commerce A. D. 300—900*, Cambridge: Cambridge University Press, 2001, p. 749, n. 80.

⑤ Joanna Story, "Cathwulf, Kingship, and the Royal Abbey of Saint-Denis", *Speculum* 74 (1999): p. 9, no. 36.

⑥ 麦克斯·布赫纳(Max Buchner)在 20 世纪 30 年代的一篇书评里提出过卡特伍尔夫书信是 9 世纪伪作的观点(*Historisches Jahrbuch* 55 [1935]: p. 604),但既未给出证据,也没有获得其他学者的认同。

⑦ 高清数字版参见 https://gallica. bnf. fr/ark:/12148/btv1b525120635,2020 年 3 月 24 日访问。

部分合订而成。载有卡特伍尔夫书信的第二部分(43r—61v)被学者根据成书地(著名的圣德尼修院)命名为"圣德尼范本文书集"(Formulae collectionis S. Dionysii)。① 其中收录了 25 通书信,卡特伍尔夫书信位列第 15(56v—58r)。第 11 通书信是臭名昭著的"君士坦丁赠礼"。最后一通是现存唯一的查理曼私人书信,收信人是王后菲斯特拉达(Fastrada)。学者对抄本第二部分的定年有不同意见,②但对文书集祖本的编辑成书时间的判断较为一致,即最可能是在法杜尔夫(Fardulf)出任圣德尼修院院长期间(792—806 年)。③ 斯托里提出,卡特伍尔夫写给查理曼的信之所以被收录于"圣德尼范本文书集"之中,是因为该书信就是在圣德尼修院撰写的,具体的写作背景是查理曼于 775 年 2 月 25 日向圣德尼赠地以祝贺修院的新方形教堂的落成。④ 加里森从书信学的角度反驳了这一新论。在她看来,由于圣德尼修院院长经常担任加洛林君主的宫廷牧师,圣德尼修院也半正式地承担了王室档案存储的功能。同时,卡特伍尔夫书信多有涉及基督教礼仪,这或许构成了当时的圣德尼修院院长弗尔拉德(Fulrad)收录该书信的最初动机。⑤

对爱尔兰拉丁政治文献的大量运用,是卡特伍尔夫书信的一大特征。⑥ 现存最早引用 7 世纪爱尔兰格言汇编《希腊人箴言》(Proverbia Grecorum)的文献就是这通书信。⑦ 同样成书于 7 世纪爱尔

① *Formulae Merowingici et Karolini aevi*,ed. Karl Zeumer,MGH Formulae,Hanover:Hahn,1886,pp. 493—511.

② 9 世纪初:Wilhelm Levison,"Das Formularbuch von Saint-Denis",*Neues Archiv* 41 (1919):pp. 283—304;9 世纪末或 10 世纪初:Schafer Williams,"The Oldest Text of the *Constitutum Constantini*",*Traditio* 20 (1964):pp. 448—461。

③ 对文书集定年和结构的细致分析,参见 Story,"Cathwulf",pp. 11—19。

④ Story,"Cathwulf",pp. 20—21.

⑤ Garrison,"Letters to a King and Biblical Exempla",pp. 317—320.

⑥ Hans Hubert Anton,"Königsvorstellungen bei Iren und Franken im Vergleich",*Das frühmittelalterliche Königtum:Ideelle und religiöse Grundlagen*,ed. Franz-Reiner Erkens,Berlin:De Gruyter,2005,pp. 272—301. 迈克尔·拉普德格和理查德·夏普将卡特伍尔夫书信列入"凯尔特拉丁文献"(Michael Lapidge and Richard Sharpe,*Bibliography of Celtic Latin Literature*,Dublin:Royal Irish Academy,1985,no. 1181),但卡特伍尔夫是一位爱尔兰作家的可能性极小。

⑦ Dean Simpson,ed.,"The *Proverbia Grecorum*",*Traditio* 43 (1987),pp. 1—22.

兰的政论作品《尘世十二弊》(De XII Abusivis)中的内容也出现在
了书信中。① 不过,学者们倾向于认为,卡特伍尔夫对《尘世十二弊》的
使用转引自《爱尔兰教会法汇编》(Collectio canonum Hibernensis),将
引用出处归于圣帕特里克的做法也来自于后者。② 此说令人信服。
书信还引用了西班牙教父伊西多尔《词源》(Etymologiae)中对"国
王"的定义。对伊西多尔作品的大规模利用,是早期中古爱尔兰和英
格兰拉丁文献的一大特征,③但没有证据表明卡特伍尔夫对这位西班
牙教父的引用是转引而非直引。卡特伍尔夫在书信正文的第一部分
中对罗马基督教作家拉克唐修《论上帝的工艺》(De opificio Dei)的使
用尚未被学者注意到。这可能也是一个爱尔兰现象,因为这部极少在
早期中古欧洲被提及和使用的作品,也有一个片段被收录进了《爱尔
兰教会法汇编》,尽管与卡特伍尔夫所引并非同一段落。④ 卡特伍尔夫
书信见证了爱尔兰学术和思想经英格兰学者向欧陆的传播。⑤

　　对伪安波罗修(Ambrosiaster)作品的使用,情况与此类似。卡
特伍尔夫称查理曼是上帝的代理(in vice);而"主教位居次席(in se-
cundo loco),是基督的代理(in vice Christe)"。尽管伪安波罗修在
早期中古爱尔兰拉丁作品中受到过引用,⑥但卡特伍尔夫对伪安波

　　① 《尘世十二弊》在早期中古欧陆的传播史,参见 Sven Meeder,The Irish Scholarly
Presence at St. Gall:Networks of Knowledge in the Early Middle Ages,London:Blooms-
bury,2018,pp. 63—82。
　　② Hans Hubert Anton, "Pseudo-Cyprian, De duodecim abusivis saeculi und sein
Einfluss auf den Kontinent, insbesondere auf die karolingischen Fürstenspiegel", in Die
Iren und Europa im früheren Mittelalter, ed. Heinz Löwe, Stuttgart: Klett-Cotta, 1982,
vol. 2,pp. 568—617.
　　③ 参见 Martin Ryan,"Isidore amongst the Islands:The Reception and Use of Isi-
dore of Seville in Britain and Ireland in the Early Middle Ages",in A Companion to Isidore
of Seville,eds. Andrew Fear and Jamie Wood,Leiden:Brill,2020,pp. 424—456.
　　④ Roy Flechner,eds. ,The Hibernensis,Volume 1:A Study and Edition,Washing-
ton,D. C. :Catholic University of America Press,2019,c. 54. 8,p. 428.
　　⑤ 参见 Mary Garrison,"The English and the Irish at the Court of Charlemagne",in
Karl der Grosse und sein Nachwirken. 1200 Jahre Kultur und Wissenschaft in Europa,
eds. Paul Leo Butzer,Max Kerner,and Walter Oberschelp,Turnhout:Brepols,1997,vol. 1,
pp. 97—123.
　　⑥ 参见 Aidan Breen,"The Biblical Text and Sources of the Würzburg Pauline Glos-
ses (Romans 1—6)", in Irland und Europa im früheren Mittelalter. Bildung und Litera-
tur,eds. Próinséas Ní Chatháin and Michael Richter,Stuttgart:Klett-Cotta,1996,p. 12.

罗修作品本身十分熟悉这种可能无法被排除。包括恩尼斯特·康托洛维茨、瓦尔特·厄尔曼在内的中世纪政治思想史家对卡特伍尔夫引用伪安波罗修格外重视，认为它反映了加洛林神圣王权观念。① 但需要注意的是，在整通书信的语境中，卡特伍尔夫引用伪安波罗修的用意，并不是论证世俗君主在教会事务中的权威高于主教，而是劝谕君主（查理曼）紧紧依靠主教履行对王国的治理职责。这意味着，我们不妨在卜尼法斯以降加洛林主教权威的发展史中理解卡特伍尔夫的政教关系论。②

　　卡特伍尔夫书信是最早的加洛林君主镜鉴（mirror of princes）。③ 加里森贴切地形容它为一部"微型镜鉴"（Fürstenspiegel in miniature）。④ 卡特伍尔夫在向查理曼提出劝谕时显得很大胆。他多次要求查理曼"细细揣度"（diligenter considera）、"细细阅读和思量"（lege et intellege diligenter），颇有导师风范。他亦不讳于批评查理曼"只有少数几根支柱与你一起稳固撑守上帝的堡垒"。对《圣经》经文的大量引述是这通书信的一大特点。将查理曼类比于《旧约》中获得神恩的以色列贤王（大卫、所罗门），在阿尔昆加入查理曼宫廷后成为了加洛林政治文化的显著特征。但卡特伍尔夫书信比之要早了将近十年，反映了一种"书信文体（和政治）试验"。⑤ 卡特伍尔夫将释经学中通常视为关于大卫王并预表基督的《圣经》经文称作"关于你（查理曼）的例示"。⑥ 同时，他将"经书正典"（canones），即《圣经》，视为

　　① Ernst H. Kantorowicz, *The King's Two Bodies: A Study in Mediaeval Political Theology. With a New Introduction by Conrad Leyser*, Princeton: Princeton University Press, 2016, p. 77, n. 84; Walter Ullmann, *The Carolingian Renaissance and the Idea of Kingship*, London: Methuen, 1969, pp. 49—50.

　　② 参见 Steffen Patzold, *Episcopus: Wissen über Bischöfe im Frankenreich des späten 8. bis frühen 10. Jahrhunderts*, Ostfildern: Thorbecke, 2008。

　　③ Hans Hubert Anton, *Fürstenspiegel und Herrscherethos in der Karolingerzeit*, Bonner historische Forschungen 32, Bonn: L. Röhrscheid, 1968, pp. 75—79. 关于君主镜鉴文体，参见种法胜：《加洛林"王者镜鉴"：一个整体视野的考察》，《历史教学问题》2018年第2期。

　　④ Garrison, "The English and the Irish at the Court of Charlemagne", p. 101.

　　⑤ Garrison, "Letters to a King and Biblical Exempla", p. 312.

　　⑥ 加里森（Garrison, "Letters to a King and Biblical Exempla", p. 311, n. 22）建议将抄本中此句中的 exemplue. tu 读作 exemplum est tunc，而非 MGH 编校本中的 exemplatum。

查理曼需要在"上帝之民"(populum Dei)中确立的"上帝的律法"(legem Dei)的根基。这可以解释《申命记》在这通书信中的大量运用。① 卡特伍尔夫常常用 etreliqua 省略对《圣经》经文的全段引用(本译文中统一译作"云云")。加里森指出,类似的表达常见于武加大本《列王纪》,或许体现了卡特伍尔夫对《圣经》文风的效仿。② 书信最后一句中对《约珥书》和《帖撒罗尼迦后书》经文的运用,体现了鲜明的末世论色彩。

　　对加洛林政治史来说,卡特伍尔夫书信也提供了珍贵的史料。卡特伍尔夫论证查理曼享受特殊恩典时所列八条证据中,第一条称,丕平的王后贝尔特拉达(Bertrada)成功怀上查理曼,得益于很多人,特别是"你的母亲"的祈祷。贝尔特拉达的怀孕不但巩固了自己的地位,更使丕平获得了自己子嗣,间接促使他违背了对出家的兄长卡洛曼的承诺,剥夺了卡洛曼之子德罗戈的继承权。珍妮特·尼尔森结合各种史料推测,丕平可能在 747 年故意向卡洛曼隐瞒贝尔特拉达怀孕的消息。③ 卡特伍尔夫的这条记录为窥测这段暗流涌动的加洛林宫闱政治提供了一条线索。在第五条中,查理曼的弟弟卡洛曼的去世被描述为上帝的恩典,使查理曼"没有制造流血就君临整个王国"。这一条中还提到,"上帝非凡的仁爱和极大的仁慈与法兰克人的军队同在"。这都暗示了法兰克王国在卡洛曼去世前内战风雨欲来的紧张局势。同时,"上帝保佑你幸免于你的兄弟的所有诡计"(第三条)出现在"你和你的兄弟获得了对法兰克人的王国的统治权"(第四条)之前,似乎暗示,查理曼和卡洛曼之间的不和在他们的父王丕平在世时就已显露。在关于查理曼伦巴德战争的三条中,占领帕维亚和俘获德西德里乌斯(第七条)和查理曼接管意大利(第八条)被分

----

① 参考拙作《律法与"基督民":〈申命记〉在加洛林时代》(《世界历史评论》即刊)。

② Garrison,"Letters to a King and Biblical Exempla",p. 325.

③ Janet Nelson,"Bertrada", *Der Dynastiewechsel von 751. Vorgeschichte,Legitimationsstrategien und Erinnerung*,ed. Matthias Becher and Jörg Jarnu,Münster：Scriptorium,2004,pp. 93—108.

开列出，后者被明确与查理曼在复活节期间的罗马之行联系在一起。这反映了当时人对查理曼征服意大利的一种见解。

卡特伍尔夫书信并没有被之后的拉丁作家明确引用过。学者们从蛛丝马迹中尝试论证这通书信的影响。麦考密克指出，卡特伍尔夫关于禁止向异教徒贩卖基督徒奴隶的劝谕，可能影响了查理曼之后的相关政策制订。[①] 胡伯特·莫德克认为，查理曼颁布于 779 年的赫斯塔尔二号条令（*Capitulare Haristallense secundum speciale*），以斋戒、祈祷和救济的方式应对王国内发生的饥荒，受到了卡特伍尔夫书信的影响。[②] 劳伦斯·尼斯指出，卡特伍尔夫关于君主"八立柱"（引自《希腊人箴言》）的理论，可能影响了查理曼时代的著名彩绘抄本《德斯卡尔克福音书》（*Godesscalc Evangelistary*）的图像学呈现。[③] 但无论如何，卡特伍尔夫书信中关于君主职责、教会改革的理念，完全可被视为是查理曼此后数十年事业的"预流"。

二、译本说明

至今尚无卡特伍尔夫书信的任何现代语言译本。恩斯特·丢姆勒的卡特伍尔夫书信编校本，收录在由他主编的《德意志文献集成·书信第四编》中。尽管受时代所限，丢姆勒本的校注不够充分，但仍是迄今为止该书信的最佳刊印本。[④] 本译本以这个编校本为底本，参考抄本，补充以详尽译注，以期最大程度地呈现该文献的史料价值。注释中的《圣经》经节划分和中译主要参考"和合本修订版"，必

[①]　McCormick, *Origins of the European Economy*, p. 749.

[②]　Hubert Mordek, "Karls des Großen zweites Kapitular von Herstal und die Hungersnot der Jahre 778/779", *Deutsches Archiv für Erforschung des Mittelalters* 61 (2005): pp. 42—43.

[③]　Lawrence Nees, "Godesscalc's Career and the Problems of 'Influence'", *Under the Influence: The Concept of Influence and the Study of Illuminated Manuscripts*, eds. Alixe Bovey and John Lowden, Turnhout: Brepols, 2007, pp. 27—28.

[④]　*Epistolae variorum Carolo Magno regnante scriptae*, no. 7, MGH Epistolae 4, ed. Ernst Dümmler, Berlin: Weidmann, 1895, pp. 502—505.

要时参考"思高本禧年版",但根据武加大本拉丁经文或史料中的实际引文有所调整。deus 统一译作"上帝",dominus 译作"天主"。全文中引用拉丁文献丛书包括 Corpus Scriptorum Ecclesiasticorum Latinorum (CSEL);Monumenta Germaniae Historica(MGH)。如无特别说明,中译均出自译者。

三、译文

给主公查理国王的书信由此开始。

卑微的卡特伍尔夫、您的小仆,心怀赤诚,在圣灵中向主公、最虔敬的国王、蒙上帝的恩宠而地位超殊、对基督的王国最正直、最可敬的查理致意。①

主公我的国王,我祈求你永远感念上帝,我相信,他从虚无中创造了你,又使起初最幼小的你成为了最伟大的。尘世的父母只是在欢愉中释放和接收内含出生所需物质的体液;由上帝创生的却是不涉罪的。余下皆是上帝的作为,包括受孕、形成身体、摄入灵魂、平安生产,以及之后所有那些上帝对人的呵护。我们活着,我们呼吸,皆是上帝的馈赠,②如经上所说:"人的气息掌管在上帝手中",③以及"你的手造了我"④云云。这些是所有人共享的恩典。

啊,我的国王,你的国王⑤用专属和特殊的赐福荣耀你,使你超越其他同龄人;用荣耀的王冠赐福你,使你超越你的前人:

首先,因为上帝的意愿,特别是那些向上帝祈祷的人——尤其是

---

① 加里森最早发现书信的这段问候语是一个标准的八音节诗句(octosyllabic verse):DOMINO REGI PIISSIMO / GRATIA DEI CELSISSIMO / CARLO VERE CARISSIMO / REGNO CHRISTI RECTISSIMO / ULTIMUS NAMQUE CATHUULFUS / TAMEN VESTER SERVULUS / INTIMO CORDE PURO / IN SPIRITU SALUTEM SANCTO. Garrison,"The English and the Irish at the Court of Charlemagne", 102,n. 18。

② 这段关于上帝与孕育和生养的论述,出自于罗马基督教作家拉克唐修的《论上帝的工艺》。参见 Lactantius, De opificio Dei, c. 19,CSEL 27. 1,ed. Samuel Brandt,Vienna:Verlag der Österreichischen Akademie der Wissenschaften,1893,p. 60。

③ 参照《但以理书》5:23。

④ 《诗篇》118:73。

⑤ 指上帝。

你的母亲①——的祈祷，尊贵的国王和王后孕育了你；②创生你的，却毋宁说是上帝。③ 我的国王，请对这话细细揣度。

第二，你是长子。你将如经书所言，接受长子的赐福："所有出子宫的头生，必归于天主为圣。"④云云。

第三，上帝保佑你幸免于你的兄弟⑤的所有诡计，如雅各和以扫的故事那样。

第四，你和你的兄弟获得了对法兰克人的王国的统治权。⑥

第五，赐福的另一显著迹象是，上帝把他从这个王国带去了另一个王国，并拔擢⑦你，没有制造流血就君临整个王国。⑧ 那一天，上帝非凡的仁爱和极大的仁慈与法兰克人的军队同在。愚者……智者感恩⑨云云。

第六，尚未正面交战，伦巴德人的军队就在〔你的〕面前调头奔逃。⑩

---

① 贝尔特拉达。

② 查理曼出生于748年4月2日。贝尔特拉达怀胎的时间应在747年夏。

③ 抄本此处有行尾空白，丢姆勒认为可能存在脱字。但此句文意畅通，不需补词。

④ 参照《出埃及记》13：2和《路加福音》2：23。

⑤ 指查理曼的弟弟卡洛曼。

⑥ 矮子丕平去世于768年9月24日。去世前，他将王国在自己的两个儿子查理与卡洛曼之间"均分"；查理得到奥斯特拉西亚；卡洛曼得到勃艮第、普罗旺斯、塞普提马尼亚、阿尔萨斯与阿拉曼尼；被征服不久的阿奎丹在两人之间分割。丕平在圣德尼修院下葬后，查理与卡洛曼率领各自的部从在各自的王国召开集会。10月9日，查理在努瓦永、卡洛曼在苏瓦松接受贵族们推举与主教们祝圣，正式登基。

⑦ 卡特伍尔夫使用同一拉丁词exaltare表达上帝对查理曼的"拔擢"和查理曼对上帝和上帝的律法的"尊崇"。

⑧ 这里指的是卡洛曼在771年12月4日病逝。根据艾因哈德的《查理大帝传》，卡洛曼的支持者曾企图策划发动内战。卡洛曼的去世使这场法兰克政治危机消散于无形。查理曼接受了卡洛曼旧部的效忠，"实现了对整个法兰克王国的一人统治（monarchia）"（*Annales Mettenses priores*，MGH Scriptores rerum Germanicarum 10，ed. B. von Simson，Hanover and Leipzig：Hahn，1905，pp. 57—58）。

⑨ 抄本上此句在"愚者"后有脱字，文意不明。或许可参照《传道书》10：12："智慧人的口说出恩言；愚昧人的嘴巴灭自己。"

⑩ 查理曼于773年秋季率军进攻伦巴德王国。在跨越阿尔卑斯山前，法兰克军队兵分两路，由查理曼亲自率领的西路军走仙尼峰（Mont Cenis）隘口，另一支由他叔父伯纳德率领的南路军走大圣伯纳德（Great St Bernard）隘口。伦巴德国王德西德里乌斯率军驻守仙尼峰隘口，期待正面阻击查理曼。但在意识到有可能被已经跨过阿尔卑斯山的法兰克南路军从背后包抄后，德西德里乌斯不得不率军撤回都城帕维亚。此处和后文中数次出现的"在你面前调头奔逃"（ante faciem tuam fugam）或类似表达，有可能化用自《申命记》28：7："天主必使那起来攻击你的仇敌在你面前溃败。他们从一条路来攻击你，必在你面前从七条路逃跑（fugient a facie tua）。"

第七,你跨过阿尔卑斯山,敌人就逃跑;你没有制造流血就俘获了最富有的城市帕维亚和国王,以及他全部的财宝。①

第八,你踏入了黄金的帝王之城罗马,②你欢愉地从万国之王那里接受了意大利人的诸王国,以及所有的珍宝。多少次,你使敌人从你的面前调头奔逃,成为胜利者,《诗篇》中那些经文是关于你的例示,尽管它们一般被理解为是关于基督和大卫的:"我要追赶我的仇敌,且要抓住他们。"③云云;同样以上帝圣父的名义:"我要让他的敌人调头奔逃";④以及"我要立他为长子"⑤云云;又如摩西所言:"上帝为我们争战";⑥再如圣保罗所言:"神若帮助我们,谁能抵挡我们呢?"⑦此外还有关于约书亚、大卫、希西家、犹大·马加比等人的。

如今,主公我的国王,请与你所有的军队一起,日夜把荣耀归于万国之王的上帝,以报答这些赐福;与你的王国一起,感谢他拔擢你得享欧洲王国的荣耀之尊。他甚至还会授给你比上述更大的恩典,如果你以同样的方式尊崇他和他的一切。因此,我的国王,请你心怀畏惧和爱,永远铭记上帝你的国王,因为你是他的代理,负责保卫和统治他的所有肢体,审判之日是要通过你交账的;主教位居次席,是基督的代理。⑧ 因此,请你们⑨细细思虑,如何对上帝之民确立上帝

---

① 查理曼对帕维亚实施了长达半年的围城。德西德里乌斯于 774 年 6 月献城投降。

② 查理曼在围城帕维亚期间,于 774 年 4 月 2 日(他的生日,亦是当年的复活节前一天)进入罗马;4 月 6 日,向教宗哈德良确认了其父丕平 754 年对罗马教宗的献土;4 月 7 日离开罗马。注意:卡特伍尔夫称罗马为"帝王的"(imperialem Romam)。

③ 《诗篇》18:38。

④ 参照《诗篇》88:24。

⑤ 参照《诗篇》88:28。

⑥ 参照《出埃及记》14:14。

⑦ 《罗马书》8:31。

⑧ 这种对政教关系的理解,来自于伪安波罗修:"国王在地上作为上帝的代理受到敬拜……"("Rex enim adoratur in terris quasi vicarius Dei …" Ambrosiaster, *Quaestiones Veteris et Noui testamenti*, 91. 8, CSEL 50, ed. Alexander Souter, Vienna: Verlag der Österreichischen Akademie der Wissenschaften, 1908, p. 157);"国王身有上帝的象,就像主教身有基督的象。"("Dei enim imaginem habet rex, sicut et episcopus Christi." *Ibid.*, 36, p. 63.)

⑨ 注意:此处的"你们"指查理曼和主教们。下同。

的律法,就像你的上帝在《诗篇》中对他认作代理的你所言:"现在,君王啊,你们应当知晓。"云云;以及"你们当存敬畏的心,事奉天主"云云;又如:"你们当接受管教,以免当天主发怒。"云云。①

有很多敦促你们尊崇律法的例示。我先为你们写下记于一小部分,它们出自经书正典和依据上帝命令的整个基督信仰②的律法。

在做到心怀对上帝的信仰、爱和畏惧后,你需要时常手持指南,也就是手册,所录上帝的律法;你要在你生命中的所有日子阅读它,使自己沉浸于神圣智慧和世俗文字,就像大卫、所罗门和其他国王曾经那样。上帝也这样向摩西论及诸王:"他登上他的王国的王位之后,律法之书要从不离手;他不能有多位妻子;不得对他的同龄人高傲,不得心存骄慢和嫉妒。"云云;③要当在贫民和豪强间做公正的裁决,从豪强手中拯救贫民。④

绝不可允许把基督徒贩卖给异教民族。哀哉,如果使基督的肢体与魔鬼的肢体相连,毁掉他的灵魂,就必在基督的王位前偿付他的价钱。⑤

请为基督的新娘佩戴胜过一切的华饰,也就是,确立最大的教会特权。请与你的主教们一起统辖修士、律教士和修院贞女的生活。请通过敬畏上帝超过一切的属灵的牧者改革,而不要通过平信徒,因为恶……,⑥正如律法中所言:"主教、司铎和执事"等,以及伯爵、百夫长、五十夫长、十夫长等,⑦不可接受贿赂,⑧以免上帝的律法被金钱所毁,而是要与你一起,心怀对上帝的畏惧,依照律法安排一切事

---

① 以上三段圣经引文出自《诗篇》2:10—12。

② Totius christianitatis lex.

③ 参照《申命记》17:17—20。

④ 此句可能出自《诗篇》71:10:"因为他从豪强手中解救贫民……"(Quia liberabit pauperem a potente, et pauperem cui non erat adiutor...)。《诗篇》71 的主题就是为王祈祷。

⑤ 参照《申命记》24:7:"若发现有人绑架以色列人中的一个弟兄,把他当奴隶对待,或把他卖了,那绑架人的就必处死。这样,你就把恶从你中间除掉。"

⑥ 此句意有脱字,文意模糊。联系上下文,卡特伍尔夫的意思可能是不要让平信徒介入修道生活。

⑦ 参照《出埃及记》18:21,25 和《申命记》1:15。

⑧ 参照《出埃及记》23:8 和《申命记》16:19。

宜;因为并非所有被称作主教的人都配得上主教之名,①伯爵等也是如此。啊,哀哉!

我担心,你只有少数几根支柱与你一起稳固撑守上帝的堡垒。但正义的国王理应有八根支柱。请你细细留意:其中第一根支柱是王室事务的真实;第二是所有事情上的耐心;第三是赐予礼物时的慷慨;第四是言辞的说服力;第五是对恶人的谴责和挫败;第六是对好人的表彰和拔擢;第七是对人民轻徭薄赋;第八是在富人和穷人间裁决时的公正。② 如果守住这八根坚实的立柱,你就将配得上国王之名——因为"国王"一词源出"统治",正如"王国"一词源出"国王"③——你的王国,连同你的妻儿,也将在你统治的岁月里受到赐福。将会风调雨顺,土地、海洋、生长于陆上和海中的一切都将丰产,而你则将幸福地统治多个民族,你的敌人在你面前倒下;云云。如果与之相反,则就会像圣帕特里克所言:"国王将因不义而招致不幸,他的妻儿也相争,人民中发生饥荒,出现瘟疫,风暴令土地和海洋不再丰饶,各种打击令地上的果实不再出产,国王将被他的敌人战胜,并被逐出王国。"④无论是在这个时代还是在你父辈们的时代,对此都有足够多的例示,比如瓦伊法尔,⑤又如德西德里

---

① 此句可能指向伊西多尔对"主教"一词的词源定义:"希腊词'主教'在拉丁语中的意思是'守望者',因为他的职责是领导教会;他被这么称呼是因为他守望并监管属民的道德和行为。"("Episcopi autem Graece, Latine speculatores interpretantur. Nam speculator est praepositus in Ecclesia; dictus eo quod speculatur, atque praespiciat populorum infra se positorum mores et uitam." Isidore, *Etymologiarum siue Originum libri XX*, VII. xii. 12, ed. W. M. Lindsay, Oxford: Oxford University Press, 1911.)

② "八立柱"的说法出自 7 世纪爱尔兰格言汇编《希腊人箴言》:Simpson,"The *Proverbia Grecorum*", c. iv. 2, p. 17。

③ 出自伊西多尔《词源》。(Isidore, *Etymologiarum*, IX. iii. 1)

④ 此处关于国王的正义与否给王国带来影响的描述,源自 7 世纪早期的爱尔兰政论《尘世十二弊》中的第九弊"不义的国王":Aidan Breen,"Towards a Critical Edition of *De XII Abusivis*: Introductory Essays with a Provisional Edition of the Text and Accompanied by an English Translation", Ph. D. dissertation; Trinity College, 1988, pp. 400—409。但《爱尔兰教会法汇编》(其中收录了《尘世十二弊》第九弊的部分内容,并同样归于圣帕特里克名下)可能是卡特伍尔夫的直接引用来源:Flechner, eds., *The Hibernensis, Volume 1*, cc. 24.3, 23.4, pp. 147—149。

⑤ 瓦伊法尔(Waifarius)744 年出任阿奎丹公爵,从 753 年开始与矮子丕平对抗。丕平于 768 年击杀瓦伊法尔,加洛林王朝征服阿奎丹。

乌斯、他的儿子和他们的王国，①等等；还有像罗波安、亚哈斯、亚哈和其他犹太人的国王，他们行天主眼中看为恶的事，②不在上帝的命令中行走。

因此，我的国王，请你阅读所有这些并细细思虑，莫在此时和此后失掉你的尊位。请与你的智者们一起听取这些忠告，尤其要与畏惧上帝的人一道采纳这些忠告。③ 从他们中择出人选，派往各城市、各修院和你的整个王国，让他们更新法律，剪除不义。与通晓法律、拒收礼物、主持正道之人一起，也就是和具备优秀品质的主教和伯爵一道；如此，你就可以将困苦、麻烦和由恶习引发的丑闻从你的王国中根除，④虔敬地统治基督徒的军队，即基督的肢体。

对于……上述牧者，⑤经书正典和寰宇内的律法（特别是罗马法）要求——或者毋宁说上帝要求——保证基督徒冢茔的安宁。若有人违反，让他们依法接受制裁。行巫术者、投毒者、呼风唤雨者、女卜师、女巫、窃贼、行凶杀人者（特别是在上帝的教堂中）、偶像崇拜者、⑥通奸者、劫掠者、当众说谎者、破坏婚姻者⑦、向异教徒贩卖基督徒的人、作伪证者（特别是在上帝的教会中）、伪币制造者、不纳什一税的人、劫掠教会的人；伤害孤寡和外乡人的人、对出家的寡妇、贞女和修女犯下侵犯或所有悖乱罪行的人。请代表律法，矫正和判决这

----

① 德西德里乌斯 757 年成为伦巴德国王，759 年立其子阿德奇斯（Adalgisus）为共治王。因为女儿遭查理曼休妻，德西德里乌斯在 771 年后与法兰克国王交恶，并以接受卡洛曼妻儿的政治避难作为报复。他甚至以入侵教宗领土为威胁，试图要挟罗马教宗哈德良将卡洛曼之子加冕为法兰克王。773 年，查理曼出兵伦巴德王国。774 年 6 月德西德里乌斯投降。阿德奇斯逃往君士坦丁堡避难。德西德里乌斯连同妻女一起被带回法兰克，拘押于科尔比修院，直至去世。查理曼取而代之，成为伦巴德国王。

② 参照《列王纪下》16：30。

③ 参照《以赛亚书》16：3。

④ 参考《申命记》中多次出现的"把恶从以色列中除掉"的说法（13：5；17：7；17：12；19：19；21：21；22：21；22：22，24；24：7）。

⑤ 抄本上此处有脱字。

⑥ 抄本上该词作 latrias，根据丢姆勒的校注，读作 idolatrias。

⑦ 抄本上作 qui fariatos frangunt，丢姆勒在卷末引得中（p. 631）将 fariatos 试读为 farreatos。在罗马法中，共食婚（confarreatio）是一种婚姻仪式。该词及其变体在中古拉丁语中极为罕见。卡特伍尔夫此处的具体所指，究竟是婚内出轨者，还是强行拆散他人婚姻的外人，不甚明了。感谢多伦多大学的 Jesse D. Billett 教授和都柏林大学学院的 Roy Flechner 教授对此条注释的邮件建议。

些和此类的罪行。请公正地审判,①因为你是上帝的仆役,②代表他惩治这些罪行,云云。

对于上帝,主公我的国王,③请心怀颂扬之情,在上述一切事宜中尊崇他,因为他拔擢你获得无上尊荣,超越了你的民族中你的所有先人,如经上所言:"尊崇天主我们的上帝。"④云云;以及:"全地都当向上帝欢呼";⑤又如:"全地要敬拜你";⑥再如:"地上的君王都要称谢你,在颂歌中歌唱天主。"⑦云云。

因此,我的国王,对所有这些、对你和对基督徒的军队的告诫,如果你认可,请协同法兰克人的宗教会议,在你的王国里,设立每年崇奉圣三位一体、唯一上帝、天使和所有圣徒的节日(需提前一天斋戒),⑧并为你的王国确立纪念圣米迦勒的弥撒和圣彼得的殉道的公共节日。⑨ 如果你做到这些和此类事,你必将在当下和未来,在至大的幸福和赐福中,连同基督的肢体,与天使、大天使一起永恒地统治,与所有的圣徒一起在万世中喜乐。阿门。

主公我的国王,从记忆中的许多话中,我择取了这么一小部分。能够用粗鄙的言语给您写信,让无知如我者感到喜悦;同时,我仰赖您的仁爱,可以宽恕我的愚蠢,而您从上帝那里得到的赏赐会更丰沛。在上帝面前向您道别,愿您在尘世永享幸福!

> 让我们对万王之王咏唱⑩这永恒的尊荣;
>
> 向基督和圣彼得无休止地咏唱赞美。

---

① 抄本上此处的文字无法识别,丢姆勒读作 recte iudicare。
② "上帝的仆役"(minister Dei)的说法,见《罗马书》13:4。
③ 抄本上此处的文字无法识别,丢姆勒读作[Deum autem?],…. domine mi rex。
④ 《诗篇》98:5。
⑤ 《诗篇》65:1。
⑥ 《诗篇》65:4。
⑦ 参照《诗篇》137:4。
⑧ 不能确定卡特伍尔夫这里说的是否是中世纪大公教会的"圣三一日"(圣灵降临节七天后的周日)。关于"圣三一日"的最早确切证据出现在 10 世纪。
⑨ 日期分别是 9 月 29 日和 6 月 29 日。
⑩ "让我们……咏唱"(cantemus)经常作为中世纪圣歌(hymn)的起首。

我的查理,人民的国王,用三重和声,

让我们赞颂圣三位一体和唯一上帝。

他不动兵戈就为你大添国土,

此世中上帝永远是你的强大助力;

他永远在寰宇中助你向不虔敬者开战,

叫强横者低头,使谦卑者荣耀;

他被亲切地称作上帝,堪配其名。

荣耀永远归于三位一体的唯一上帝。

啊,那日子临近了。① 让那现在阻挡的阻挡,直到他被从中除去。② 请你细细阅读和思量。

---

① 参照《约珥书》1:15。
② 参照《帖撒罗尼迦后书》2:7(和合本修订版:"因为那不法的隐秘已经运作,只是现在有一个阻挡的,要等到那阻挡的被除去才会发作。"思高本禧年版:"罪恶的阴谋已经在活动,只待这阻止者一由中间除去。")这句含义模糊的经文,连同上一条注释中的《约珥书》经文,均含有强烈的末世论色彩。

《卡普阿敕令》:腓特烈二世的
王权复兴纲领[*]

李文丹(德国乌普塔尔大学)

在腓特烈二世(Friedrich II,1194—1250 年)1220 年加冕为神圣罗马帝国皇帝后,他即刻返回故乡西西里王国,颁布了用于复兴王权的二十条敕令,史称《卡普阿敕令》(Assisen von Capua)。这部法令的颁布不仅昭示了腓特烈对王国秩序的构想,也标志着神圣罗马帝国与罗马教会关系的转折。然而,由于法令的原始文件遗失,其内容仅记载于圣杰尔马诺的理查德(Riccardo di San Germano,约 1165—1244 年)所作的《编年史》(Chronica)的最初版本中,且没有现代译本,因此《卡普阿敕令》未能得到史学界足够的关注,知名度远不如以它为蓝本的1231 年的《梅尔菲宪法》(Konstitutionen von Melfi,亦作 Constitutiones Regni Siciliae;Liber Augustalis)①。笔者在研究同时代教廷史料时发现,正是《卡普阿敕令》改变了教廷对腓特烈二世的态度,影响了教廷后续的政治目标与行动。本文试图分析、评估《卡普阿敕令》的内容与影响,它所提供的新视角对理解 13 世纪的政教冲突至关重要。

一、历史背景

1220 年 11 月 22 日,腓特烈二世在罗马由教宗洪诺留三世

---

　　* 感谢浙江大学董子云学友对本文的指正。
　　① 《卡普阿敕令》的大部分条例被间接收入《梅尔菲宪法》,其对应关系在"法令原文"部分注出。参见 W. Stürner, ed., *Die Konstitutionen Friedrichs II. für das Königreich Sizilien*,Hannover:Hahn,1996,p. 131。

(Honorius III,1216—1226 年在位)加冕为神圣罗马帝国皇帝,[①]12月 10 日前后回到西西里王国,在蒙特卡西诺修道院稍事休息后,即刻于 12 月 20 日在卡普阿召开宫廷会议。[②] 在这次会议上,腓特烈二世公布了整饬王权的纲领性文件《卡普阿敕令》。它由二十条法令组成,其宗旨是恢复国王威廉二世(Guillaume II,绰号"好人威廉",1154—1189 年)时代的统治秩序,涉及的方面包括地产的归属、官员的任命、和平的维护、封臣的权利、市场的管制等。比起十年后的《梅尔菲宪法》,《卡普阿敕令》的措辞简陋粗糙,然而它的诉求更为明确,几乎囊括了腓特烈二世重建王权的全部举措。作为腓特烈着手改革的第一板斧,其重要性和迫切性可见一斑。

　　腓特烈二世首先对西西里王国的旧制度发难并非偶然。在 1189 年国王威廉二世去世到 1220 年腓特烈二世称帝的这三十年间,西西里一直没有真正的主人,罗马教廷与地方诸侯主导了王国的政治。1189 年是政权更替的分水岭。在 1189 年以前,西西里王国由 11 世纪初入主、来自诺曼底的欧特维尔家族(Hauteville)统治。1059 年国王罗贝尔·吉斯卡尔(Robert Guiscard,约 1015—1085 年)成为教宗的封臣,其王权的合法性就此稳固。作为回报,西西里王国成为了教宗对抗神圣罗马帝国和拜占庭的重要帮手。[③]在 1189 年以后,威廉二世的姑母康斯坦茨(Constance de Hauteville,1154—1198 年)继承王位,她的丈夫、斯陶芬王朝的亨利六世(Heinrich VI,1165—1197 年)是神圣罗马帝国皇帝,因此他们的独生子腓特烈二世既是西西里国王的直接继承者,同时也是神圣罗马帝国皇帝的候选人。对罗马教会而言,倘若北面的神圣罗马帝国与

---

　　① J. F. Böhmer, J. Ficker, and E. Winkelmann, eds. , *Regesta Imperii V: Jüngere Staufer 1198—1272. Die Regesten des Kaiserreichs unter Philipp, Otto IV, Friedrich II, Heinrich (VII), Conrad IV, Heinrich Raspe, Wilhelm und Richard. 1198—1272* (Vol. 1—3), Innsbruck: Wagner'schen Universitätsbuchhandlung, 1881—1901, 第 1202a 条。

　　② W. Stürner, *Friedrich II: 1194—1250*, Bd. 2, Darmstadt: Wissenschaftliche Buchgesellschaft, 2009, pp. 9—10.

　　③ 西西里诺曼王朝与罗马教宗的关系,参见 J. Deér, *Papsttum und Normannen: Untersuchungen zu ihren lehnsrechtlichen und kirchenpolitischen Beziehungen*, Wien: Böhlau, 1972。

南面的西西里王国得以统一(史称"王国并入帝国",unio regni ad imperium),①那么教宗和教宗国将处在这一庞大政权的包围之中,孤立无援,昔日的盟友诺曼人将成为教会独立与自由的最大威胁。因此,教会积极寻求介入西西里王国和神圣罗马帝国的政治。

1197 年皇帝亨利六世突然离世。尽管亨利曾希望将西西里王国的继承制引入帝国,以确保斯陶芬王朝的长久统治,然而他的构想未能付诸实践。② 对教廷而言,对"王国并入帝国"的焦虑也暂时化解。在亨利去世后,康斯坦茨立即让年仅四岁的腓特烈加冕为西西里国王,承认教宗为王国的封君,向其宣誓效忠,③并请求刚刚即位的教宗英诺森三世(Innocentius III,1198—1216 年在位)担任腓特烈的监护人(tutela)和王国的监理(balium)。④ 康斯坦茨此举既是为年幼的腓特烈寻求庇护,也是为了维护西西里诺曼王权的独立,使其免受神圣罗马帝国的操控。⑤ 自此,教宗开始持续影响西

---

① "王国并入帝国"问题,参见 G. Baaken,"Unio regni ad imperium:Die Verhandlungen von Verona 1184 und die Eheabredung zwischen König Heinrich VI. und Konstanze von Sizilien",*Imperium und Papsttum:Zur Geschichte des 12. und 13. Jahrhunderts:Gerhard Baaken,Festschrift zum 70. Geburtstag*,ed. K. A. Frech,and U. Schmidt,Köln [u. a.]:Böhlau,1997,pp. 81—142。

② 亨利六世的遗嘱及其帝国继承计划,参见 M. Thumser,"Letzter Wille? Das höchste Angebot Kaiser Heinrichs VI. an die römische Kirche",*Deutsches Archiv für Erforschung des Mittelalters* 62/2006,pp. 85—133。

③ T. Kölzer ed. ,*Die Urkunden der Kaiserin Konstanze*:MGH. . Diplomata. 4, Diplomata regum et imperatorum Germaniae 11,3,Hannover:Hahn,1990,pp. 203—205; O. Hageneder and A. Haidacher eds. ,*Die Register Innocenz'III*:Bd. 1. Pontifikatsjahr, 1198—99. Texte,Rom,Graz [u. a.]:Böhlau,1964,pp. 613—622。

④ 参见 T. Kölzer ed. ,*Die Urkunden der Kaiserin Konstanze*,p. 279:Constantia imperatrix... ;balium vero regni domino papae dimisit,ab omnibus iuramento firmandum... ; 另见 O. Hageneder and A. Haidacher eds. ,*Die Register Innocenz'III*,p. 829:Constantia imperatrix karissimi in Christo filii nostrii Frideici,Sicilie regis illustris,tutelam et regni balium nobis testamento reliquit..."balium"为"封君监护权"。

⑤ 在亨利去世后,康斯坦茨将亨利的德意志亲信驱逐出宫廷和西西里,例如,宣告帝国在西西里的摄政王、德意志人安维勒的马克尔德为国王和王国的敌人,因禁亨利任命的总理大臣、帕利亚拉的瓦尔特,并夺去他的封印。参见 D. R. Gress-Wright,*The'Gesta Innocentii III':text,introduction and commentary*,Ann Arbor,Mich. ;UMI,2003,p. 19: Interim autem Constantia Imperatrix,cognoscens quod per fidus Marcualdus machinabatur invadere Regnum,diffidavit eundem et mandavit per litteras suas eum tamquam hostem regis et regni ab omnibus evitari. Habebat etiam valde suspectum Gualterum,Troianum episcopum,regni Sicilie cancellarium,ita quod subtraxerat illi sigillum。

西里的王权。教宗的目标是保护西西里王权的稳定与独立,使其成为教会的坚定同盟,以确保"王国并入帝国"的计划不会付诸实践。①

对于西西里的内政,教宗最关心的是和国王的封君封臣关系以及西西里的教会事务。相比于教宗与西西里国王在 1156 年签订的贝内文托协议,康斯坦茨在 1198 年的协议中对英诺森三世做了诸多让步。变化主要体现在王位继承、教会选举这两个方面。就王位继承而言,在 1156 年协议中,西西里的王位继承尚可遵照"按我们(国王)的意愿所订立的秩序"(pro voluntaria ordinatione nostra),②而1198 年协议改为:"我们(教宗)将王国交给你(康斯坦茨)和你的继承人,你们应向我们、我们的继任者和罗马教会效忠(fidelitas)和臣服(hominium),遵守约定的一切。"③这意味着,作为封臣向教宗效忠成为王位继承的必要条件。在教会选举方面,1156 协定规定,"神职人员的选举结果将秘密告知国王,若被选举人是叛徒或者是国王的敌人,那么国王有权反对"。④ 而在 1198 年协议中,与"敌人"和"叛徒"有关的说明被删除,选举结果应先公开,再告知国王,国王不再拥

---

① W. Stürner, *Friedrich II:1194—1250*, pp. 86—87.

② L. Weiland ed. , *Constitutiones et acta publica imperatorum et regum:Inde ab a. DCCCCXI usque ad a. MCXCVII（911—1197）*, Hannover: Hahnsche Buchhandlung, 1893; repr. ed. 2003, p. 590: Profecto vos nobis et Rogerio duci filio nostro et heredibus nostris, qui in regnum pro voluntaria ordinatione nostra successerint, concessistis regnum Sicilie...

③ O. Hageneder and A. Haidacher eds. , *Die Register Innocenz'III*, p. 615: Vobis et heredibus vestris, qui ... nobis et successoribus nostris et ecclesie Romane fidelitatem et hominium exhibuerint et que subscribuntur, volueritis observare, concedimus regnum Sicilie..."fidelitas"和"hominium"是中世纪的法律术语,在宣誓"效忠"、"臣服"后,封君封臣关系正式确立,双方应履行相应的义务。在意大利北部,臣服礼在 12 世纪便已消失,封君封臣契约靠宣誓效忠确立。而西西里王国与诺曼底相似,宣誓效忠关系与臣服关系同时存在。参见〔比利时〕弗朗索瓦·冈绍夫:《何为封建主义》,张绪山、卢兆瑜译,商务印书馆2016 年版,第 102 页。

④ L. Weiland ed. , *Constitutiones et acta publica imperatorum et regum*, pp. 589—590: Clerici convenient in personam idoneam et illud inter se secretum habebunt, donec personam illam excellentie nostre pronuntient... si persona illa de proditoribus aut inimicis nostris vel heredum nostrorum non fuerit, pro qua non debeamus assentire, assensum prebebimus...

有最终的否决权。① 此外，英诺森还在教宗特使巡访、向教宗上诉、召开宗教会议等问题上削弱了国王的权限。②

　　尽管英诺森三世遵循着教权与王权相分离的"双剑原则"③，意在加强罗马教会在西西里教会事务上的权威，然而其影响远远超出了宗教领域。一方面，西西里的大主教、主教均由教廷的亲信担任，一些还与国王为敌，西西里教会的收入和地产也向罗马流失；另一方面，作为王国监理的教宗对王国内的诸侯割据放任自流，后者不断侵蚀王室的地产，占据重要的城堡和要塞。④ 然而，当帝国派遣的摄政王安维勒的马克尔德（Markward von Annweiler,？ —1202 年）入侵西西里，觊觎腓特烈的王位，并得到了诸侯的广泛支持之时，教宗也果断派兵出击。因为马克尔德所代表的帝国势力威胁的不仅是腓特烈的王位，更是教宗国的安全。⑤ 英诺森的封君监护权在 1208 年底结束，不久后，新加冕的皇帝奥托四世（Otto IV，1175—1218 年）撕毁与教宗的协定，入侵西西里。英诺森绝罚了奥托，不得不冒险推举

①　O. Hageneder and A. Haidacher eds. , *Die Register Innocenz'III* , p. 618：Deinde convenientes in unum，invocata Spiritus Sancti gratia，secundum Deum eligent canonice personam idoneam cui requisitum a vobis prebere debeatis assensum，et electionem factam non different publicare. Electionem vero factam et publicatam denuntiabunt vobis et vestrum requirent assensum … nec antequam auctoritate pontificali fuerit confirmatus，administrationi se ullatenus immiscebit.

②　D. R. Gress-Wright，*The"Gesta Innocentii III"：text，introduction and commentary* , pp. 16—17：Ipse vero sagacissimus pontifex，diligenter attendens quod privilegium concessionis，indultum primo ab Adriano，et renovatum postmodum a Clemente，super quatuor capitulis，videlicet electionibus，legationibus，appellationibus et conciliis，derogabat non solum apostolicae dignitati，verum etiam ecclesiasticae libertati，mandavit imperatrici ut illis capitulis renuntiaret omnino，cum ea non esset aliquatenus concessurus. 西西里的教会事务，详见 J. Johrendt，"Sizilien und Kalabrien—Binnendifferenzierung im Regno?" *Rom und die Regionen*，ed. J. Johrendt，and H. Müller，Berlin：de Gruyter，2012，pp. 281—329。

③　关于"双剑原则"，参见 H. Hoffmann，"Die beiden Schwerter im hohen Mittelalter"，*Deutsches Archiv für Erforschung des Mittelalters* 20/1964），pp. 78—114。

④　英诺森在西西里的摄政，参见 F. Baethgen，*Die Regentschaft Papst Innozenz III. im Königreich Sizilien*，Heidelberg：C. Winter，1914，pp. 85—105。

⑤　T. C. van Cleve，*The Emperor Frederick II of Hohenstaufen：Immutator Mundi*，Oxford：Clarendon Press，1972，pp. 38—57。

腓特烈为德意志王位的继承人。① 1211 年腓特烈前往德意志,1215
年获得德意志王位,在此停留以处理帝国事务,赢取德意志诸侯的支
持。此时,西西里的王权进一步式微,诸侯与自治城邦、主教与修道
院的自治权不断增长,直到腓特烈 1220 年加冕后回归,局势才迎来
根本转变。

二、版本源流

《卡普阿敕令》的原始文件遗失,其内容保存在圣杰尔马诺的
理查德所作《编年史》的最初版本(版本 A)中。理查德的《编年史》
是人们了解 13 世纪上半叶西西里王国的重要史料。其作者理查
德是蒙特卡西诺修院的公证员(notarius),此后也在皇帝的文书处
和财务处任职。《编年史》现存两个版本。版本 A 记载了 1208—
1226 年所发生的事件,委托人是院长史蒂芬一世(Stephanus I,
1215—1227 年在位),因此其内容也以修道院长的事迹为主。版
本 B 的内容更为丰富,涵盖了 1189—1243 年的历史,作者的视野
从修道院转向西西里王国,皇帝与教宗的矛盾成为了焦点。研究
者认为,版本 A 约在 1227 年完成,现存的最早抄本出自 14 世纪,
现藏于博洛尼亚图书馆(Bologna, Biblioteca Comunale dell' Archig-
innasio),编号为 ms. a. 144;版本 B 约在 1244 年完成,最早抄本则
是作者亲笔,保存在蒙特卡西诺修院,编号为 Cas. RR. 507。与版
本 B 的广为人知不同(最早印刷本:F. Ughelli, Italia Sacra, vol. 3,
Romae 1642, pp. 953—1042),《编年史》的版本 A 直到 1888 年才重见
天日(最早印刷本:A. Gaudenzi, Mon. Soc. Napol., Series prima:

---

① 在德意志王位之争中,英诺森三世最初极力反对腓特烈当选,正是因为"帝国的
统一将使教会陷入混乱"。参见 F. Kempf, *Regestum Innocentii III Papae super negotio
Romani Imperii*, Roma: Pontificia Universita Gregoriana, 1947, p. 79: Quod non expediat
ipsum imperium obtinere patet ex eo quod per hoc regnum Sicilie uniretur imperio et ex ip-
sa unione confunderetur ecclesia.

Cronache,3,Napoli 1888,p. 63—156 a)。[①] 人们发现,在版本 B 中提到的二十条《卡普阿敕令》完整地保存在版本 A 中,也就是说,《卡普阿敕令》的内容在数世纪后首次为人所知。[②]《卡普阿敕令》见于版本 A 的原因不难理解。蒙特卡西诺修院位于战略要塞,一直与西西里国王关系密切。上文提到,史蒂芬院长不仅出席了腓特烈在罗马的加冕礼,[③]腓特烈在召开卡普阿会议之前也曾在蒙特卡西诺修院受到盛情招待。[④] 更重要的是,《卡普阿敕令》的决议与蒙特卡西诺修院直接相关。理查德写道:"斯蒂芬院长按腓特烈皇帝的要求交出了班特莱(Rocca Bantre,即 Rocca d'Evandro)和阿蒂纳(Atinum)两处城堡,它们曾是腓特烈的父亲、亨利皇帝赠与卡西诺教会的。"[⑤]因此,这部以记述斯蒂芬院长事迹为核心的《编年史》版本 A 全文抄录了《卡普阿敕令》。

---

① 圣杰尔马诺的理查德的《编年史》,参见 A. Winkelmann,"Das Verhältnis der beiden Chroniken des Richard von San Germano", *Mitteilungen des Instituts für Österreichische Geschichtsforschung* 15/1894, pp. 600—613; H. Loewe, *Richard von San Germano und die ältere Redaktion seiner Chronik*, Halle an der Saale: Niemeyer, 1894; E. D'Angelo,"Stil und Quellen in den Chroniken des Richard von San Germano und des Bartholomaeus von Neocastro", *Quellen und Forschungen aus italienischen Archiven und Bibliotheken* 77/1997, pp. 437—458; S. Hamm, "Die Überlieferung von Briefen Papst Innozenz'III. in der Chronik des Richard von San Germano", *Kuriale Briefkultur im späteren Mittelalter: Gestaltung, Überlieferung, Rezeption*, ed. T. Broser et al., Köln [etc.]: Böhlau, 2015, pp. 275—276。

② Ryccardus, *Ryccardi de Sancto Germano notarii Chronica*, ed. C. A. Garufi, Rerum Italicarum Scriptores, VII/2, Bologna: Zanichelli, 1938, pp. 83—84; Imperator se recto tramite Capuam conferens et regens ibi curiam generalem pro bono statu regni suas ascisias promulgavit, que sub viginti capitulis continentur.

③ Ryccardus, *Ryccardi de Sancto Germano notarii Chronica*, pp. 82—83; Quorum coronationi dictus Stephanus Casinensis abbas, nec non comes Rogerius de Aquila, comes Iacobus de Sancto Seuerino, comes Ryccardus de Celano, et nonnulli de regno barones interfuerunt…

④ Ryccardus, *Ryccardi de Sancto Germano notarii Chronica*, p. 83; Imperator ipse… uenit in Regnum, et apud Sanctum Germanum magnifice a predicto abbate receptus.

⑤ Ryccardus, *Ryccardi de Sancto Germano notarii Chronica*, p. 83; Tunc etiam dictus abbas Stephanus ad petitionem Imperatoris sibi roccam Bantre mandat restitui, et Atinum que usque tunc ex concessione imperatoris Henrici patris tenuerat ecclesia Casinensis; E. Sthamer, *Die Verwaltung der Kastelle im Königreich Sizilien unter Kaiser Friedrich II. und Karl I. von Anjou*, Leipzig: Hiersemann, 1914, p. 5.

三、内容导读

　　《卡普阿敕令》由腓特烈本人和宫廷的法学家、公证员共同拟定而成。它参考了多种法律传统，包括查理曼的敕令（capitularia），西西里历代国王的法令，例如罗杰二世（Roger II，1095—1154 年）的"召回特许"政策，以及教宗的立法。鲍威尔认为，1220 年的西西里王国与 13 世纪初的教宗国情况相似，地方自治力量盘根错节，腓特烈的《卡普阿敕令》参考了英诺森三世 1207—1208 年对教宗国的立法。① 《卡普阿敕令》全文采用第一人称复数的命令口吻，诸如"我们命令"、"我们规定"、"我们禁止"和"我们要求"（precipimus，ordinamus，prohibemus，volumus），措辞简洁而有力。第一条法令为文件纲领，其余十九条为实施细则。

　　在第一条法令中，腓特烈开宗明义地命令他的封臣和子民恪守国王威廉二世时代的惯例与习俗。"国王威廉二世时代"在全文出现了十四次，"习惯"（动词：consueo，名词：consuetudo）也是十四次。在威廉时代，诺曼人建立的王权还十分稳固，王室的权利和地产还没有被蚕食。回到威廉时代的旧例意味着，腓特烈不仅希望重新建立起统一、强大、高效的中央政府，摆脱地方豪强对王权的控制，他还希望以诺曼传统治理西西里，三十年以来（1189—1220 年）诸侯、城市、教会与国王确立的一系列关系需要推倒重来。

　　第二条法令关乎西西里众教会。腓特烈将教会的收入、权利和财产置于国王的保护之下。腓特烈在改革初期并未大肆损害教会和神职人员的利益，他也向教宗做出如是保证。② 从《卡普阿敕令》的

---

① J. M. Powell，"Pope Innocent III and Secular Law"，*Law as Profession and Practice in Medieval Europe：Essays in Honor of James A. Brundage*，ed. M. H. Eichbauer，and K. Pennington，London：Taylor and Francis，2016，p. 46.

② 腓特烈在西西里的教会政策，参见 J. M. Powell，"Frederick II and the Church in the Kingdom of Sicily 1220—1224"，*Church History*，30/1961，pp. 28—34。

剩余内容中可以看到,腓特烈的首要目标是削弱世俗诸侯的力量,此时他还需要教宗的支持。尽管如此,腓特烈还是以叛国罪流放了几位身居要职的主教,例如 1221 年驱逐了卡塔尼亚(Catania)主教兼王国总理大臣、帕利亚拉的瓦尔特(Gualterius de Palearia)①,1224年罢免了塔兰托(Taranto)大主教尼古拉,没收了他的财产②,这些主教纷纷来到罗马寻求教宗的庇护。

第三至七条法令涉及西西里的司法,"司法官"(iustitiarius)和"最高司法官"(magistrer iustitiarius)在全文中共出现十二次,是最重要的国家机器。③ 第三条法令明确了,公共事务的司法裁判权由司法官和最高司法官行使,任何个人不得私自寻求正义,即:不得自行豁免、强制、报复甚至是开战。第四至第七条法令阐明了司法官的责任和职权:④他们有权处理偷窃、抢劫、携带武器、随领主外出等问题(第四、五、七条),国王对司法官的要求是公正严明(第六条)。这里可以看到,司法官的重要职责之一是维护王国内部的和平,为此腓特烈也加强了对武器的管制。第四条法令规定,任何人外出不得携带武器;第七条规定,附庸随领主出行不得佩剑。在明确司法官权限的同时,第十八条法令禁止教会或世俗贵族行使同样的职能,除非得到国王的允许,这相当于从贵族手中分去了自治的权力。相应地,自治城市的权力也被司法官分走。第十四条法令规定,任何城市不能再自行任命最高长官、执政官和总管,全权管理各项事务,城市的司法将由宫廷司法官和宫廷行政官负责。总之,所有法律事务都由国王任命的司法官最终裁决(第十八条法令),地方权力经由司法官再回到国王手中。

---

① N. Kamp, *Kirche und Monarchie im staufischen Königreich Sizilien*, München: Fink, 1975, pp. 509—514.

② N. Kamp, *Kirche und Monarchie im staufischen Königreich Sizilien*, pp. 698—702.

③ 西西里是欧洲较早建立中央集权政府的国家之一,国王是立法者,他的司法行政班底由各级司法官(iustitiarius)、财务官(camerarius)、执法官(baliuus)等人组成。这些官员由国王直接任命,是王权在地方的代表。

④ J. M. Powell, "Pope Innocent III and Secular Law", p. 47.

    第八至十条法令阐明了王国的新经济政策,它通过调整税收、管制市场来实现。第八条法令废除了新设立的交通税,包括道路税、新过路税、新过港税、通关税和锚泊税;第九条法令规定,三十年来设立的市场和集市全部关闭,不再开发新的贸易场所;第十条法令恢复的是威廉时代的港口税、海关税及其他税种,即:所有向外部征收的税收,之前被豁免关税的外国人现在应和本国人一同纳税。在经济层面上,这些措施的目的是清除地方势力在 1189 年后新增的税收,从而削弱他们的经济基础,同时增加国王的收入。在政治层面上,腓特烈希望削减王国内部的税收关卡,加强王权对贸易及其赋税的控制。同时,这些政策将保护西西里国内的商贾,使他们在与意大利北部海上城邦(威尼斯、比萨、热那亚)的竞争中占据优势。① 在《卡普阿敕令》颁布后,腓特烈将热那亚的赋税提高至贸易额的百分之十以上;巴勒莫的热那亚贸易站被收回;在锡拉库萨(Siracusa),热那亚市民的保民官阿拉曼伯爵也被撤职了。②

    第十至十二条法令解释了王国的新土地政策,这是《卡普阿敕令》的核心内容,史称"收复计划"(revocatio),收复的主要对象是国王的领地。第十条法令规定,国王的直属领地应保持"完全和完整"(plenum et integre),国王的直属领地(demanium)相当于王室的私产,而非由封臣统领,因此,无论在国内还是国外流失的领地,腓特烈要直接收回。第十一条法令规定,任何人不得占据国王和宫廷的男爵领地(baronia),侵占者应立即奉还。第二十条法令规定,所有待

---

① 《卡普阿敕令》对贸易的规定,参见 H. Chone, *Die Handelsbeziehungen Kaiser Friedrichs II. zu den Seestädten Venedig, Pisa, Genua*, Berlin: Druck von E. Ebering, 1902), pp. 23—24。

② G. H. Pertz ed., *Marchisii Scribae Annales*, MGH. SS, XVIII, Hannover: Hahn, 1863, p. 146: Palatium quondam Margariti, quod dederat hominibus Ianue habitandum, a nobis attrociter sublevavit; et insuper fracta libertate, quam benefitio privilegiorum suorum concesserat nobis in regno ad drictum prestandum, quod omnibus circumspectis decenum et eo amplius computatur, nos iniuste subiecit, et comitem Alamanum, qui inter alios fidelissimus exsistens ei tot et tanta servitia contulerat, inhoneste a gubernatione civitatis Siracusane privavit. 参见 H. Chone, *Die Handelsbeziehungen Kaiser Friedrichs II. zu den Seestädten Venedig, Pisa, Genua*, p. 25。

转让或已转让的封建领地(feudum)及其财物,都应立即奉还国王。这些流失的领地上通常建有重要的城市、城堡和防御工事,因此收复领地不仅是保持领土的完整,更是为了保障王国的安全。

第十三、十四条法令规定了王国的封建关系。第十三条法令重申,封君封臣之间的权利与义务应恢复到威廉时代的规范。第十四条法令规定,城市的最高权力者,即执法官和司法官,应由国王和宫廷任命。这样的举措实质上加强了对地方诸侯的约束,打压了自治力量。

第十五、十六条法令在《卡普阿敕令》中最为著名,史称"召回特许"(de resignandis privilegiis),它是腓特烈收复领地的另一种有效方式。[①] 对此腓特烈解释到,帝国在西西里的摄政王马克尔德盗用了皇帝亨利和皇后康茨坦茨的封印,用它们伪造了诸多特许令(privilegia),因此,所有由亨利和康斯坦茨所授予的特许令,应交由国王重新审批。这意味着,国王能以特许令无效为借口收回更多的领地。上文提到,皇帝亨利六世授予蒙特卡西诺修院的班特莱和阿蒂纳两座城堡成功被腓特烈收回。这两座城堡并不普通,而是地处王国的边界要塞。班特莱是大河流经卡西诺山后入海的必经之地,通向那不勒斯平原;阿蒂纳则位于王国的主干道上,这条大路途经卡西诺山,通往索拉和阿韦扎诺。[②] 此外,英诺森三世的兄弟、伯爵理查德拥有的索拉伯爵领(Sora)及其城堡,[③]英诺森的侄子、枢机史蒂芬所占据的达尔切要塞(Rocca d'Arce),[④]都因特许无效而被腓特烈召回。阿奎拉的罗杰伯爵(Roger de Aquila)在塞萨(Sessa)、泰亚诺(Teano)和蒙德拉戈内(Mondragone)的三处封地也回到腓特烈手中,它们分别控制着

---

① 腓特烈二世的"召回特许"政策,参见 P. Scheffer-Boishorst, *Das Gesetz Kaiser Friedrich's II."De resignandis privilegiis"*, Berlin: Reichsdruckerei, 1900.

② E. Sthamer, *Die Verwaltung der Kastelle im Königreich Sizilien unter Kaiser Friedrich II. und Karl I. von Anjou*, p. 5.

③ Ryccardus, *Ryccardi de Sancto Germano notarii Chronica*, p. 93: Sora, quam comes Ryccardus, frater olim Innocentii pape, tenebat, ipsi imperatori se reddidit.

④ Ryccardus, *Ryccardi de Sancto Germano notarii Chronica*, p. 93: Roggerius de Aquila comes, mandato Imperatoris roccam Arcis arctat et obsidet, quam Stephanus cardinalis sancti Adriani, qui eam tenebat, ipsi Imperatori resignari mandauit.

西西里的三条主干道。① 为了巩固收复的成果,腓特烈在第十六条法令中规定,经验证后重新被授予的许可和特权将永久有效。

第十七、十八条法令规定了王国内所有封臣的权限。第十七条法令规定,未经国王允许,伯爵和男爵不得结婚,封臣的子女不得擅自继承其遗产。第十八条法令禁止封臣在自己的领地内行使司法权。同第十三、十四条法令一样,这些举措意在削弱封臣的权力,减少封土流失的可能。

第十九条法令继续触及《卡普阿敕令》的核心——收复领地。对于不能用上述手段收复的城堡和要塞,腓特烈采取了更彻底的措施。第十九条法令规定,三十年以来新建的城堡、城墙和防御工事,要么全部摧毁,要么使它们恢复到威廉时代的常规形态。这意味着,三十年以来形成的割据势力的根基也一起被拔除。根据这条法令,卡西诺附近的亚努拉堡垒(Rocca Ianula)、伊塞尔尼亚(Isernia)附近的卡尔皮诺内堡垒(Carpinone)以及莫里塞(Molise)伯爵领的其他堡垒悉数被摧毁。② 这里临近教宗国,是割据势力最为强大的地方,为首的是切拉诺(Celano)—莫里塞伯爵托马斯,若干年后他为教宗格里高利九世效力,与腓特烈的军队抗衡。在摧毁诸侯城堡的同时,腓特烈也在王国北部的卡皮塔纳塔(Capitanata)地区建立起新的统治中心。③

最后,第二十条法令也是腓特烈收复失地的重要手段。它规定,封臣如果不能及时履行对国王的役务,那么他的封地也将被召回。1223 年,腓特烈命令阿奎拉的罗杰、卡塞塔的托马斯(Thomas de Case-

---

① Ryccardus, *Ryccardi de Sancto Germano notarii Chronica*, p. 83; Suessam, Teanum et roccam Draconis in demanium reuocat, quas dictus comes Roggerius de Aquila tunc tenebat; et se recto tramite Capuam conferens et regens ibi curiam generalem pro bono statu Regni suas ascisias promulgauit, que sub uiginti capitulis continentur; E. Sthamer, *Die Verwaltung der Kastelle im Königreich Sizilien unter Kaiser Friedrich II. und Karl I. von Anjou*, p. 6.

② Ryccardus, *Ryccardi de Sancto Germano notarii Chronica*, p. 94; Illis diebus rocca Ianule super Sanctum Germanum de nouo firmata diruitur, iuxta editam Capue constitutionem de nouis edificiis diruendis; E. Sthamer, *Die Verwaltung der Kastelle im Königreich Sizilien unter Kaiser Friedrich II. und Karl I. von Anjou*, p. 6.

③ W. Stürner, *Friedrich II: 1194—1250*, Bd. 2, pp. 26—30.

rta)、圣赛维里诺的雅各(Giacomo de Sancto Severino)等诸侯参加对萨拉森人的战争。因为服役不利,他们的财产和土地被国王召回。①

四、深远影响

从上文可见,《卡普阿敕令》的大部分事项在短短几年内便已成功实施,它体现了腓特烈重建王国秩序的决心和行动力,也引起了教宗洪诺留三世的担忧。对教会而言,"王国并入帝国"的威胁重新开启。1226 年,教宗在一封著名的劝诫信(Miranda tuis sensibus)中写道:"你说在你回到西西里后,你恢复了王国此前丧失的权利,赶走了叛乱者。你责备罗马教会接纳了这些可疑分子。我们为你整饬王权感到欣喜。然而我们更希望你的欲望不要越界,不要将恢复自身的正当权益(re-cuperatio)演变为不义,演变为侵占他人的权益(usurpatio)。"②

这份担忧从洪诺留三世在位末年一直延续到格里高利九世在位末年。1236 年腓特烈开始攻打伦巴第。1239 年,格里高利九世以腓特烈损害西西里教会为借口,对其施以绝罚。③ 教廷官方的《格里高

---

① Ryccardus,*Ryccardi de Sancto Germano notarii Chronica*,p. 109;Imperator in Sicilia Sarracenos arctat et obsidet …Propter quod Roggerium de Aquila,Thomam de Caserta,Iacobum de Sancto Seuerino,et filium comitis Tricaricensis,Regni comites,uocat ad seruitium suum in Sicilia;W. Stürner,*Friedrich II:1194—1250*,Bd. 2,p. 64.

② M. Thumser and J. Frohmann eds.,*Die Briefsammlung des Thomas von Capua*,aus den nachgelassenen Unterlagen v. Emmy Heller u. Hans Martin Schaller,MGH. Online,2011,p. 7,见〈www. mgh. de/fileadmin/Downloads/pdf/Thomas_von_Capua. pdf〉[2018. 12. 30]。

③ 教廷的《绝罚敕令》,收录于 J. L.A. Huillard-Bréholles ed.,*Historia diplomatica Friderici secundi;sive constitutiones,privilegia,mandata instrumenta,quæ supersunt istius imperatoris et filiorum ejus. Accedunt epistolæ Paparum et documenta varia*. Bd. 5,Paris:Plon,1852—61,pp. 287—288;Item excommunicamus et anathematizamus eumdem pro eo quod in regno clerici capiuntur et incarcerantur,proscribuntur et occiduntur…;quod non permittit quosdam cathedrales ecclesias et alias vacantes ecclesias in regno reparari et hoc occasione periclitatur libertas Ecclesie…;quod quasdam ecclesias cathedrales…bonis suis spoliavit;quod multe ecclesie cathedrales et alie ecclesie et monasteria de regno per iniquam inquisitionem fuerunt fere bonis omnibus spoliate;…quod in regno Templarii et Hospitalarii mobilibus et immobilibus spoliati non sunt juxta tenorem pacis integre restituti.

利九世传》记载了绝罚的真正原因，"腓特烈在西西里接连不断的恶行便足以构成绝罚"：①其一，腓特烈逮捕并流放了卡塔尼亚、塔兰托和切法卢三地主教及若干神职人员，英诺森三世以来直接听命于罗马的教会重新回到了西西里国王的管辖下。其二，腓特烈占领了托雷马焦雷（Torremaggiore）等地修道院的十五处城堡、三座庄园、八所农屋和切法卢城，强行迁移了教区内信徒；毁坏了医院骑士团和圣殿骑士团在巴列塔的建筑；在穆斯林聚居的卢切拉，腓特烈用所获赃物建造自己的宫殿。其三，腓特烈逮捕并流放了王国的贵族诸侯，如莫利塞伯爵、阿韦尔萨伯爵和阿奎拉伯爵，他们是王国内强大的割据势力，也是教廷的盟友。其四，腓特烈制造伪币，垄断王国内盐铁交易，提高关税，限制自由贸易。可以看到，这里控诉的"恶行"正是《卡普阿敕令》的实施。也就是说，《格里高利九世传》的论据不同于教廷对外发布的《绝罚敕令》（Excommunicamus），而是与《卡普阿敕令》的内容相吻合。其原因在于，《绝罚敕令》是教廷的官方法令，它需要严格遵循教会法，教宗不认为自己有权干预世俗政治，也无意开此先例，而仅在教廷内部传阅的《格里高利九世传》给出了更深层的原因。那么，在教廷的内部文献里，为何《卡普阿敕令》的实施会成为绝罚的深层原因？格里高利九世为何执意要绝罚教廷亲手扶植的皇帝？

事实上，通过《卡普阿敕令》的实施，腓特烈削弱了罗马教廷在西西里的影响，打压了割据势力，收复了领地，加强了王权对经济和行政的管控。罗马教廷和腓特烈或许都能深刻认识到，王权的巩固、王国的强大只是改革的第一步，腓特烈能以西西里为基点向外扩张，进而完成统一南北意大利的帝国大业，教宗国将完全处于德意志人的包围之中。因此，到了13世纪30年代末，当腓特烈向意大利北部的

① "Vita Gregorii IX", *Le Liber censuum de l'église romaine*, vol. II, ed. P. Fabre, and L. Duchesne, Paris：A. Fontemoing, 1910—1952, p. 29：Satis in eius penam preter culpe gravioris excessum miseri regni Sicilie continuata molestia sufficere poterat.

伦巴第同盟开战之时,教廷对《卡普阿敕令》的态度终于有了定论。教宗格里高利九世不再像洪诺留三世那样"为腓特烈整饬王权感到欣喜",而是下令惩罚"腓特烈在西西里接连不断的恶行"。格里高利九世以西西里教会为借口,实际上他真正关心的是罗马教会是否将受制于腓特烈日益强大的霸权,而问题的根源或开始在于西西里王权的重建,即《卡普阿敕令》的实施。因此,为了重创腓特烈的野心,1239 年的绝罚史无前例;积蓄已久的教宗发动舆论攻势,利用末世论等多种武器打击帝国在意大利的霸权,自此激进的正面斗争成为教廷与帝国关系的主线。这场斗争绵延数十年,直到 1268 年,斯陶芬王朝的最后一位统治者康拉丁(Conradin,1252—1268 年)在西西里被处决,教廷对"王国并入帝国"的担忧才最终化解。

五、小结

综上所述,《卡普阿敕令》作为腓特烈复兴王权的施政纲领,意义重大,影响深远。在法律层面上,它充分体现了国王的立法者职能,为王国秩序的确立提供了法律规范,为日后颁布的《梅尔菲宪法》描绘了蓝图,这些法律文件的起草与实施也被视为欧洲宪政主义的源头之一。在内政层面上,它是腓特烈加强王权和中央政府职能的首要步骤和重要手段,腓特烈以此打压了地方自治势力,收回了土地与权利,这也是封建王权向开明君主专制国家过渡的一次尝试。在国际格局上,《卡普阿敕令》的颁布与实施改变了政教关系发展的走向,这部法令勾连起教廷与君主的一系列重大决策,为它们提供了合理性解释。因此,本文着力于挖掘《卡普阿敕令》的内容与意义,希望能为学界理清 13 世纪意大利风起云涌的局势、变革与冲突提供必要的线索。

六、译文

[I] Imprimis precipimus omnibus fidelibus, videlicet prelatis ecclesiarum, comitibus, baronibus civibusque, terris et omnibus de regno nostro omnes bonos usus et consuetudines, quibus consueverunt vivere tempore regis Guillelmi, firmiter observari.

首先,我们命令所有忠实的臣民,无论是高级教士、伯爵、男爵还是市民、乡民、我们王国内的其余人等事物,都应严格遵守国王威廉(二世)时代形成的一切良好的旧例与习惯。

[II] Item precipimus ecclesiis decimas dari iuxta consuetudinem regis Guillelmi, et ut nullus iustitias ecclesiarum detineat et bona eorum invadat. ①

同样,我们命令,任何人都应依国王威廉时代的习惯向教会缴纳什一税,不得践踏教会的权利,攫取教会的财产。

[III] Precipimus etiam, ut nullus sua auctoritate de iniuriis et excessibus dudum factis vel faciendis se debeat vindicare aut presalias seu represalias facere aut guerram mouere: set coram magistris iustitiariis vel iustitiariis suam iustitiam experiatur. ②

同样,我们命令,任何人对于当下或未来犯下的罪行,不得凭借自身的权威而享有豁免,不得采取强制或报复手段,不得挑起战争;③而是应该请最高司法官或司法官核查案件。

---

① 与《梅尔菲宪法》I,7 相近。
② 与《梅尔菲宪法》I,8 相近。
③ 以上行为属于"私力救济"。

［IV］Item precipimus nullus incedat armatus, videlicet in lorica, aut cultellum acutum portet seu lanceam; et ab omnibus illis armis precipimus abstinere, que prohibita fuerunt portanda temporis regis Guillelmi tam intra civitates quam extra. Et qui contra attemptare presumpserit erit in mercede curie. ①

同样,我们命令,任何人出门在外不得武装,即:不得披戴盔甲,携带尖锐的刀具或长矛;那些在威廉国王时代、无论在城内还是城外所禁止携带的武器,我们命令人们远离它们。谁若违反此法令,应向法庭缴纳罚款。

［V］Precipimus etiam ut nullus furem aut latronem recipiat; immo a quocumque in malefitio fuerit deprehensus, Magistris iustitiariis vel iustitiariis contrate presentetur, ut de eo iustitia fiat.

同样,我们命令,任何人不得包庇窃贼或强盗;而是,罪犯在作案时无论被任何人抓住,都应被送往最高司法官或地区司法官处接受审判。

［VI］Item ordinamus ut Magistri iustitiarii et iustitiarii, qui a nobis fuerint ordinati, iurent ad sancta Dei evangelia, ut unicuique conquerenti iustitiam faciant sine fraude, et quam citius poterunt sine fraude conquerentes expedient. ②

同样,我们命令,我们所任命的最高司法官和司法官应对着《福音书》发誓,公正对待每一位上诉人,没有欺诈;能迅速处理每一起案件,没有欺诈。

---

① 与《梅尔菲宪法》I,10 相近。
② 与《梅尔菲宪法》I,46 相近。

［VII］Volumus etiam ut Magistri castellani et ipsi castellani extra nichil faciant eorum auctoritate nisi speciali mandato nostro, aut de aliquo terre negotio se non intromictant. Et servientes castra non exeant nisi cum licentia castellanorum; et plures quam quatuor non exibunt, et hii sine gladiis; nisi Magistri iustitiarii eos requisierint. Et tunc de illorum mandato poterunt arma portare.①

［VIII］Evacuamus preterea omne plateaticum, passagium novum, portum novum, duanam et plantaticum, que fuerunt a quocumque vel in quocumque loco statuta post obitum imperatoris Henrici patris nostris et imperatricis matris nostre.

［IX］Nove nundine et mercata de cetero non fiant; et facta post obitum parentum nostrorum omnia cassamus; et ea que tempore regis Guillelmi facta fuerunt precipimus firmiter

同样，我们要求，除非得到我们的特许令，城堡主及其城堡贵族不得在城堡外专断独行，不得干涉其他地区的事务。没有城堡贵族的允许，城堡的附庸（仆役）不得外出。同时从城堡出行的附庸一次不得超过四人，且不得佩剑，除非最高司法官要求他们如此行事。经最高司法官允许，这些附庸也可以携带武器。

我们要取消我（们）父亲亨利皇帝和母亲（康斯坦茨）皇后逝世以来设立的所有交通税，它们包括道路税、新过路税、新过港税、通关税和锚泊税。

不得开设新的市场和集会：自我（们）父母逝世以来的所设立的，应悉数摒弃；国王威廉时代所设立的，我们下令全力保留。那些与此有关的特许或批复将会失效。

---

① 与《梅尔菲宪法》I,92,1相近。

observari, non obstantibus① priv-
ilegiis vel rescriptis, si ab al-
iquo super hiis fuerunt impe-
trate.

［X］Demanium nostrum
volumus habere plenum et in-
tegre, videlicet civitates, muni-
tiones, castra, villas, casalia et
quicquid in eis esse et in dema-
nium consuevit vel esse con-
suerunt tam intus quam extra,
et que ad manus nostras ratio-
nabiliter poterunt pervenire. Et
volumus habere omnes redditos
nostros, et quod exigantur a ba-
liuis et ordinatis nostris eo mo-
do quo tempore regis Guillelmi
exigi consueverunt tam ab ex-
traneis quam ab hominibus
regni in portibus, duanis et aliis
locis, non obstante concessione
vel libertate alicui inde facta.②

我们要完全、完整地保有我们
的国王直属领地，即城市、防御工
事、城堡、村庄、田产，那些在它们
中依惯例属于王室领地的，或者无
论在国内还是国外依惯例属于王
室领地的，以及那些理应回到我们
手中的。我们会索取我们的一切
收益。像国王威廉时代那样，在港
口、海关还有其他地方，我们的执
法官和行政官既向外国人也向本
国人收取税款，此前就此获得的特
许或豁免将会失效。

---

① "non obstante"、"non obstantibus"为中世纪法律术语，它表示，如果此前的文件
与当下的法令相冲突，那么此前的文件将失去效力。第十、第二十条同。参见 B. Meduna,
Studien zum Formular der päpstlichen Justizbriefe von Alexander III. bis Innocenz III.
(1159—1216): Die non-obstantibus-Formel, Wien: Verl. d. Österr. Akad. d. Wiss, 1989;
O. Hageneder, "Die Rechtskraft Spätmittelalterlicher Papst-und Herrscherurkunden 'Ex
Certa Scientia', 'Non Obstantibus und Propter Importunitatem Petentium'," *Paps-*
turkunde und europäisches Urkundenwesen: Studien zu ihrer formalen und rechtlichen
Kohärenz vom 11. bis 15. Jahrhundert, ed. P. Herde, Köln: Böhlau, 1999, pp. 401—429。
② 与《梅尔菲宪法》III, 4, 1 相近。

[XI] Prohihemus① ut nullus teneat baronem vel baroniam regalem, set eam regie curie, sicut esse consuevit. Et quicumque baronem vel baroniam detinet, eam nobis resignet, alioquin detemptor detemptus② erit in mercede curie.

[XII] Item precipimus ut nullus comitum vel baronum audeat minuere baroniam vel aliquid ex ea concedere persone alicui sine speciali mandato nostro, et si quid taliter actum est, nos decernimus irritum et inane. ③

[XIII] Precipimus etiam ut domini habeant vassallos suos et teneant eo modo quo tenverunt[tempore] regis Guillelmi, et nullum aliud servitium esigant④ ab eis, nisi quod tempore regis eiusdem exigi consuevit. Et ipsi homines ea dominis suis exibeant⑤, que con-

我们命令，任何人不得扣留隶属于王室的男爵或其隶属于王室的地产，而是男爵领地应由王室宫廷管理男爵领地，正如（国王威廉时代）所规定的那样。谁若扣留了男爵或男爵的领地，这块领地将归还于我们，此外，扣留者将被移交至王室法庭。

同样，我们命令，伯爵和男爵不得减损他们的领地，或者转让部分给他人，除非得到我们的特殊命令。如果此事既成，我们认为这是错误的、无效的。

同样，我们命令，封君应依国王威廉时代的惯例对待他的封臣，不得强迫他们履行额外役务，除非这役务可以追溯到国王威廉的时代。同理，封臣也应依国王威廉时代的惯例为封君效力。

---

① 同 prohibemus (prohibere)。
② 同 detentor (detinere)。
③ 与《梅尔菲宪法》III, 5, 1 相近。
④ 同 exigant (exigere)。
⑤ 同 exhibeant (exhibere)。

sueverunt tunc temporis exibere.

[XIV] Item precipimus ne in aliqua civitate ordinetur potestas, consulem aut rectorem non habeant, set baliuus① per ordinatos camerarios curie statuatur, et iustitia per iustitiarios et ordinatos curie regatur iuris ordine et approbatis Regni consuetudinibus observetur. ②

[XV] Volumus et districte iubemus ut quia post obitum domini imperatoris Henrici sigillum nostrum devenit ad manus Marcualdi, qui de ipso sigillo plura confecisse dicitur que sunt in preiudicium nostrum, et simile factum putatur de sigillo imperatricis matris nostre post obitum eius, universa privilegia, que facta sunt et concessa ab eisdem imperatore et imperatrice ab hiis qui sunt citra Farum usque ad Pascha resurrectionis Domini presentetur: et ab illis de Sicilia

同样，我们命令，任何城市不得自行任命最高长官、执政官和总管，而是，地方执法官应由宫廷司库大臣们指定，司法由宫廷司法官和宫廷行政官依法律规章管理，并按照王国内认可的习惯得到遵守。

在皇帝亨利逝世后，我们的封印落到了马克尔德手中，据说他用这封印颁布了若干特许令，据说，它们对我们不利。可想而知，在我们的母亲、皇后康斯坦茨逝世后，马克尔德用她的封印做了同样的事情。因此我们要求并严正命令，半岛居民应在复活节（1221 年 4 月 11 日）之前，西西里岛居民应在五旬节（1221 年 5 月 30 日）之前，将所有由皇帝和皇后下达、批准的特许令呈交到我们面前。我们命令，迄今由我们授予的所有特权和许可，应在上述期限内呈交到我们面前。谁若没有前来，还在继续使用特许，他们将受到惩罚，而特许

---

① 同 baiulus。
② 与《梅尔菲宪法》I,50 相近。

usque ad Pentecostem. Omnia etiam privilegia et concessionum scripta a nobis cuilibet hactenus facta in eisdem terminis precipimus presentari. Quod si non presentaverint, (in) ipsis privilegiis non impune utantur; set irritatis penitus qui ea conculcaverint, indignationem imperialem incurrant.

也将会失效;谁若践踏上述法令,谁便是冒犯帝国的尊严。

[XVI] Item statuimus ut tam concessionem quam priuilegia, que amodo a nostra curia emanaverint, perpetuo debeant esse firma.

同样,我们决定,即日起所有由我们宫廷所授予的许可和特权,应永久保持不变。

[XVII] Precipimus quod nullus Comes vel baro matrimonium contrahat sine licentia nostra, nisi secundum consuetudinem regis Guillelmi; et quod nullus filius vel filia, moriente patre vel matre, nullam hereditatem vel patrimonium nisi secundum eandem consuetudinem regis audeat usurpare. ①

我们命令,没有我们的允许,任何伯爵或男爵不得擅自缔结婚约,除非它符合威廉国王时代的习惯;在父亲或母亲逝世后,任何子女不得攫取他们的遗产或地产,除非它符合威廉国王时代的习惯。

---

① 与《梅尔菲宪法》III,23,1 相近。

［XVIII］Item precipimus ut nulla ecclesiastica persona vel secularis pro aliaqua consuetudine hactenus facta presumat in terris suis offitium iustitiarie modo quolibet exercere，nisi tamen illi iustitiarii，quibus fuerit a nobis offitium commissum；set omnia per iustitiarios ordinatos a nobis finiantur. Ita tamen quod iustitiarii de certis capitulis，que ad iustitiam pertinent，cognoscant，et baiuli de aliis，de a quibus predicti regis temporibus cognoscebant. ①

［XIX］Precipimus etiam ut omnia castra，munitiones，muri et fossata，que ab obitu regis Guillelmi usque ad hec tempora de nouo sunt facta in illis terris et locis，que non sunt in manus nostras，assignentur nuntiis nostris，ut ea funditur diruantur，et in illum statum redeant， quo tempore regis Guillelmi esse consueverunt. De illis uero，que sunt in de-

同样，我们命令，无论是宗教还是世俗贵族，无论出于迄今为止的哪项习惯，均不得在他们自己的领地内以任何方式履行司法官的职权，除非他们的司法官一职由我们所任命。所有法律事务，将由我们任命的司法官最终裁决。尽管如此，司法官应熟知基于正义的法令，执法官应熟知其他在国王威廉时代践行的法令。

同样，我们命令，自国王威廉逝世至今修建的所有城堡、防御工事、城墙和墓地，凡是不在我们手中的（不在直属领地内），应交由我们的使者处理，它们将被摧毁，或者恢复到国王威廉时代的常规状态。那些直接隶属于我们领地和我们宫廷的建筑，我们将凭意愿裁决。

---

① 与《梅尔菲宪法》I，49 相近。

manio nostro et curie nostre,faci-
emus voluntatem nostram. ①

［XX］ Item precipimus
quod omnia alienata de feudis
et rebus feudalis,non obstante
contradictione② vel alienatione
alicuius, integre revocentur, et
ut omnes qui feudum tenent
preparent se de equis et armis
et aliis,de quibus secundum iu-
ra servire tenentur,ut ad sum-
monitionem nostram et ordina-
torum nostrorum parati sint
debitum servitium exihibere;
quod qui non fecerit feudum
ammictat. ③

同样,我们命令,所有流失的
封建领地及其财物,无论已签订转
让合约或已被转让,这些合约都将
失效,它们都应完整地回到我们手
中。谁若持有封地,应时刻整装待
发,整顿好马匹、武器及其他依法
服务于领主的财物,听候我们和我
们长官的召唤,以履行其应尽的役
务。谁若违反,将失去封地。

---

① 与《梅尔菲宪法》III,32 相近。
② 在《梅尔菲宪法》III,5（2）中为 contrahentibus。
③ 同 admittat（admittere）。与《梅尔菲宪法》III,5,1、III,19 相近。

806年分国诏书[*]

李隆国（北京大学历史学系）

一、导言

通过东征西讨，查理曼建立起庞大的加洛林帝国。"通过这些战争，他使得国家的版图几乎扩充了一倍。"[①]775年，查理曼的名衔中包含有"罗马国老"（Patricius Romanorum）；780年代末，查理曼开始有意识地与君士坦丁堡的皇帝竞争；795年罗马教宗哈德良一世（Hadrian I，772—792年在位）去世，教宗利奥三世（Leo III. 795—816年在位）接任，从此开始，查理曼与教宗携手，试图改变罗马城的政治归属关系，最终演变为查理曼称帝。公元800年的圣诞节由罗马教宗利奥三世加冕，查理曼成为罗马皇帝。"上帝所加冕的、伟大而和平的罗马皇帝、吾皇查理万岁、战无不胜！"[②]但是在843年，加洛林帝国经过长期的内战，最终签署《凡尔登条约》，帝国正式一分为三。

追根溯源，现代学者往往认为查理曼采取的分国政策，埋下了他自己一手创建的帝国迅速瓦解的伏笔。尽管帝国的统一性与和平在

---

[*] 李云飞、刘寅对本文提供了非常富有帮助的意见。

[①] 〔法兰克〕艾因哈德：《查理大帝传》第15节，戚国淦译，商务印书馆1979年版，第18页。

[②] Georg H. Pertz & Friedrich Kurze eds., *Annales regni Francorum*, Monumenta Germaniae Historica（MGH.），Scriptores rerum Germaniae 6, Hannover: Hahn, 1895, A. 801, p. 112. 关于分国诏书的各种历史叙事和相关条文的摘要，参见 Johann Friedrich Böhmer, Engelbert Mühlbacher, Johann Lechner hsg., *Die Regesten des Kaiserreichs unter den Karolingern: 751—918*. Innsbruck: Verlag der Wagner'schen Universitäts-Buchhandlung, 1908, pp. 187—189。

查理曼的统治时期尚能得到维持，但在他的儿子虔诚者路易统治时期，就因为继承问题发生了两次内战。此后加洛林家族的内战更加频繁起来，导致帝国日趋衰落和瓦解。坊间流行的中译本教材《欧洲中世纪史》第 10 版在讲述这一时期历史的时候，就典型地体现了这一传统观点。该教材的第六章的标题就名曰《分国、入侵和重组：800—1000 年》。在第一节"分国：加洛林晚期"的开篇，作者不无幽默地说："查理曼是位典型的法兰克人，他将帝国加以分割，让自己的几个儿子继承。"①似乎查理曼将帝国当作私产分割一般。

《欧洲中世纪史》提到的分国是指 806 年查理曼召开王国大会，颁布所谓的《806 年分国诏书》（*Divisio regnorum 806*）。《加洛林王国编年史》记载道："当这些事情解决之后，皇帝与法兰克贵族和首领们召集大会，商议如何在诸子间确立和平与恪守和平，并如何将王国一分为三，以便他们每个人都知晓：如果他们能够在他（查理曼）之后幸存的话，自己应该照顾和统治的是哪一部分。随后对此次分割记录在案，让法兰克的领袖们发誓恪守。为了恪守和平而颁布的宪令，在被记录下来后，由艾因哈德送给教宗利奥，以便他能亲手签署。教宗在读过之后，表示同意，并亲手加以签署。"②在这次大会上，查理曼将自己的国土一分为三，将分别由三位王子在自己死后继承统治。

尽管查理曼的分国计划因为三个继承者中的两位先他而去（小查理和丕平），导致分国计划没有能够最终落实。但是，在 810 年意大利王丕平去世之后，经过慎重考虑，812 年查理曼决定将丕平的儿子贝纳尔德（Bernhard of Italy，812—818 年在位）立为意大利王，继承乃父的王位，表明了自己对于分国策略的偏好和坚持。

其实，早在 781 年，查理曼就前往罗马，请罗马教宗哈德良一世（772—795 年在位）为六岁的儿子卡洛曼和四岁的路易施洗，两天后

①　C. Warren Hollister, *Medieval Europe: A Short History*, Englewood: McGraw-Hill, 2006, p. 119. 另外的译法，请参见〔美〕朱迪斯・本内特、C. 沃伦・霍利斯特：《欧洲中世纪史》（第 10 版），杨宁、李韵译，上海社会科学院出版社 2007 年版，第 127 页。
②　G. H. Pertz & Frideric Kurz eds., *Annales regni Francorum*. A. 806, p. 121.

又分别由教宗加冕为王。卡洛曼施洗后易名为丕平(Pippin of Ita-
ly,781—810 年在位),担任意大利王,路易则前往阿奎丹为王(Louis
the Pious,781—840 年在位)。因此,在 806 年之前的二十五年,查
理曼就试图将自己控制的疆土加以分割了。到 806 年分国的时候,
依据新的分国计划,丕平和路易都会在查理曼死后得到额外的土地。
从这个角度而言,806 年的分国计划似乎远承 781 年的事件而来,体现
了查理曼关于分国这一重大政治决策中的一贯性和延续性。

　　鉴于查理曼的《806 年分国诏书》被视为后来加洛林帝国瓦解的
政策源头,所以,现代学术界最为关注的焦点分别为查理曼的帝国观
念与分国原则。[①] 在《806 年分国诏书中的帝国与帝国分割》这篇名
文中,施莱辛格对帝国观念做出了经典性阐释。通过对《806 年分国
诏书》的导言部分所使用的关键性术语进行系统的比较和分析,施莱
辛格得出的结论是,查理曼将皇帝视为教会的保护者的观念源自于
其父丕平三世(Pippin III,俗称矮子丕平,751—768 年在位),也与
《伪君士坦丁赠与》这份文献中的措辞类似。通过将来自日耳曼的效
忠观扩展为效忠于教会,这些文献实现了日耳曼因素与罗马因素的
融合。作为基督徒,所有臣民都得效忠于作为基督教世界首领的加
洛林家族。虽然查理曼将自己视为君士坦丁的继承者,但在获得东
部皇帝承认的漫长等待中,罗马因素逐渐消退,法兰克因素增长。
812 年其帝号获得君士坦丁堡的承认之后,查理曼最终将帝号与法
兰克王号合而为一,并取代君士坦丁堡的皇帝,成为正统的罗马皇
帝。作为整个基督教世界最高统治者的帝号的统一性与法兰克王国
分割继承的传统发生了矛盾,这一矛盾最终导向 817 年虔诚者路易
的分国计划。[②]

---

　　① 李云飞:《〈分国诏书〉与查理曼的继承安排》,未刊会议论文。李云飞对目前学术
界的相关研究做了系统的介绍、对这一事件进行了富有洞察力的分析。

　　② Walter Schlesinger, "Kaisertum und Reichsteilung: Zur Divisio regnorum von
806", in *Forschungen zu Staat und Verfassung: Festgabe für Fritz Hartung*, Berlin:
Duncker Humblot, 1958, pp. 9—51.

彼得·克拉森在施莱辛格的基础上进一步对分国原则做了经典性分析。通过梳理 806 年分国诏书的政治背景和文化传统，克拉森指出，分国计划源自于 781 年。这一年查理曼将六岁的丕平和四岁的路易分别立为意大利王和阿奎丹王，而将法兰克王国留给年纪大的儿子驼背丕平和小查理，拟遵循法兰克人的分国传统将核心地区在两位大儿子之间加以分割。但 792 年驼背丕平叛乱，使得查理曼具有了革新传统的可能性，将法兰克王国核心地区留给小查理一人继承。当 806 年分割帝国的时候，通过分别增加丕平和路易的份额使得三兄弟在经济、军事、政治上基本相等，形成均分之局，而作为长兄小查理拥有帝权之威，凌驾于弟弟们之上。到 817 年虔诚者路易分国之时，他也进一步维持了由乃父确立的、法兰克王国核心地区不分的基本策略。但历史的发展证明，这一基本策略恰恰是兄弟阋墙的根源。几经纷争，到 843 年《凡尔登条约》才最终回到瓜分法兰克王国核心地区的历史格局。[1]

克拉森的观点提出之后，关于诸子财富上均分，但权威上小查理独大的观点遭到了一定的质疑。克拉森的衡量标准不是地理面积，而是财富、政治重要性和权威的大小，这是相当主观的估计，难以服众。学者们认为，三块被分割之地，在重要性上其实是难分轩轾的。对于帝国而言，意大利至关重要，因为不仅教宗在那里，而且它位于与东罗马帝国打交道的前线。而阿奎丹王国则是抵御另一个当时的超级大国——阿拉伯帝国的前线。这两个王国难道就不是跟法兰克王国故土同样重要么？[2]

2006 年，为了纪念《806 年分国诏书》颁行 1200 周年，在萨尔布吕肯大学举办了纪念盛会。克拉森的学生约翰·弗里德发表主题演讲：《经验与秩序：806 年查理曼的和平敕令》。大力发展了克拉森的

---

[1]　Peter Classen, "Karl der Große und die Thronfolge im Frankenreich", in Josef Fleckenstein ed., *Ausgewählte Aufsätze von Peter Classen*, Sigmaringen: Jan Thorbecke Verlag, 1983, pp. 205—229.

[2]　Matthias Becher, *Merowinger und Karolinger*, Damstadt: WBG. 2009, epub.

分国是为了维持和平的观点。弗里德指出,分国并不是这份敕令的中心思想,和平、兄弟友爱和统一性才是查理曼追求的核心目标,因此,他将这份《806 年分国诏书》称为《和平敕令》。为了保证自己过世之后的和平,查理曼突破了法兰克人均分法兰克王国核心地区的原则,依据三位王子对此和平与帝国的贡献、依据权力大小和权威的范围来进行适当的分割。即使在意大利王丕平和小查理先后辞世之后,于 812/813 年查理曼再次坚决地贯彻了法兰克王国核心地区不被分割的原则,让虔诚者路易获得小查理的份额,并将丕平之子贝尔纳德立为意大利王。虔诚者路易在继位之后继续执行此原则,但是,为了消灭贝尔纳德、确保帝国疆土在自己的直系后裔中传承,他不惜破坏誓言,重分帝国,导致背叛他对查理曼生前立下的誓言,信誉扫地,为后面的内战埋下了伏笔。[①]

似乎可以说,传统的研究是将《806 年分国诏书》与 843 年的《凡尔登条约》联系而观,而以约翰·弗里德等人代表的新研究取向则更倾向于将《806 年分国诏书》与 817 年虔诚者路易的《帝国御制》越来越紧密地联系在一起。[②] 这两份诏书以及两次分国行为之间的复杂关系,刺激研究者结合这十余年间的政治史进行更加细腻的分析。查理曼临终前对王国的处置导致贝尔纳德难题的形成、816 年虔诚者路易在兰斯加冕称帝、817 年颁布《帝国御制》。这三件事情之间到底存在何种微妙的联系。可以说,贝尔纳德难题将是有关查理曼分国计划课题中最具挑战性的前沿问题。

弗里德对《806 年分国诏书》的更名,反映了近年来在版本学上取得的重大进展。在施莱辛格对诏书的经典性分析中,他曾肯定现存的这份诏书为真实的。但是施莱辛格也指出,由阿尔弗里德·博

---

① Johannes Fried, "Erfahrung und Ordnung: Die Friedenskonstitution Karls des Großen vom Jahr 806", in Brigitte Kasten ed., *Herrscher-und Fürstentestamente im westeuropäischen Mittelalter*, Köln: Böhlau Verlag, 2008, pp. 151—192.

② 李云飞:《诸子均分与帝国一体:817 年虔诚者路易的传国计划》,载王晴佳、李隆国主编:《断裂与转型:欧亚帝国之后的历史书写》,上海古籍出版社 2017 年版,第 125—151 页。

勒修(Alfred Boretius)为德意志文献集成研究所编订的该诏书的现代精校精注本并不可靠。博勒修所依据的版本有四个,即 1. 大英图书馆的 Eyerton Manuscript 269 残页(第 15 页);2. Gothano 11 抄本残页(第 5 正面页);3. Vaticano 3922 抄本为全篇,但抄录于 16 或 17世纪。第 4 个版本是皮窦(Pierre Pithou)于 16 世纪所编订的《法兰克年代记和历史作品 12 篇》中所收录的抄本。施莱辛格在新发现的抄本——Damstadter Handschrift 231(他标记为第 5 个抄本)的基础上,梳理版本源流,提出了两个版本系统说。2、4、5 为一个系统,其他为一个系统。而且,比较文本的分段之后,施莱辛格认为这份诏书包括两个部分:前言(1—5 段)和文书部分(6—20 段)。只有抄本1 使用了与众不同的查理曼的名号:"奉圣父圣子圣灵之名。查理、尊贵的奥古斯都、上帝所膏立的、统治罗马帝国的、伟大和平的皇帝,蒙上帝的仁慈也是法兰克王和伦巴第王。"而其他抄本所载的名号为:"皇帝、凯撒查理、战无不胜的法兰克王和罗马帝国的领导者、虔诚、快乐的征服者和胜利者,永远的奥古斯都。"他推断抄本 1 是在莱茵河以东地区即法兰克王国核心地区流行的版本,而其他抄本则很有可能源自于送给教宗的版本。

　　在施莱辛格之后,对《806 年分国诏书》的研究除了在法制史、统治史方向继续引发探讨之外,学者们也在收罗更多的版本。胡伯特·莫德克(Hubert Mordek)在生前找到了一份新的抄本,此后经过马修·提席勒尔的努力,又找到了六份新的抄本,一份残篇以及少量新的印刷本。2006 年,提席勒尔发表《抄本传承与历史书写中的〈806 年分国诏书〉》。他理清了各种本子之间的关系,列举了各个主要现代版本的不足,为进一步利用《806 年分国诏书》提供了清晰的版本源流和基础。① 提席勒尔新发现的抄本不仅大致为施莱辛格的版本类型学提供了版本文献方面的支持,而且使得抄本 1 源自于科

---

① Matthias H. Tischler, "Die, divisio regnorum von 806 zwischen handschriftlicher Überlieferung und historiographischer Rezeption", in B. Kasten ed., *Herrscher-und Fürstentestamente im westeuropäischen Mittelalter*, pp. 193—258.

尔比修道院几乎得到了确证，这个孤本一般被称为"巡查钦差本"，即在会议之后由查理曼的巡查钦差带到帝国各地区的版本。另外两种现存最为古老的版本都应该是艾因哈德送给教宗利奥三世的文书的抄本。这个版本可以被称为罗马本，即供教宗审阅签字之版本。14世纪，这个版本的抄本被迪特里希·冯·尼海姆（Dietrich von Nie-heim）在萨克森地区的科尔比修道院发现并抄录进他的《皇帝查理曼传》中。提席勒尔指出，所有的古本似乎都与查理曼的宫廷学者密切相关，这些古本通过 10 世纪的抄本残篇才得以一窥其原貌。

但弗里德进一步推测《806 年分国诏书》的现存所有古本不仅都与科尔比修道院有关，而且很有可能与阿达尔哈德（Adalhard，781—814 年，821—826 年为科尔比修道院院长）和他的兄弟瓦拉（Wala，826—836 年为科尔比修道院院长）有关。而他们之所以发布和传播《806 年分国诏书》，是为了已故的意大利王贝尔纳德。弗里德认为，因为 818 年贝尔纳德失败身死，他的辅弼之臣如阿达尔哈德和瓦拉皆遭流放。所以阿达尔哈德等人要抄录并流传这份《806 年分国诏书》，证明贝尔纳德的继承权利，并为贝尔纳德之死鸣冤。①

《806 年分国诏书》的现代定本是由皮埃尔·皮窦于 1588 年出版的，他所依据的底本，应该是源自于瓦拉夫里德·斯特拉博（Walafrid Strabo）从亚琛皇宫抄录的抄本。另一种现代流行的本子由康拉德·伯伊廷格（Konrad Peutinger）出版（16 世纪初），也是间接来自于斯特拉博的抄本。与皮窦的本子相比，这后一个抄本分支系统的质量相对较差。正是基于这一质量较差的抄本分支，图宾根的教会史家约翰·劳科勒鲁斯（Johannes Nauclerus，1430—1510 年）将《806 年分国诏书》收入自己的世界编年史中，使得《806年分国诏书》随着《劳科勒鲁斯编年史》而成为近代早期最为流行的读物之一。1883 年由博勒修编辑的精校精注本基于 1835 年佩

---

① Johnnes Fried, *Charlemagne*, trans. Peter Lewis, Massachusetts：Harvard University Press, 2016, p. 474.

茨编订的本子,而这后一个本子则是在上述抄本 3 的基础上编校而成。①

《806 年分国诏书》本无标题,流传的抄本标题有:《分国诏书》、《皇帝查理的敕令》、《皇帝查理曼的遗嘱》、《查理曼的遗嘱》、《据说是查理曼的帝国分割特许状》、《法兰克帝国分割特许状》、《806 年的特许权》、《确立和平与诸子分国的宪令》等。文书的形式是加洛林时代的敕令,但第一部分像特许状。在现代的精校精注本中,这一部分包括前言和第 1—5 款,内容为分国。另一部分为确保和平与诸子恪守自己王国的命令,体裁更像敕令。提席勒尔推测,很有可能最初的抄本在 1—5 款之前不分段,而是从现代精校精注本的第 6 款开始分段,故总共只有 15 段。②

不仅如此,第 16 段明显是一个分段段落,总结前文,说明这些条文都须得到恪守。第 19—20 段则是对本诏书的公文式说明,指出诏书要被抄录下来,诸位继承人及臣民要加以遵守。因此,整个诏书可以被大略分为第 1—5 段的序言和第 6—20 段的和平规定;也可以被细分为 6 个部分:第 1 部分为签发人和抄送人,第 2 部分为关于事由的说明,第 3 部分为分国(第 1—5 段),第 4 个部分是这份诏书的核心内容,维持和平(第 6—16 段),第 5 部分为第 17—18 段,涉及非继承人后裔的安全和自由,此后为第 6 部分,乃关于恪守诏书的训示。

查理曼对帝国或者王国的统一性具有明显的自觉意识,在行文中,他使用的是单数的“regnum”和“imperium”。被分割的部分被诏书称为“部分”(partes)或者“王国”(regnum)。查理曼最为关切的问题,自然是如何维持三位继承者之间的和平与合作关系,为此而涉及的事项中以人质、不动产、叛国罪的审判和保护教会四者最为关键。

---

① George H. Pertz ed. “Divisio imperiii A. 806”, in idem ed. , *Capitularia regni Francorum*, MGH. Legum Tom. I, Hannover: Hahn, 1835. p. 140.

② 以上关于版本的介绍,来自于 Matthias Tischler, “Die divisio regnorum von 806 zwischen handschriftlicher Überlieferung und historiographischer Rezeption”, pp. 195—208。

查理曼对政治统一性的处理包括三个方面：维持一家独大，依靠罗马教会，依赖于各位继承人之间的相互协作而维系和平。我们姑且称之为"分而和平"的原则。因此，他对于各部分的划分并非遵循平等的原则，而且在每个部分交界的地方，都要对一个固有的地区或地方行政单位做出分割，以便形成有诸子共同拥有一个省份或地区的现状，促使他们之间合作。

兄终弟及是这次分国时采取的主要继承原则，但是，在代际之间，是允许重新选择的。不仅几位继承者死后，他们的孩子具有继承的机会；就是普通的自由人也可以在代际更替时重新选择主人。在分割中，分割的原则是如何克服阿尔卑斯山脉天险，使得三个兄弟都拥有穿越这一天险的山口，从而达成互相协助的目标。有关这次分割的地图，以克拉森所提供的分国图为底本，但略有更正，因为他对圣彼得所属部分（教宗国的雏形，我们的文件称之为"圣彼得的界"）的理解与我们所翻译的诏书不符。

　　这篇译文仍以博勒修为德意志文献集成研究所编订的《加洛林敕令集》第一卷所收文本为底本译出。[①] 在有疑难之处,参考了蒙罗教授的英译本,Dana Munro trans.,"Division of the Kingdoms. Febr. 6,806",in Idea ed.,*Selections from the Laws of Charles the Great*,Philadelphia:Longmans,Greens & Co.,pp.27—33。

二、译文

　　奉圣父圣子圣灵之名。查理、尊贵的奥古斯都、上帝所膏立的、统治罗马帝国的、伟大和平的皇帝,蒙上帝的仁慈也是法兰克王和伦巴第王,致神圣教会的和我的、现在和将来的忠臣们。

　　(抄本 2.3:皇帝、凯撒查理、战无不胜的法兰克王和罗马帝国的领导者、虔诚、快乐的征服者和胜利者,永远的奥古斯都,致神圣教会的全体忠臣们、现在和将来的全体天主教民众以及他的帝国之内和统治之下的各族群)

　　我相信,你们所有人皆周知,你们任何人也不会无视,上天的仁慈和神意的许可,通过代际传承弥补了人世的必死之势。通过赐予我三个儿子,他赐予了我无比的怜悯和祝福。我对王国的祈愿和我的期盼,他通过赐予我三个儿子们加以满足,并使得王国得到巩固、名声永固。因此我想让你们知晓:通过上帝的恩典,我有那三个儿子作为共治者,来治理上帝赐予给我的王国;如果合上主之意,我也希望,在我死后将受到上帝保护和维持的、我的帝权(国?)和王国作为遗产传承下去。以免我给他们留下争执而使他们为了独享整个王国而陷入混乱和无序。为此我将整个王国三分,对他们每人应该统治和照管的份额,我都加以记录和标明。以这种明确的方式,他们每个人都得满足于我所划分的那一部分,在上帝的帮助之下捍卫其王国

---

　　① Alfred Boretius ed.,*Capitularia regum Francorum*,tomus I.,MGH.,Legum sectio II.,Hannover:Hahn,1883,pp.126—130.

的漫长边界,也维护兄弟之间的和平与友爱。

1.受到上帝保护和维持的、我的帝国和王国的满意划分如下:整个阿奎丹和除了都尔城之外的加斯科尼地区,以及从那里往西和往西班牙去的所有地区,从位于卢瓦河上的纳韦尔城(Nivernis)以及纳韦尔区、阿瓦隆(Avalensem)区和奥克塞瓦(Alsensem)区、夏龙(Cabilionensem)区、马孔(Matisconensem)区、里昂城(Lugdunensem)、萨沃伊城(Saboiam)、莫里耶纳(Moriennam)、塔朗泰斯(Tarentasiam)、仙尼(Cinisium)山、苏萨(Segusianam)山谷及其各个山口,从那里沿意大利山脉的界线直到大海,这些地区及其所属城市,以及一切向南向西直抵大海或者直抵西班牙的部分,即勃艮第部分地区、普罗旺斯、塞普提曼尼亚和哥特地(Gothiam),我将这部分分配给我的爱子路易。

2.被称为伦巴第的意大利和巴伐利亚,就是塔西洛所拥有的。但属于诺特高(Northgowe)地区的两座城市:因戈尔施塔特(Ingoldestat)和劳特霍芬(Lutrahahof),我曾经赠给了塔西洛,则不在此列。从多瑙河南岸的阿拉曼尼亚地区开始,从这个多瑙河的源头直到莱茵河位于克里特高(Chletgowe)和黑高(Hegowe)交汇处的恩格(Engi),从那里沿莱茵河一直抵达阿尔卑斯山:任何位于这些界线之内的地区,以及朝南朝东的地区、库尔(Curiensi)公爵领和图尔高(Durgowe)区属于我的爱子丕平。

3.在这些界线之外的我的王国,包括法兰克尼亚、除了我赐予给路易的那部分地区之外的勃艮第,以及除了我分给丕平的那部分之外的阿拉曼尼亚,奥斯特里亚、纽斯特里亚、图林根、萨克森尼亚、弗里西亚、被称为诺特高(Northgow)的那部分巴伐利亚,赐予给我的爱子查理。如此安排,以便在需要的时候,查理和路易能够拥有进入意大利的道路,为他们的兄弟提供帮助;查理通过属于他的王国的奥格斯堡(Augustanam)山谷,路易通过苏萨山谷,而丕平则有通过阿尔卑斯山的出入通道:诺里坎(Noricas)和库尔。

4.我决定,如果年长的查理先于其他兄弟去世,他的那部分王国将在丕平和路易之间分割,就像我和我的兄弟卡洛曼之间当年分割的那样,丕平将得到我的兄弟卡洛曼的那部分,路易则得到我所得到的那部分。

如果查理和路易还活着而丕平还完了人生的债,查理和路易将分割他拥有的王国,其分割方式如下:查理得到从意大利的山口经从奥格斯堡沿线的伊夫雷亚(Eboreiam)、韦尔切利(Vercellas)、帕维亚(Papiam),并从那里经过波河(Padum)沿河界延伸直到雷焦区(Regensium)和雷焦城(Regiam)、新城(Novam)和摩德纳(Mutinam)直到属于圣彼得的边界地区。这些城市及其郊区和辖土以及所属的伯爵领,以及由此通向罗马的界线的左侧(即东侧。——译者)、属于丕平王国的一切地区,以及斯波莱托公爵领,这是查理将得的部分。除上面提到的城市和伯爵领之外通向罗马的界线的右侧、属于丕平王国的一切地区,即从波河以南(Transpadana)地区所余下的部分,以及托斯卡纳公爵领直到南海和直到普罗旺斯的地区,属于路易,以便他巩固他的王国。

如果路易先于两个兄弟去世,我分给他的那部分勃艮第王国以及普罗旺斯、塞普提曼尼亚、哥特地直到西班牙地区归丕平,查理得到阿奎丹和加斯科尼。

5. 如果三位兄弟又有了儿子,民众又愿意推举,这孩子就可以继承他父亲的王国,我希望这个孩子的叔伯们同意,允许侄子统治他父亲、也是他们的兄弟的那部分王国。①

6. 在我进行这一处置之后,在我的这些儿子们之间应该宣传和教导关于他们永远保持和平的思想,以便没有哪个兄弟胆敢越界入侵他的兄弟,不得误入和扰乱他的王国,以致削弱边区,而是应该尽其所能并合理地帮助他的兄弟、反对其国内外敌人。

7. 他们中的任何人也不得出于任何理由(官司)或者过失接纳前来投奔的他兄弟的手下,也不得为他求情,因为我希望任何罪人和不

———————

① 兄终弟及与父死子继的原则相结合。

值得同情的人应该到位于他主人的王国之内的圣地或者到名人(honoratos homines)那里寻求庇护,并从那里获得适当的同情。

8.同样,我规定,如果任何自由人违背主人的意愿抛弃主人、从一个王国逃到另一个王国,国王本人不能、也不得允许他的手下人收留此人或者不正当地试图收留此人。

9.我也希望指示,在我去世之后他们的手下人接受封地(beneficia)的时候只能在他的主人的王国内而不能在其他人的王国内,以免这种情形滋生并使人陷入到丑闻之中。但他们的任何手下在本国都合法地享有不受争议的继承权。

10.任何自由人,在他的主人死后,有权按照他自己的意愿投效到三个王国中的任何一个,同理他也可以不用改投他国。

11.关于在诸分割部分之间的财产转移和买卖活动,我下令,三兄弟中的任何人都不得接受来自其他王国的任何人转移和出卖的不动产,包括土地、葡萄园和树林,及其所属的奴仆或者其他属于祖业的财产。但是黄金、白银和珠宝、武器和胸甲和那些不固着于土地的被释奴以及其他被认为可以买卖的物件例外。然而我认为其他自由人应该不受此限制。

12.如果按照惯例,女性在各分割部分和王国间合法地寻找配偶,她们的合法祈求不得遭到拒绝,而是允许既出嫁也迎娶,在民众之间互相适配。女性有权处置在她们娘家的王国拥有的财产,尽管由于婚嫁她们居住在另一个王国。

13.至于为取信于人而提供的人质以及被送到各地加以看守起来的人,在未经这些人所属的国王即其兄弟的同意之下,这些人所在之地的国王不得允许他们回国。如果将来某位兄弟有合理的提议,将来为了促进相互协作,他们也得相互派送人质。关于因罪责而被流放者或被派遣者,我下令也要同样处置。

14.如果由于边界问题,在诸部分之间有意无意之间发生了争执,不能通过证人来宣判或者终结,那么我希望为了判决疑难,应该通过宗教性(十字架的)裁决、征求上帝的意愿并弄清事情的真相,以免因此缘故而兴起任何争斗,或者为了评判而双方司法决斗。如果有人在本王国之内对属于另一王国的人提起诉讼,控告该人对原告的主人的兄弟不忠①,其主人应将被告派到自己的兄弟那里去,以便在那里裁决对他提出的指责是否属实。

15. 我下令并指示,三兄弟应共同接受对圣彼得的教会的照顾和保护,就像从前我的祖父查理、我永远怀念的父亲丕平王和之后我照顾并保护教会那样,在上帝的帮助之下他们同意保护那个教会,赐予属于他们的和理性许可的权益。同理,关于在他们掌控之下的其他教会,我指示,让他们拥有他们的权益和荣誉(honor),让各个敬拜之地的牧师和领导人享有属于该圣地的财产权,无论他们的财产位于哪个王国。

16. 关于这些规定和一致意见(convenientiis),如果出于任何原因或者无知而被破坏,这是我所不希望会发生的。我指示他们得努力依据正义的原则尽快弥补,以免由于耽搁而增加了罪责,且越闹越严重。②

17. 关于我的女儿们,即我的上述儿子们的姐妹们。我下令,在我死后她们有权选择任何一位兄弟作为自己的照顾者和保护者。她们之中如果有谁选择了修道生活,得让她在她所选择的那个王国荣耀地生活在她的兄弟的保护之下。她们之中如果有谁想过夫妻生活、合理合法地嫁给门当户对的人作为配偶,只要男性的提议和女性的同意是真诚的而且合理,她的兄弟们不得予以拒绝。

18. 关于我的孙子们,即已经出生的和将来出生的、我的这些儿子们的儿子们,我乐意指示,在任何场合,三子中的任何一位都不得将遭到起诉的我的任何孙子,未经合法讨论和审理就处死或者伤害肢体或者弄瞎眼睛或者违背意愿地削发;但是我希望孙子们受到他的父母和叔伯们的礼遇,他们也要像亲人那样尽心地服从后者。

---

① 被起诉者对他自己的国王不忠。
② 分国的条文和要求至此告一段落,下面是其他注意事项。

19. 最后,在我看来,如同所有涉及权益、为了我的爱子们的完善和利益而颁布的宪令一样,我也希望能够将本规定添加到我的法令和宪令中去,由他们加以恪守和保护,一如我下令加以保护和恪守的、已经公布并记录在案的那些法令和敕令。

20. 只要神意许可,在我还活着的时候,我所处理的这一切、为了维持秩序而加以确认的这一切、对于上帝加以保护的这个王国和这个帝国,我一如既往地拥有处分、整顿王国和帝国的一切治理之权。愿我的这三位爱子、我那上帝所眷顾的民众彻底地服从于我,一如儿子对父亲、民众对他们的皇帝和国王所表现的那样。阿门。

反叛与统治

——官方档案中的英国 1381 年起义[①]

许明杰(复旦大学历史学系)

一、导言

本文翻译选自英国中世纪官方档案,分别是王室巡回法庭卷档、财务官账簿以及国王赦免状卷档。这三类文献均以拉丁文原始手稿的形式保留至今,收藏于英国国家档案馆(The National Archives, London)。[②]笔者以英国 1381 年起义为主题选择文献,但因为材料十分丰富,故而集中于剑桥郡一个地区。文献的选取还有两点考虑。其一,有新的史料价值,这些文献有不少虽然已由此前学者发现、使用并部分翻译,但并不完整,笔者曾对这些文献进行过系统整理和深入研究,能够窥见全貌。[③]其二,有一定典型意义,这些文献涵盖了官

① 本文系国家社科基金重大项目"英国经济社会史文献学专题研究"(项目号 17ZDA225)的阶段性成果并受到上海市浦江人才计划"14 至 16 世纪英国'法律国家'发展研究"(项目号 18PJC019)资助。论文初稿曾在"第二届北京大学中世纪与拜占庭研究工作坊"上宣读,会上彭小瑜、李隆国二位老师就本文研究多有鼓励,刘寅、那云昊二位仁兄就译文提出诸多中肯建议,谨致谢忱。复旦大学王忠孝与上海师范大学李腾二位兄台对本文的拉丁文识读也有帮助,一并感谢。文中不足之处全系笔者责任!

② 这些文献有部分内容由鲍威尔、帕尔默等学者转写为印刷体拉丁文,见 Edgar Powell, *The Rising in East Anglia in 1381*, Cambridge: Cambridge University Press, 1898, pp. 136—138;"Records of the villein insurrection in Cambridgeshire. Nos. 1—7", in W. M. Palmer ed., *East Anglian or Notes and Queries on Subjects Connected with the Counties of Suffolk, Cambridge, Essex and Norfolk*, 6 Pamphlet, 1896, pp. 81—4, 97—102, 135—139, 167—172, 209—212, 234—237, 243—247。本文翻译参考了这些转写文本。

③ 见 Mingjie Xu, "Disorder and Rebellion in Cambridgeshire in 1381" (unpublished doctoral thesis of the University of Cambridge, November 2015);许明杰:《从 1381 年剑桥骚乱事件看中世纪英格兰王权》,《历史研究》2020 年第 4 期。

方档案的三种类别,其内容对于中世纪英国法律与社会的面貌有所
反映。

中世纪英国的官方档案,包括上文选译的三类文献对研究这一
时期法律与社会的历史有重要意义。这种意义至少体现在如下两个
方面。其一,这些文献展现了当时王室政权运作与地方社会治理的
诸多状况。具体到这三篇译文,三类卷档分别来自王室巡回法庭、财
政署与文秘署,其内容对三个机构应对和处理民众起义的过程多有
揭示。就此不难看出当时英格兰王室政府在统治方面的鲜明特点。
具体来说,政府在维持统治与治理地方时非常依赖司法机构,例如巡
回法庭,而司法机构的运作又特别倚重地方人士的参与,比如陪审团,
这也反映了当时普通法体系渐趋成熟的趋势。换言之,法律对于中世
纪英国的国家统治极为重要,而且其重要性在中世纪晚期进一步加
强,这与西方学者提出的"法律国家"(the law state)的说法相呼应。①

其二,官方档案不仅可以用于政治史研究,而且还可以用于普通
民众的社会史研究。以上述三类文献为例,可以用于深入研究1381
年起义的参与者群体。通过上述译文,不难看出这类文献对于起义
者记载的细致程度,不仅包括姓名、犯罪行为以及财产等背景状况,
而且记录了他们面临迫害时的反应(包括被捕、自首、逃亡等)以及最
后的结局(例如被定罪处决、无罪释放抑或得到赦免)。正因为如此,
19世纪以来西方学界关于起义的实证研究往往以这类文献作为核
心史料。该文献虽然长期被学者们使用,已成为传统史料,但是借助
新视角、新方法仍然能够用于前沿研究。比如笔者的博士论文就以
这类文献为基础,集中于剑桥郡,系统研究了起义者群体,不仅估算
出总人数,而且分析了其行为特征与机制,获得了一些不同于前人的
新发现。论文还系统研究了起义失败后这些参与者的遭遇与结局,
这是此前研究所忽略的。简单来说,官方档案可用于研究以起义者

---

① 例如 G. L. Harriss,"Political society and the growth of government in late medie-val England",*Past and Present*,138 (1993),pp. 28—57；W. M. Ormrod,*Political Life in Medieval England*,*1300—1450*,London：Macmillan Press,1995。

群体为代表的普通民众,因而对于社会史研究具有突出的文献价值。

二、巡回法庭卷档(Assize Rolls)

这部文献源自王室巡回法庭 1381 年夏在剑桥郡的活动。起义主要发生在 1381 年 6 月的上中旬,波及英格兰很多地区,特别是东部与东南部地区。6 月中旬起义进入高潮,来自东南部的起义军在 6 月 12 日左右攻入伦敦,并控制首都约三天。但 6 月 15 日起义军遭到王室军队镇压,很快失败,到 6 月下旬各地的起义基本被扑灭。此后王室政府着手清算起义者,国王于 6 月 23 日亲自下令,命令各地官员镇压并惩治造反者。国王随后派遣王室法官前往发生了暴乱的各个地区,其中派往剑桥郡的法官在当月下旬到达。法官随后组织庭审。这些活动登记在册,便是这部文献的由来。①

上述过程在这部文献中有清晰记录。文献开头收录了国王的公开御信(*littera patens*/patent letter),派遣即审即决王室巡回法庭(royal commission of oyer and terminer)到地方惩治动乱者,这是法庭得以组建的缘起。通过公开御信可知法庭由休·拉·朱什等八名法官主持,地方郡守亨利·英格里希予以协助。法庭随后在剑桥郡各地巡游,以百户区(hundred)为单位组织呈堂陪审团(presenting jury)对嫌疑人提起诉讼。呈堂陪审团也称大陪审团(grand jury),一般有 24 人,由当地治安官(constables)以及懂法的自由人组成。巡回法庭的活动集中于 7、8 两月,对总计约 300 名嫌疑人提起诉讼,文献记录了其中不少人的反应和诉讼结果,出现了不同类别的情况。有人被捕或者向法庭自首。例如动乱的主要头目,比如约翰·汉恰奇被捕后被直接处决。来自帕普沃思村的约翰·韦伯直接认罪,被判处死刑。而理查德·科特则不认罪,因此法庭召集陪审团进行审判,认定其无罪,由乡邻保释(*plebium*/pledge or *securitas*)。而其他

---

① 该文献编号为:TNA JUST 01/103。

一些人，比如杰弗里·科布、约翰·佩皮尔等，选择不出庭，应该是逃亡他处，故而法庭有"催告"与"逐于法外"的后续行动（具体含义见第 93 页注①）。上述受指控者中有两类被视作有罪，一类是被处决者，另一类是拒不出席庭审者，他们还会受到法庭更加严厉的惩罚，即土地财产等被扣押没收，上交国王，而没收的财产由国王的财务官（escaetor/escheator）登记在册。这部文献共有 12 页羊皮纸（membrane），每页有正反面，本文选译其中一部分，涉及对 25 名嫌疑人的指控。译文如下：

第一页正面（m.1.）

理查德王向其热爱的而且忠诚的休·拉·朱什（Hugh la Zouche）、温莎的威廉（William of Windsor）、巴勒的约翰（John of Burgh）、威廉·切恩（William Cheyn）、万顿的约翰（John of Wanton）、布伦的约翰（John of Brunne）、威廉·贝特曼（William Bateman）、约翰·佩因（John Pain）以及剑桥郡守发布御信如下：

"受命上帝的理查德，英格兰与法兰西国王、爱尔兰领主，向朕热爱的而且忠诚的休·拉·朱什、温莎的威廉、巴勒的约翰、威廉·切恩、万顿的约翰、布伦的约翰、威廉·贝特曼、约翰·佩因以及剑桥郡守致以问候。汝等及其他臣民均已知晓，此前极多暴徒在朕的英格兰的诸多郡县组成非法组织，违背和平，对朕忠诚的人民造成了最大暴乱。这些（暴徒）造反朕尊敬的神父、坎特伯雷大主教、时任中书令（chancellor）的西蒙（即 Simon Sudbury）、耶路撒冷圣约翰兄弟会修道院院长、朕的财政大臣罗伯特·黑尔斯（Robert Hales）兄弟，朕的首席法官约翰·卡文迪许（John Cavendish）①以及其他诸多忠诚的臣民与仆从，这些人并无过错，（造反者）却对他们纵火，推倒建筑，还做出破坏教堂、庄园、室内物品与财产等其他恶行。这些造反者出于邪恶力量与动机不断从事杀人和纵火行动，他们还不断激起（人民）

---

① 上述三人均为国王当时重臣，被起义者杀死。

对汝等以及朕的其他臣民的敌意。朕还欲（汝等）知晓，（这些叛乱者）号称从事杀人与其他破坏活动乃是源自朕的权威和意愿,这纯属无稽之谈。这等行径对朕造成巨大羞辱,亦是对君威的藐视,还导致整个王国的破坏与动荡,（王国的)和谐氛围亦无法平复。朕命令汝等,出于对朕的忠诚信义,应团结一心,将朕的御令传布各郡,包括城镇、村庄、市集等各处。还须让（当地)尽快知晓,在各郡都要代表朕发布公告:所有人,无论任何地位或身份,都不得造反、集会或唆使他人,亦不得妄图生事,不得扰乱和平、骚扰人民,更不得发动叛乱,违反者朕必将剥夺其生命、肢体（健全)以及其他。朕授予汝等召集法庭之权,汝等获朕之御命,可借用朕之权威、汝等自身力量以及汝等所知之所有方式,全力逮捕任何扰乱朕之和平与人民安全的乱民,以及非法集会的反叛者。亦可根据需要羁押那些抵制朕与王国的暴乱分子,也可逮捕那些臭名昭彰又毫无仁爱之心的恶徒,可自行惩处,如此方能安抚叛乱,并进行调查等事宜,最终恢复朕之和平与人民安康。朕特发布此公开御信,作为该事务之佐证。在位第五年 6 月 23 日朕确认于（埃塞克斯郡)沃尔瑟姆（Waltham)。"

致郡守亨利·英格里希（Henry English)的令状

[剑桥]　鉴于上述御信,现就其中涉及所有事务于剑桥、博蒂舍姆（Bottisham)、纽马克特（Newmarket)、巴布拉汉姆（Babraham)、福尔米尔（Fowlmere)、罗伊斯顿（Royston)、莫登（Mordon)、卡克斯顿（Caxton)、科特纳姆（Cottenham)、伊利以及剑桥郡的其他地区(向公众)宣告。命令郡守须基于其职权保证其辖区的每个百户区均选出 24 名懂法的自由人,以及所有治安长官与村庄的治安官,在吾王统治第五年的圣徒彼得与保罗节日之后的首个周一（1381 年 7 月 1 日)前往博蒂舍姆,来到法官休·拉·朱什等人面前,迎接并招待诸钦差为宜。郡守执行了此命令。法官休·拉·朱什及其同僚依据职责,在该郡针对造反者与暴乱分子,基于百户区的调查与呈堂陪审团的证词,提起诉讼如下:

……

第三页正面(m.3.)

如下诉讼在诸钦差法官面前听取,在巴布拉汉姆一地,发生于吾王理查德在位第五年圣徒彼得与保罗节日之后的首个周四(1381 年7 月 4 日)。

[斯泰普洛(Staploe)百户区]　阿什利村的理查德·法韦尔(Richard Farwell of Ashley)已被逮捕,因为有人发现他曾于(吾王在位)第四年基督圣体节随后的周六与周日(6 月 15、16 日)同其他造反者和暴乱分子暴力闯入约翰·西比尔(John Sibyl)在厄普威尔村(Upwell)的庄园,非法掠走 24 头奶牛、小牛和一头公牛,价值 10英镑,并劫掠焚毁了约翰的房舍。因此理查德受到上述指控,此人愿意予以澄清,他说自己就上述指控是无罪的,将自己置于国家审判(即陪审团)之下。因此(本法庭)代表吾王组建了陪审团,由来自本地的 12 名陪审员组成,他们基于自己的誓言,确证(理查德)就上述重罪指控是无罪的,此前罗伯特·塔韦尔(Robert Tavell)和其他诸多不知姓名的暴乱分子使用武力威胁他的生命(强迫他加入),因此理查德并无任何恶行。就此发布公告,看是否有人对此(持有异议),但最终无人前来。①因此经由钦差法官审慎判断,此人免于起诉。斯蒂芬·斯托登尼普尔(Stephen Stotenybl)、威廉·柯克比(William Kirkeby)、托马斯·利弗(Thomas Lever)、威廉·史密斯(William Smith)四人担保此人的行为合乎国王与人民(的期许)。

[惠特尔佛福德(Whittlesford)百户区]　呈堂陪审团报告,舒蒂坎普村的约翰·汉恰奇(John Hanchach of Shudy Camps)是吾王在位第四年圣徒巴托罗缪节前的星期六(8 月 17 日)②剑桥郡主要的造反头目。而舒蒂坎普村的爱德蒙·霍纳(Edmund Horner of Shudy Camps)、林顿村的安德鲁·莫厄尔(Andrew Mower of Linton)以及

---

① 当时英格兰普通法体系下陪审团审判(trial by jury)采用这一流程。
② 此处时间有误,应该是 6 月 17 日前后。

其他不知姓名的人曾闯入罗伯特·克里斯普(Robert Crisp)在大阿宾顿村(Great Abington)的房舍,违背了罗伯特的意愿,(他们还对)他(罗伯特)进行了羞辱,侵犯了王之和平①。而希斯顿村的约翰·桑格(John Songer of Histon)于上述节日随后的周日(6 月 16 日)在村庄田地上羞辱了罗伯特。

他们还报告,林顿村的约翰·佩皮尔(John Pepir of Linton)曾骑马加入到汉恰奇的队伍,他还拿着一把标枪和一面旌旗,因此是个罪犯。贝克洛村的约翰·惠尔赖特(John Wheelwright of Berklow)在上述时间曾协助汉恰奇,侵犯了和平。

他们还报告,埃克尔顿村的詹姆斯·霍格(James Hog of Ickleton)在上述周天(6 月 16 日)曾暴力闯入埃克尔顿女修道院,出于极大恶意,夺走并焚毁该修道院的庄园卷档和其他土地文件。鉴于在诸百户区获得的关于上述案件的其他听证,詹姆斯面临指控。

陪审团还报告,舒蒂坎普村的约翰·汉恰奇是罪犯的主要头目,他的队伍不断有不知姓名的人加入,这些人在吾王在位第四年基督圣体节后的星期六(6 月 15 日)晚上推倒了圣约翰骑士修道院在杜克斯福德村(Duxford)的房舍,并且将该修道院租户理查德·马斯特曼(Richard Masterman)价值达 20 英镑的私人财产非法掠走,(此举)藐视吾王。根据从诸百户区获得的各项听证,发现约翰·汉恰奇此人一直是造反者,他凭借武力权威,带领来自各郡投奔于他的人四处骑行。而且他还促成并领导了针对托马斯·哈兹尔登(Thomas Haselden)、威廉·贝特曼(William Bateman)、欣盖骑士修道院(the Hospital of Shingay)②、爱德华·沃尔辛厄姆(Edward Walsing-

---

① "王之和平"(pax domini regis/king's peace)是当时王室法庭档案中常用的法律用语,意为王国的和平与稳定。该用语的含义及其发展历史,可参看邓云清、宫艳丽:《"王之和平"与英国司法治理模式的型塑》,《历史研究》,2010 年第 5 期,第 119—138 页。

② 欣盖骑士修道院(the Hospital of Shingay)是耶路撒冷圣约翰骑士团修道院(Order of the Knights of Saint John of Jerusalem)在英格兰剑桥郡欣盖一地的分属机构,后者正式成立于 1099 年,当时西欧的十字军首次攻占耶路撒冷,随后组建了该组织,旨在防卫"圣地"。该组织得到了教皇和西欧君主们支持,在包括英格兰在内的各地区陆续建立起分部,组建分属修道院,拥有大量地产。

ham)、托马斯·托瑞尔(Thomas Torell)、罗杰·哈拉斯顿(Roger Harlaston)与约翰·布兰克佩恩(John Blancpain)在剑桥(郡)庄园的行动,以及在剑桥郡的其他偷盗、推倒房舍与纵火(等行为),(此举)藐视吾王,给人民造成了极大纷扰。有鉴于此,命令郡守捉拿约翰·汉恰奇、爱德蒙·霍纳、约翰·桑格、林顿村的安德鲁·莫厄尔、贝克洛村的约翰·惠尔赖特、埃克尔顿村的詹姆斯·霍格等人……命令郡守须在吾王统治第五年的圣彼得受铁链刑节日后的首个周六(8 月 3 日)将这些人带到剑桥,出现在钦差法官面前,分别向吾王回应指控。到此日,郡守回复,在接到(上述)命令之前,出于法官休·拉·朱什的审慎决定,约翰·汉恰奇在剑桥已被砍头处决。而爱德蒙·霍纳等人在其辖区并未找到。由此判定这些人在本法庭到来之后仍不想改邪归正,故而为了维持王之和平,对这些人施加没收私人财产和羁押土地的处罚,财物交入国王之手。再次命令郡守继续捉拿……(原手稿损坏,无法识读)

第三页反面(m.3d.)

随后的首个周五(7 月 5 日)在福尔米尔举行如下听证:

[韦瑟利(Wetherley)百户区与特里皮洛(Thriplow)百户区] 12 名(呈堂)陪审员报告,林顿村的约翰·佩皮尔、林顿村的约翰·诺汉普顿(John Norhampton of Linton)、奥威尔村的约翰·马迪(John Maddy of Orwell)、巴布拉汉姆村的理查德·科特(Richard Cote of Babraham)是普通强盗,并未受到威胁而是自愿追随约翰·汉恰奇以及其他强盗,在哈尔顿村(Harlton)非法劫掠了威廉·贝特曼价值达 40 英镑的私人财产,并且将此人的房舍烧毁,此事发生在吾王在位第四年基督圣体节后的首个礼拜日(6 月 16 日),他们还在这一时间劫掠了剑桥郡国王的其他忠诚臣民。

有鉴于此,理查德·科特被逮捕,关押在监狱,由郡守羁押,直到随后圣玛丽·莫德琳节的星期一(7 月 22 日)钦差法官来到剑桥。到这一日,理查德由郡守带领来到法官面前,受到上述暴乱和重罪指控,此人愿意予以澄清。针对遭受的指控,他辩称自己无罪,并且就此案将自身置于国家审判。由此命令郡守在本地召集 12 名陪审员。陪审员得以选出,接受核查并宣誓,他们来到法庭,基于自己的誓言,确证理查德就上述暴乱和重罪指控是无罪的。就此发布公告,看是否有人对此(持有异议),但最终无人前来。因此经由钦差法官审慎决定,此人免于起诉。认定此人声誉品行良好,因此予以释放。罗伯特·克里斯普(Robert Crisp)、约翰·科特(John Cote)、迈克尔·柯克(Michael Cok)、理查德·克里斯普(Richard Crisp)四人担保此人的行为合乎国王与人民(的期许)。由此判定威廉(的行为)无碍和平。而林顿村的约翰·佩皮尔、林顿村的约翰·诺汉普顿、奥威尔村的约翰·马迪这三人则未能逮捕,也未主动前来。命令郡守继续捉拿这些人,在上述周一应将这些人带到法官之前,就面临的起诉分别回应国王。到这一日,郡守回复说约翰·佩皮尔、约翰·诺汉普顿、约翰·马迪三人在其辖区并未找到,他们在钦差法官到达后、暴乱重罪指控下达之前已经逃走。此外,国王的法官、陪审团对此进行调查。发布公告,勒令这三人出庭,不可延误,但他们仍然没有前来。鉴于法官的审慎考虑,决定没收这些人的私人财产,扣押其土地,交给国王。命令财务官执行。命令郡守继续逮捕这些人,在随后的圣徒巴托罗缪节的星期六(8 月 24 日)将这些人带到剑桥,分别回应上述指控。郡守还要调查这些人在乡里的所有土地与财产,将它们收于国王手中,并于上述开庭时间对此进行核验。到这个周六,郡守回复说,在接到命令后,约翰·佩皮尔等人在其辖区仍未找到。命令郡守联络其他郡催告这些人,如若他们难以找到或抓到,最终会被逐于法外。应在接下来主显节后的首个周三(1382 年 1 月 9 日)将这三人带到剑桥,出现在钦差法官面前,就其面临的起诉分别向国王回应。郡守在此获得催告令状。①

---

① "催告(exigendum/put in exigent)"与"被逐于法外(vtlagentem/outlawry)"是当时的法律术语。前者相当于全国通缉,郡守从国王处获得催告令状(writ of exigent or exigend)后可以联络其他郡的官员对犯罪嫌疑人进行拘捕。后者则剥夺法律对犯罪嫌疑人的安全保护。

　　陪审员还报告,来自奥威尔村的二人——约翰·斯金纳(John Skinner of Orwell)与约翰·马迪于吾王理查德在位第四年施洗者圣约翰降临日前的周二(6 月 18 日)闯入杰弗里·米歇尔(Geoffrey Michel)在阿林顿(Arrington)的住所,非法掠走杰弗里的私人财物,包括一张铁索床、神像以及诸多厨房用具,价值达 100 先令。因此约翰·马迪是位暴乱者头目。

　　陪审员报告,巴顿村的约翰·库克(John Cook)与德·斯凯尔斯爵士的铁匠约翰(John the smith of Lord de Scales)是主要的暴乱者头目,针对杰弗里·米歇尔犯下了上述恶行和重罪。巴顿村的约翰·库克是一系列罪行的领导者,他伙同他人在吾王在位第四年基督圣体节后的首个礼拜日(6 月 16 日),从约翰·沃尔特(John Walter)的住所暴力掠走了价值达 40 先令的财物。约翰·库克在同一日还是一群暴乱者的领袖,他们在埃尔斯沃瑟(Elsworth)一地劫掠了托马斯·埃尔斯沃瑟(Thomas Elsworth),侵犯了王之和平。而且约翰·库克还是斯韦弗齐村(Swavesey)和芬·德雷顿村(Fen Drayton)暴乱者团体的成员,他带领这些团体一直行进到亨廷顿郡的芬·斯坦顿村(Fen Stanton)。

　　[斯坦恩(Staine)、韦瑟利与阿明福德(Armingford)百户区]这些百户区的陪审员报告,伦敦的鞍马匠约翰·斯汤福德(John Staunford)是个头目,还是个极坏的聚众闹事者和犯罪分子,煽动人推倒和烧毁邻居的房舍,并且威胁托马斯·卡维尔(Thomas Cavell)和约翰·托普克里夫(John Topclive)以及国王在剑桥郡的其他忠实人民,迫使这些人不敢再居住在自己家中。他还说自己有国王的授命,可处死那些背叛国王的人,还可以做其他事情。有鉴于此,约翰由韦瑟利百户区起诉。报告说,约翰·斯汤福德于吾王在位第四年基督圣体节后的首个周六(6 月 15 日)非法侵入托马斯·诺斯(Thomas North)在阿宾顿(Abbington)的住所,掠走了托马斯的一匹马,价值两马克。

　　陪审员报告,阿什威尔村的威廉·马尔文(William Malverne of

Ashwell)于吾王在位第四年基督圣体节后的首个周六(6 月 15 日)侵入托马斯·诺斯在阿宾顿的住处,羞辱了托马斯的家仆约翰,造成后者受伤,并且恶意拖拽,在流言之时(指起义时期)还有其他行为,侵犯了王之和平。上述的奥威尔村的约翰·斯金纳、奥威尔村的约翰·马迪,巴顿村的约翰·库克、铁匠约翰、鞍马匠约翰·斯汤福德以及威廉·马尔文,都未出庭,也未被逮捕。因此命令郡守逮捕这些人,并在随后的圣玛丽·莫德琳节的星期一(7 月 22 日)将他们带来剑桥,来到法官面前,就此前受到的诉讼向国王回应。到这一日,郡守回复说,所有这些人在其辖区均未发现。这些人于钦差法官到达后、暴乱重罪指控下达之前逃走。国王的法官、陪审团对此进行调查。发布公告,勒令这些人出庭,不可延误,但他们仍未出席。鉴于法官的审慎考虑,决定没收这些人的私人财产与土地,上交国王。命令财务官执行。

……

第四页正面(m.4.)

如下诉讼在钦差法官面前听取,在罗伊斯顿一地,发生于吾王理查德在位第五年圣徒托马斯圣体转移节前一日(7 月 6 日)。

[阿明福德与斯托(Stowe)百户区]　12 位呈堂陪审员报告,林顿村的威廉·维科瑞(John Vicory of Linton)与帕姆皮斯沃瑟村的约翰·韦伯(John Webbe of Pampisford)是重罪犯,与头目约翰·汉恰奇、约翰·佩皮尔有密切联系。在吾王在位第四年基督圣体节随后的周六(6 月 15 日),这二人率领众人将托马斯·哈兹尔登的房舍推倒,随后售卖了托马斯的私有财物,并且在当天以及随后的许多天里先后七次公开鼓动这些压榨、纵火、叛乱行为,此举公然貌视吾王。现在得知,威廉·维科瑞就上述重罪已到监狱自首,目前由郡守羁押。而约翰·韦伯此前在斯蒂普尔·莫登村(Steeple Morden)里托马斯·哈兹尔登的庄园犯下重罪,还犯有其他恶行,但当时受到他人的生命与健康威胁,由此说明他本不愿意参与毁坏托马斯房舍等恶

行,(换言之)这些行为并非出自其本意。陪审员报告,约翰·韦伯此前将托马斯的一堆豌豆以 60 先令的价格卖出,从托马斯·诺斯的手中获得了部分款项,即 12 便士,(此交易进行时)利特林顿村的约翰·马丁(John Martin of Litlington)和托马斯·伯顿(Thomas Birton)等人在场。这些人来到法官之前,就上述事件接受细致调查,验证指控是否属实。约翰·韦伯鉴于其明显嫌疑,由约翰·登格恩骑士(John Dengain knight)和诺顿的威廉(William of Notton)逮捕,接受进一步调查。这个约翰来到法庭,对上述指控不予否认。鉴于法官慎重决定,此人被砍头。命令财务官须详细调查约翰的土地、租地和动产,没收并上交国王手里,还应随后向吾王详细报告相关事宜。

陪审员报告,斯蒂普尔·莫登村的威廉·艾德·里(William atte Ree of Steeple Mordon)和杰弗里·科布的仆从威廉·谢泼德(William Shepherd,the servant of Geoffrey Cobbe)以及其他不知姓名的人,同重犯头目巴顿的约翰·库克和杰弗里·科布的仆从约翰·布拉特(John Prat,the servant of Geoffrey Cobbe)在国王吾主在位第四年基督圣体节后的星期一(6 月 17 日)使用暴力非法侵入约翰·沃尔特在克罗伊登村(Croydon)的房舍,非法抢夺并运走在该处发现的价值 40 先令的财物。约翰·布拉特还羞辱了约翰·沃尔特的妻子,并且将沃尔特的房舍钥匙抢走,故而此人是个侵入房舍的一般罪犯。而威廉·艾德·里则鼓动了上述罪犯和其他人去烧毁约翰·沃尔特的房舍,但这些房舍(后来)并未着火。有鉴于此,上述威廉·艾德·里与威廉·谢泼德二人被逮捕,前者关押在吾王的监狱,由郡守羁押直至法官(再次)到来审理此案。而后者则以上述重罪被起诉,此人愿意予以澄清。他回答说自己无罪,并且就此案将自己置于国家审判。因此郡守代表吾王组织陪审团审理此案。为此目的将陪审员选出、核查并宣誓,他们基于自己的誓言,确证威廉就上述指控是无罪的。因此经由钦差法官审慎决定,此人免于起诉。经证实,这位威廉声誉很好,故予以释放。罗伯特·图赖特(Robert Tuyllyet)、威廉·法瑟恩(William Fythion)、威廉·霍尼斯登(William Honesdon)、威廉·玛格勒特(William Margrete)四人为威廉的良好行为担保。由此判定威廉(的行为)无碍和平。(呈堂)陪审员还说,约翰·布拉特未被逮捕,也未在法庭出席。此前曾命令郡守逮捕此人,应于随后的圣玛丽·莫德琳节的星期一(7月22日)将此人带到剑桥,出现在法官面前。但到此日郡守回复说,此人在其辖区并未找到。因此(再次命令)捉拿此人,恰如此前,应于随后的圣徒巴托罗缪节的星期六(8月24日)将此人带到剑桥,回应起诉。到这个周一(7月22日),威廉·艾德·里由郡守带到剑桥,出现在法官面前,郡守也组织了12名来自克罗伊登村的陪审员,将他们选出、核查并宣誓。他们基于自己的誓言,确证威廉·艾德·里就(上述)指控是无罪的,此人免于起诉。彼得·法瑟恩(Peter Fythyon)、托马斯·诺斯(Thomas North)、约翰·埃尔德赛尔德(John Eldeseld)与沃尔特·里乌斯(Walter Rius)四人为此人担保,保证其行为无碍于国王与人民。

陪审员又报告,鲍尔多克的罗伯特·莱特(Robert Wright of Baldock)曾于吾王在位第四年基督圣体节后的首个周六(6月15日)暴力破坏了托马斯·哈兹尔登在吉尔登·莫登村(Guilden Morden)等地的房舍,并掠走了价值达100先令的财物。陪审员还报告,杰弗里·科布(Geoffrey Cobbe)与其他不知姓名的人于吾王在位第四年基督圣体节后的首个周六(6月15日),如暴徒一般侵入了托马斯·哈兹尔登在吉尔登·莫登村与斯迪普·莫登村的庄园,并且公开伪称有国王的授命可以实践诸多恶行,实际上他们并没有获得(国王的授命)。他们出售了托马斯(的财物),包括155夸特麦芽、6夸特7蒲式耳豌豆、5夸特2蒲式耳粗粮。命令郡守抓捕这些人,并于随后圣彼得受铁链刑节日后的首个周六(8月3日)将他们带到法官面前,就上述重罪诉讼回应国王。到这一日,郡守回复说,罗伯特与杰弗里二人在其辖区均未发现。命令郡守继续抓捕这些人。

他们报告,罗伊斯顿的托马斯·戈德玛(Thomas Godemar of Royston)与瑟费尔德村的约翰·普密尔(John Poomere of Therfield)于吾王在位第四年基督圣体节后的首个周一(6月17日)来到罗伊斯顿,非法侵入牧师罗杰阁下(Lord Roger chaplain)的住所,掠走其价值达 100 先令的财物。托马斯与约翰二人还在该地非法劫掠了罗伊斯顿的韦林·马丁(Warin Martin of Royston)价值达 40 先令的财物……(字迹不清,无法识读)

他们报告,福尔米尔村的约翰·詹京(John Jankin of Fowlmere)于吾王在位第四年基督圣体节后的首个礼拜日(6 月 16 日)威胁瓦登村的尼古拉·罗伯德(Nicholas Roberd of Whaddon)要烧毁其房舍,也同样威胁了国王的其他忠实人民。

他们还报告说,林顿村的二人——威廉·维科瑞和约翰·佩皮尔一直伙同约翰·汉恰奇行动。后者是罪犯头目,犯下反对国王的一系列重罪,他与上述二人在吾王在位第四年基督圣体节后的首个周六(6 月 15 日)攻击了托马斯·哈兹尔登、托马斯·布拉德菲尔德(Thomas Bradfield)、威廉·贝特曼(William Bateman)、耶路撒冷圣约翰骑士团修道院之欣盖分院(the Priory of St John of Jerusalem at Shingay)①,并且在那两日以及之后对上述受害人与机构以及爱德华·沃尔辛厄姆实施了破坏、纵火和劫掠等行为。得知威廉·维科瑞已到监狱自首。杰弗里·科布及其仆从约翰·布拉特、鲍尔多克的罗伯特·莱特、罗伊斯顿的托马斯·戈德玛、瑟费尔德村的约翰·普密尔、福尔米尔村的约翰·詹京与林顿村的约翰·佩皮尔都未出席庭审。因此命令郡守捉拿这些人,并将他们带到剑桥,来到法官面前分别就上述控诉向国王回应……(字迹不清,无法识读)

三、财务官账簿卷档
(Escheators' Accounts Rolls)

上文提及,巡回法庭对已处决之人与逃亡的罪犯实施了没收财产之惩罚,而这些财产的信息由国王的地方财务官拉尔夫·威克斯

---

① 即上文提到的欣盖骑士修道院,见第 91 页注①。

(Ralph Wikes)登记在册,并上交中央的财政署(Exchequer),这便是该文献的由来。①从文献记载可以看出,当局没收的财产包括土地不动产(*terra et tenementum*/land and tenements)与财物动产(*bonum et catalum*/goods and chattels)两类。该档案总计三页,有正反面,内容十分集中,记录了 51 名起义者的财产状况,其中 47 人出现在巡回法庭卷档中。本文选译其中一部分,包括 10 人的财产统计,这些人的姓名在译文 1 中均有出现,可对照阅读。译文如下:

第 25 页反面(m.25d.)

国王的财务官拉尔夫·威克斯在剑桥郡与亨廷顿郡的账簿,来自国王在位第五年 10 月 18 日发布的公开令状,即包括从第四年 11 月 12 日(1380 年)到第五年 12 月 15 日(1381 年)的财务官统计,持续 1 年零 33 天。

第 26 页反面(m.26d.)

获得的剑桥郡放逐者、重罪者以及逃亡者的土地与财物概要,总计 7 英镑 10 先令 7.5 便士②。

在剑桥郡温普尔(Wimpole)、奥威尔、克罗伊登、帕姆皮斯沃瑟、哈尔顿和阿明顿(Armington)(等村庄)的诸多土地属于动乱分子杰弗里·科布,这些土地年产值为 22 英镑 3 先令 6 便士。尚未核算杰弗里的财物价值,但这项调查计算到(他)拥有价值达 18 英镑 13 先令 5 便士(的货物)。

核查发现,价值 40 先令 9 便士的财物属于动乱者贝克洛村的约翰·惠尔赖特……(字迹不清,无法辨识)有价值 2 先令 1 便士的财物来自约翰在贝克洛村的宅地与 6 英亩土地,年产值为 4 先令。

2 先令 1 便士的财物来自安德鲁·莫厄尔在剑桥郡林顿村的宅

---

① 文献编号为:TNA E 357/8。
② 原文数字并不清晰,笔者根据后文具体数字计算出此结果。

地,年产值为 4 先令。这片宅地目前在(国王手中)。价值 14 先令 7 便士的财物也属于安德鲁。

2 先令 7 便士的财物来自约翰·佩皮尔在剑桥郡林顿村的宅地,年产值为 5 先令。这片宅地目前在(国王手中)。诸多财物也属于约翰,根据统计价值达 49 先令 2 便士,但并未没收,因为这些财物落入约翰·斯莱福德(John Sleford)之手,放在鲍尔夏姆教堂(the Church of Balsham)的监狱。目前情况仍旧如此。调查发现还有价值 6 先令 6 便士的财物属于约翰·佩皮尔。

2 先令 1 便士的财物来自约翰·诺汉普顿在林顿村的宅地与 2.5 英亩土地,年产值为 4 先令。目前情况仍旧如此。根据调查,还有价值 42 先令 3 便士的财物属于约翰。

······

第 27 页正面(m.27.)

根据上述财务官的同一调查,价值 8 先令的财物属于动乱者希斯顿村的约翰·桑格。

价值 12 先令 3.5 便士的财物来自动乱者鞍马匠约翰·斯汤福德位于巴林顿村(Barrington)的两片宅地与 40 英亩耕地,年产值为 24 先令。目前情况仍旧如此。

价值 2 先令 9.5 便士的财物属于动乱者埃克尔顿村的詹姆斯·霍格。

关于动乱者哈尔顿村的约翰·布拉特的财物。国王为了王国和平,出于特别恩典宽恕约翰,赐予他稳固的安宁。故而此人从国王手中重新获得此前被没收的财物。通过令状,国王命令该财务官:基于上述情况,约翰的财物无须再置于国王手中,希望汝将其归还此人。

价值 8 英镑 3 先令 11 便士的财物出自约翰·汉恰奇(此人因为作乱在剑桥被砍头处决)的土地,包括林顿庄园的 1/5 部分、巴布拉汉姆村的诸多土地、······巴勒姆村(Barham)的诸多土地,这些土地由约翰·汉恰奇同尼古拉·帕里斯(Nicholas Paris)合伙持有,还有希尔德夏姆(Hildersham)庄园的 1/5 部分、小阿宾顿村(Little Ab-bington)、剑桥、哈德纳姆村(Haddenham)的诸多土地,这些土地由约翰与罗伯特·R.……(无法辨识)合伙持有,同样他还持有博克斯沃瑟(Boxworth)庄园的 1/5 部分,该庄园此前属于罗伯特·伯斯特勒骑士(Robert Bursteler knight),目前属于这个罗伯特。这些土地的年收入为……(无法辨识)。情况仍旧如此。价值 17 英镑的财物无法通过这次调查核算,因为这出自理查德·马斯特曼(Richard Masterman)与罗杰·克拉弗林(Roger Clavering)向约翰·汉恰奇购置的希尔德夏姆庄园木材的款项,这笔钱他们拒绝向财务官支付,因此要求理查德与罗杰二人必须向国王回应此事。核算出价值 27 英镑 2 先令 11 便士的财物属于约翰·汉恰奇,出自托马斯·沙得洛德骑士(Thomas Schardelowde knight)的庄园,该庄园目前由约翰通过租佃(farm)的方式持有……其价值为……(无法辨识)。还有 23 先令出自约翰·赫德(John Herde)从约翰·汉恰奇处购置(物品所付款项),其中 20 先令为优质牛奶的欠款,3 先令为两头小奶牛的欠款……(原文无法辨识)。

第 27 页反面(m.27d.)

没收的动乱者的土地与财物概要,总计 98 英镑 12 先令 11.76 便士。另外 4 英镑 16 先令出自财务官在剑桥郡的调查核算,16 先令 11.5 便士出自新财务官,38 先令 9.5 便士出自财务官在亨廷顿郡的调查核算。此外 7 英镑 10 先令 7.5 便士出自剑桥郡放逐者、重罪者以及流亡者的土地与财物。总计数额为 113 英镑 15 先令 4 便士。其中开支为 26 先令 8 便士,扣除后剩余 112 英镑 8 先令 8.25 便士。

四、赦免卷档(Pardon Rolls)

上文提到,王室政府在镇压起义后派遣巡回法庭到地方惩治起义者。但此后不久,国王发现惩治活动做得有些过头,因此开始赦免起义者。这类国王赦免（royal pardon）早在当年 7 月底便开始，随后数月陆续出现，但整体数量较少。在当年年底召开的议会上，国王在下议院的请求下最终同意施行大赦（general amnesty），除去已经处决的起义者以及少数幸存的积极分子外，剩余的起义者大多得到宽恕。但起义者要获得正式赦免，必须从文秘署（chancery）购买一封以国王名义发布的赦免状公开御信（a patent letter of royal pardon），以此规避王室法庭指控并收回部分财产。①文秘署将发布的赦免状登记在册，形成赦免状卷档。卷档有关剑桥郡起义者的记录比较零散，这与当事人购买时间分散有关。据笔者统计，有 63 位来自剑桥郡的起义者购买了国王赦免，其姓名均出现在此前的巡回法庭卷档中。②本文选译赦宥状卷档的一个页面，涉及七人，其中埃克尔顿村的詹姆斯·霍格在上面的巡回法庭卷档与财务官账簿译文中均有出现③。以下是正文：

第 32 页正面（m.32.）

【（国王赦免动乱）剑桥郡】受命于天的理查德，英格兰与法兰西国王、爱尔兰的领主，向见到该信件的所有官吏和子民致以问候。朕告知汝等知晓，出于对神的崇敬，鉴于慈爱的英吉利王后安娜的请求，考虑到此次暴乱（由特定的叛乱者发起，反对朕及和平）前子民对于朕以及朕之先祖的忠诚与良好服务，也为了朕的所有子民能够愉悦地提振忠爱精神并继续维系对朕之忠诚，朕出于特殊恩典，赦宥来自剑桥郡芬·迪顿村（Fen Ditton）的打谷工彼得·特里夫斯（thresher Peter Trevers），不再就其从去年 5 月 1 日到随后万圣节期间（1381 年 5 月 1 日至 1381 年 11 月 1 日）的……任何动乱行为向其进

---

① 关于中世纪英国君主赦免制度的介绍，可参考 Helen Lacey, *Royal Pardon*: *Access to Mercy in Fourteenth-Century England*, York: York Medieval Press, 2009。

② 实际获得国王赦免的人数远多于该数字。剑桥郡的不少起义者，甚至是被排除在大赦之外的头目，最终也获得了赦免。参看 Mingjie Xu, "Disorder and Rebellion in Cambridgeshire in 1381", pp.158—161。

③ 文献编号为：TNAC 6F/29。

行和平指控(suit of peace),等等。朕特发布此公开御信,作为该事务之佐证。在位第五年 1 月 22 日(1382 年)朕确认于威斯敏斯特议会。

确定下述这六人在如下时间获得国王的赦免状。

1. 来自剑桥郡斯托·库姆·盖村的约翰·萨弗雷(John Saffrey of Stow-cum-Quy),1 月 28 日确认于威斯敏斯特。

2. 来自剑桥郡亨格利·哈特利村的约翰·斯宾塞(John Spenser of Hungrey Hatley),1 月 26 日确认于威斯敏斯特。

3. 来自剑桥郡特兰平顿村的尼古拉斯·赫韦德(Nicholas Heved of Trumpington),1 月 27 日确认于威斯敏斯特。

4. 来自剑桥郡埃克尔顿村的詹姆斯·霍格(James Hog of Ickleton),1 月 25 日确认于威斯敏斯特。

5. 来自剑桥郡贝克洛村的约翰·金斯顿(John Kingston of Berklow),1 月 28 日确认于威斯敏斯特。

6. 来自剑桥郡剑桥的西蒙·帕西洛(Simon Passelow of Cambridge),别名剑桥的西蒙·霍西尔(Simon Hosier of Cambridge),1 月 20 日确认于威斯敏斯特。

何谓"死亡之舞"?

王雯(苏州大学英语系)

一、导言

最初的"死亡之舞"(英文为 Dance of Death 或 Dance Macabre,法文为 Danse Macabre,德文为 Totentanz)并非欧洲 19 世纪的浪漫主义运动所孕育的产物,而是早在中世纪末期就广泛流行于西欧各地,可谓传统诗画题材。后世同名作品只是假借"死亡之舞"之名,却并不符其实。以下仅介绍早期的"死亡之舞"。

在被誉为"信仰时代"的欧洲中世纪,"死亡之舞"是常见于教堂墙壁、彩窗玻璃、宗教书籍等媒介的诗画题材,与基督教信仰与道德息息相关。15 世纪欧洲各地的"死亡之舞"作品虽然有不同版本,所涵盖的人物数量也不尽相同,但是在思想主旨、结构形式、修辞意象等方面大同小异,戏剧化地展现了社会各色人等受到"死亡"召唤的情景:无论男女、老少、僧俗、贵贱、贫富、妍媸,"死亡"都一视同仁;世人无论情愿与否,都无法拒绝,一一加入"死亡之舞"。

"死亡之舞"的主题通常以系列诗画的形式出现,每一幅画及其配诗往往由一个白骨嶙峋的"死亡"与一个世人组成①,生死角色各有独白。其中的世人来自各行各业,大体按照社会地位的高低依次出场。尽管不同版本的"死亡之舞"所涵盖的社会角色不尽相同,人

---

① 偶尔也可能两个世人同时与"死亡"搭配,出现在同一个场景中。例如,译文第 50 至第 52 节呈现了放贷人、穷人与死亡的"三人组",不同于其他的"两人组"。

数也可多可少，但是首当其冲的一般都是教皇、帝王、枢机主教与君王——15世纪西欧社会地位最高、最有权势的凡尘人物；随后出场的各色人等也同样僧俗参半，这能侧面反映出当时的社会构成。

在"死亡之舞"中，无论是死亡的召唤，还是世人的回应，句句都在强调人的此生此世微不足道，人在上帝与死亡面前不堪一击；尘世的荣华富贵、权力尊严都是过眼云烟；无论是谁也无法逃过死亡，反而越是身居高位者，就越要做好死亡降临的心理准备。显然，该题材旨在传达并强化"铭记死亡"（memento mori）的基督教道德训诫。这一思想理念从中世纪到早期现代都非常流行，直至启蒙运动才逐步淡化，后世的"死亡之舞"主题也随之变味。

"死亡之舞"在15世纪的流行很大程度上要归功于基督教的宣传。教堂作为当时欧洲社会的重要公共场所，在传播"死亡之舞"方面功不可没。在英格兰，最具影响力的"死亡之舞"绘画莫过于伦敦圣保罗大教堂绘制于1430年的"死亡之舞"。由于圣保罗大教堂在英国赫赫有名，所以"死亡之舞"在英国有一个别名——"圣保罗之舞"（Dance of St. Paul's）。伊丽莎白一世时期的历史学家、古玩收藏家约翰·斯托（John Stow）在其1598年出版的著作《伦敦概况》（*A Survey of London*）中，对昔日的圣保罗大教堂有如下叙述：

"这座教堂的北面还有一长条回廊，围绕一块地，旧日被称为'赦罪教堂院子'，圣保罗的教长托马斯·莫尔①就是其建造者，或是一位非常重要的赞助人，他也安葬在那儿了。这回廊的墙上绘有五颜六色的图案——'死亡之舞'，通常也被称为'圣保罗之舞'，相似的绘画在法国巴黎的圣童教堂的回廊墙壁上也有。'舞'的相关诗文则由布里的僧士约翰·利得盖特（John Lydgate）从法语译为英文。这幅表现死亡带领所有社会阶层的图画是由詹肯·卡朋特出资完成的，

---

① 此处的托马斯·莫尔并非写《乌托邦》的托马斯·莫尔，这是相隔了一个世纪的同名同姓的两个人。这个莫尔于1406—1421年担任圣保罗大教堂的教长（Dean）。参见 Joyce M. Horn ed., *Fasti Ecclesiae Anglicanae 1300—1541*. Vol. 5. London：Athlone, 1963, pp. 4—7。

时间在亨利六世时期①。在这回廊里安葬着许多人,有的值得崇拜,有的颇有名望,其纪念碑无论从数量还是从精湛的工艺水平来说,都超过了在那教堂里安葬的其他人。……

……在这'赦罪教堂院子'中央,还有一个很漂亮的礼拜堂,最早是由斯蒂芬国王统治时期②的该市的首席执行官吉尔伯特·贝克特建立的,他就埋葬在那儿。

前文所提及的圣保罗教长托马斯·莫尔在亨利五世统治时期③,改建或重新修建了这座礼拜堂,并在那儿设置了三个专职教士。"④

可见,圣保罗大教堂的"死亡之舞"位于当时的一个礼拜堂的院墙回廊。就其历史渊源而言,它所在的建筑群正是英格兰最重要的大教堂中的最高级别墓地,僧俗两界位高权重的人都在此埋葬,并有多名教士专职驻守。由此,"死亡之舞"题材在 15 世纪英国乃至欧洲社会的正统地位可见一斑。

斯托在上述引文中提及的"法国巴黎的圣童教堂的绘画"是欧洲历史上"死亡之舞"诗画的最负盛名的早期作品。圣童教堂的"死亡之舞"绘于墓地围墙,图文并茂,1425 年完工即成为巴黎一景,直至 1669 年围墙被毁。⑤ 尽管巴黎的圣童教堂(the Holy Innocent)是"许多其他或是所有'死亡之舞'作品的母本⑥,是"死亡之舞"有据可查的最早版本⑦,但是也不乏学者认为"死亡之舞"绘画在此之前可能早已存在,例如莱茵河畔巴塞尔郊区的一座女修道院制作于 1312 年的壁画。⑧

---

① 亨利六世的第一次在位的时间是 1422—1461 年;第二次在位时间较短,1470—1471 年。圣保罗大教堂的"死亡之舞"建成于前一段在位时间。
② 英格兰历史上只有一位名叫斯蒂芬的国王,他于 12 世纪中期在位。
③ 亨利五世的在位时间为 1413—1422 年。
④ John Stow, *A Survey of London, Conteyning the Original, Antiquity, Increase, Moderne estate, and Description of that City, Written in the Year 1598*, 2nd ed., London, 1603, pp. 329—330. *EEBO*.
⑤ James M. Clark. *The Dance of Death in the Middle Ages and the Renaissance*, Glasgow: Jackson, 1950, pp. 22—24.
⑥ Clark, *The Dance of Death in the Middle Ages and the Renaissance*, p. 5.
⑦ Clark, *The Dance of Death in the Middle Ages and the Renaissance*, pp. 31—33, 37—38.
⑧ H. Noel Humphreys ed., *Hans Holbein's Celebrated Dance of Death*, London, 1868, pp. 13—14.

出版于 19 世纪的《文献手册》(*Manuel du Libraire*)提到"版本目录学家记录在案的'死亡之舞'的最早版本是 1484 年的巴黎版,但是在此一个世纪之前,法国的细密画家早已在好几本时祷书(Book of hours)手抄本的页边空白上画了'死亡之舞'的形象"[①]。所以,巴黎的"死亡之舞"在当时的欧洲社会可能并非标新立异之作,而是一种可能流传了上百年的传统诗画题材。

巴黎的文化时尚对周边地区颇具示范效应,英格兰就深受影响。在圣保罗大教堂(伦敦)绘制了"死亡之舞"之后,英国各地的其他教堂也纷纷效仿。例如,莎士比亚的家乡埃文河畔斯特拉特福镇的行会小教堂(Guild Chapel)的室内墙壁就绘有"死亡之舞"的配诗壁画。[②]

至于"死亡之舞"的英文版诗作,正如斯托所言,它是由一位名叫约翰·利得盖特的英格兰僧士从法文译来。利得盖特于 1426 年参观了巴黎圣童教堂的"死亡之舞",他不仅将其译为英文,而且还增添了几节"译者的话"以及"译者后记",其中就说明了其译作的来由——"在巴黎,/我曾见它们绘于高墙"(第三节),"从法文版,我汲取其主旨思想,/并非逐字逐句,而是重在内涵,/将其从巴黎送达英格兰"(第八十四节)。

利得盖特在其译文中沿用法文称谓 Macabrees daunce(第三节)或 daunce of machabre(第六节)。这一法语词伴随着"死亡之舞"而传入英格兰,并融入英语词汇——现代英语 Macabre 即为"可怕的、恐怖的"或"与死亡相关的"。不过,利得盖特在其译作中,显然将这个词当作原诗作者的名字——他将诗作末尾的总结部分(第八十一节)标注为"马卡伯博士"(Machabre the Doctoure)的言辞,可见这个词在当时的含义还颇为模糊。

---

① 参见 Henry Green, *Shakespeare and the Emblem Writers: An Exposition of Their Similarities of Thought and Expression, Preceded by a View of Emblem-Literature Down to A. D. 1616*, London, 1870, p. 39.

② Oosterwijk, Sophia, "Fro Paris to Inglond? The *danse macabre* in text and image in late-medieval England." Diss. Leiden U, 2009. *Leiden University Repository*.

　　利得盖特的英文版《死亡之舞》主要有两种版本流传于世:埃尔斯米尔手抄本(Ellesmere MS.)与兰斯坦手抄本(Lansdowne MS.),二者都收录在弗洛伦斯·沃伦(Florence Warren)编辑、于 1931 年由伦敦的牛津出版社出版的《死亡之舞》(*The Dance of Death: Edited from MSS. Ellesmere 26/A. 13 and B. M. Lansdowne 699, Collated with the Other Extant MSS.*)一书中。即便时隔大半个世纪,此书目前也依然是研究利得盖特版《死亡之舞》的权威文本。这两版本除了拼写、措辞方面有所不同之外,一个显著区别在于:兰斯坦版较短,只有 584 行,不仅没有收录"译者的话",而且只呈现了 34 位世人;埃尔斯米尔版则更长,共计 672 行,呈现了 36 人,更可能是"完整版"。

　　若不作特别说明,本介绍及译文在引用利得盖特的《死亡之舞》时,都采用埃尔斯米尔版本。另外,此诗在手稿上原本每行中间有一个斜杠,表示诗行之间的停顿,每行诗在此停顿之前与之后各有两个音步;为了避免在引用时混淆诗行,本文用两个空格替代原有的斜杠。

　　限于篇幅,笔者不得不进行节选,尽量选择其中最为典型而精彩的片段,以飨读者。在此一并附上法文版《死亡之舞》的第一节"作者的话",读者不妨将其与以下英文版(埃尔斯米尔版)的第六节进行对照。

O creature raisonnable	啊,理性的造物
Qui desire vie eternelle,	居然奢望永生!
Tu as chy dotrine notable	你须铭记教诲,
Pour bien finer vie mortelle.	以求得到善终。
Le danse macabre sapelle,	这是死亡之舞,
Que chascun a danser aprent,	人人都要学会。
A home, a femme est naturelle,	无论男女老少,
Mort nespargne petit ne grant. ①	死亡皆不放过。

---

　　① Florence Warren ed., *The Dance of Death*, London: Oxford UP, 1931, p. 79.

二、译文

The Daunce of Death	死亡之舞
VERBA TRANSLATORS	译者的话

I

一

O [ʒ]ee folkes　　harde herted as a stone

世人啊，心肠坚如铁石，

Which to the world　　haue al your aduertence

尘世浮华即尔等追求，

Like as hit sholde　　laste euere in oone

仿佛它能与世长存。

Where ys ʒoure witte where ys ʒoure prouidence

智巧安在？谨慎安在？

To see a-forne the sodeyne　　vy-olence

见灾难突如其来，

Of cruel dethe　　that ben so wyse and sage

冷酷的死亡何等睿智，

Whiche sleeth allas　　by stroke of pestilence

降下瘟疫，大开杀戒，

Bothe ʒonge and olde　　of low and hie parage.

无论老幼，无论尊卑。

II

二

Dethe spareth not　　low ne hye degre

死亡面前，不分贵贱。

Popes kynges　　ne worthi Em-perowrs

不论教皇、国王或帝王。

When thei schyne　　moste in fe- licite	正当他们荣光无限之时，
He can abate　　the fresshnes of her flowres	死亡能令其鲜花凋零，
Ther briʒt sune clipsen　　with hys showres	使用暴雨抹杀其骄阳，
Make hem plownge　　from theire sees lowe	使之从高位陡然坠落。
Maugre the myght　　of al these conquerowres	无论征服者们有多么强大，
Fortune hath hem　　from her whele [y]throwe.	他们都将被抛下命运之轮。

III　　　　　　　　　　　三

Considereth this ʒe folkes that ben wyse	明智之人，请细思量：
And hit enprenteth　　in ʒowre memorialle	务必将此牢记于心，
Like the exawmple　　whiche that at Parise	一如巴黎的这个样板——
I fownde depicte　　ones on a walle	我曾见它们绘于高墙，
Ful notabely　　as I reherce shal	杰出之作，听我道来。
Ther of frensshe clerkes　　tak [yng] acqueyntaunce	因法国教士的介绍，
I toke on me　　to translaten al	我开始着手翻译
Owte of the frensshe　　Maca- brees daunce.	法文的死亡之舞。

IV 四

Bi whos a-vyse and cownseille
  atte leste
听其意见与建议，

Thurh her sterynge and her
  mocioune
受其引导与指教，

I obeyed vnto her requeste
我遵照他们的要求，

Ther of to make a pleyne
  translacioun
用直白的方式翻译

In Inglisshe tunge of entenci-
  oun
为英语，目的在于

That prowde 'folkes whiche
  that ben stoute & bolde
令固执狂妄的骄傲之徒

As in a myrrowre to-forn yn
  her reasoun
好比在理智之镜中，

Her owgly fyne may clierli t-
  her be-holde.
清晰看见不堪的结局。

V 五

By exaumple that thei yn her
  ententis
有此范本，人就能在心中

A-mende her life in eueri ma-
  ner age
修正自己生活的各个方面。

The whiche daunce at seint In-
  nocentis
圣童教堂画的那舞蹈，

Portreied is with al the surplu
  [s]age
及其所有附加的图案，

To schewe this worlde is but a
  pilgrimage
都表明此世只是朝圣之旅，

ʒeuen vn-to vs owre lyues to
我们的人生旅途旨在悔过自新，

correcte

And to declare　　the fyne of ow-　　旨在标记我们旅程的终点。
re passage

Ryght a-noon　　my stile I wille di-　　我将很快切入主题。
recte.

VI　Verba Auctoris　　　　　　六　作者的话

O creatures ȝe　　that ben rea-　　芸芸众生，理应明智，
sonable

The life desiringe　　whiche is eter-　　如何奢望永恒的人生！
nal

ȝe mai sene here　　doctryne ful no-　　尔等在此，须受指教：
table

ȝowre life to lede　　whiche that　　如何度过有限的人生。
ys mortal

Ther bi to lerne　　in [e]special　　诸位尤其需要习得

How ȝe schulle trace the daunce of　　死亡之舞的跳法。
machabre

To man and woman　　yliche natu-　　男女老少，高低贵贱，
ral

For dethe ne spareth　　hye ne　　死亡一个都不放过。
lowe degre.

VII　　　　　　　　　　　　七

In this myrrow [r] e　　eueri　　在此镜中，人人可见
wight mai fynde

That hym behoueth　　to go　　自己必将加入这舞蹈。
vpon this daunce

Who gothe to-forne　　or who　　谁走在先，谁走在后，

schal go be-hynde

All dependeth　　　in goddes ordy-　　一切由上帝安排，
　　naunce

Where-fore eche man　　　lowely　　人人谦卑，听天由命。
　　take his chaunce

Deth spareth not　　　pore ne blode　　贫民、皇族，无一幸免。
　　royal

Eche man ther-fore　　　haue yn　　每个人都应牢记在心：
　　remembraunce

Of oo matier　　god hathe forged al.　　上帝造人所用材料相同。

...　　　　　　　　　　　　······

XII　Dethe to the Cardynall　　十二　死亡对枢机主教说

Ye ben a-basshed　　　hit semeth　　您貌似局促、惶恐不安，
　　and yn drede

Sire Cardynal　　hit sheweth be　　主教大人，轮到您了，
　　ʒowre chere

But yit for-thi　　ʒe folow shul yn　　不管怎样，您都必须跟从，
　　dede

With other folke　　　my daunce　　与别人一道，学习我的舞步。
　　for to lere

ʒowre grete a-rai　　al shal be-　　您的华服盛装，一切都得留下，
　　leue here

ʒowre hatte of rede　　ʒowre ves-　　还有您的红帽、您的昂贵衣着。
　　ture of grete coste

All these thinges　　rekened well　　这一切要在惶恐中反思；
　　I-fere

In grete honowre　　gode avise is　　人生得意之时，忠言难进。
　　loste.

XIII　The Cardynal answereth　　十三　枢机主教回答

I haue grete cause　　certis this is
　　no faile　　　　　　　　　　　确实不假，我有充足的理由

To be a-basshed　　and gretli drede
　　me　　　　　　　　　　　　局促不安、心慌意乱，

Sithen dethe is come　　　me
　　sodeynly to assaile　　　　因为死亡的到来如此突然，

That I shal neuer　　here after
　　clothed be　　　　　　　日后我再也不能穿上

In gris ner hermyn　　like to my
　　degre　　　　　　　　　合乎我身份的灰裘或貂皮，

Mi hatte of rede　　leve eke yn
　　distresse　　　　　　　我的红帽子也弃置一旁，

Bi whiche I haue　　[lerned] wel
　　and se　　　　　　　　这些让我眼见、心知

How that al ioye　　endeth yn
　　heuynesse.　　　　　　快乐如何在沉痛中告终。

XIV　Dethe to the Kynge　　十四　死亡对国王说

O noble kyng　　moste worthi of
　　renown　　　　　　　　高贵君王，声名远扬，

Come forth a-noon　　for al ʒow-
　　re worthinesse　　　　　快上前来，以君为尊。

That somme-tyme had　　a-bow-
　　te yow envroun　　　　曾几何时，众星捧月，

Grete [r]ialte　　and passynge
　　hye noblesse　　　　　无限风光，威震四方。

But right a-noon　　al ʒowre
　　grete hyenesse　　　　转瞬之间，荣华富贵

Sool fro ȝowre men   yn haste   灰飞烟灭，泯然众人。

    ȝe schul hit lete

Who most haboundeth   here yn   尘世之间，财宝多者

    grete richesse

Shal bere with him   but a sen-   终归只是薄布裹身。

    gle shete.

XV   The Kynge answereth   十五   国王回答

I haue not lernyd   here-a-forne   朕于此舞，尚未习得。

    to daunce

No daunce in sothe   of fotynge   舞步粗野，从未见识。

    so sauage

Where-fore I see   be clere   天理昭昭，朕已明察：

    demonstraunce

What pride is worth   force or   强大高贵，何足骄傲？

    hye lynage

Deth al fordoth   this is his   死亡摧毁世间万物，

    vsage

Grete and smale   that yn this   无论大小、高低、贵贱，

    worlde soiourne

Who is moste meke   I holde he   唯有谦卑之人最为明智，

    is moste sage

For [w]e shalle al   to dede as-   因为我等终将化作尘土。

    shes turne.

XVI   Dethe to the Patriarke   十六   死亡对宗主教说

Sire Patriark   al ȝowre humble   宗主教阁下，您的一切谦卑

    chere

Ne quyte ȝow not   ne ȝowre   或恭敬都不会让您幸免于难。

humylite

ʒowre dowble cros	of golde &	您那双层十字架,镀金镶钻,
stones clere		
ʒowre power hole	and al ʒowre	还有您的一切权力与尊严,
dignyte		
Somme other shal	of verrei	很快就有旁人(毫不夸张)
equyte		
Possede a-noon	as I reherce	占为己有;正如我所说,
can		
Trusteth neuere	that ʒe shul	莫指望哪天您能成为教皇,
pope be		
For foli hope	deceyueth many	那虚幻希望已骗了不少人。
a man.		

XVII　The Patriark answereth		十七　宗主教回答
Worldli honowre	grete tresowre	尘世的荣耀、财宝与金钱
and richesse		
Haue me deceyued	sothfastli	欺骗了我,千真万确。
in dede		
Myne olde Joies	ben turned to	我往昔的快乐化作忧伤,
tristesse		
What vaileth hit	suche tresowr	坐拥财宝,又有何用?
to possede		
Hi[e] clymbyng vp	[a f]alle	高高在上,结果坠落。
hathe for his mede		
Grete estates folke	wasten ow-	身份地位,趋之若鹜;
te of nombre		
Who mounteth hye	hit is sure	登高之人,毫无疑问,
& no drede		

Grete burdoun   dothe hym ofte   身受更多羁绊束缚。

   encombre.

...   .

XXIV   Dethe to the Lady of gret   二十四   死亡对贵夫人说

   astate

Come forth a-noon   my lady &   快上前来,我的夫人、公主,

   Princesse

ȝe most al-so   go vp-on this   您也不得不跳起这支舞。

   daunce

Nowt mai a-vaile   ȝowre grete   一切都无济于事:您的矜持、

   straungenesse

Nowther ȝowre beaute ne ȝowre   您的美貌、您的欢笑、

   grete plesaunce

ȝowre riche a-rai   ne ȝowre   您的华服、您的调情。

   daliaunce

That somme-tyme cowde   so   曾几何时,一切尽在掌控;

   many holde on honde

In loue   for al ȝowre dowble   无论您的爱如何出尔反尔,

   variaunce

ȝe mote as now   this foting   而今您都必须掌握这种舞步。

   vnderstonde.

XXV   The Lady answereth   二十五   贵夫人回答

Allas I see   ther is noon other   哎呀,我明白这绝非其他

   bote

Dethe hathe yn erthe   no ladi   夫人或小姐,而是死亡降临。

   ne maiestresse

And on his daunce   ȝitte moste   他的舞蹈,我必须随之踏步。

I nedes fote

For ther [n]is quene　　Count-　没有哪位女王或公、伯爵夫人
 esse ne duchesse

Flouryng in beaute　　ne yn feir-　能凭借如花似玉的容颜，
 nesse

That she of dethe　　mote dethes　就得以去除死亡的踪迹。
 trace sewe

For to ʒowre beaute　　& coun-　对您的美貌、清新的面庞，
 terfete fresshnesse

Owre rympled age　　seithe fare-　我们起皱的暮年向其告别。
 wel adiewe.

  ...　　　　　　　　　　……

XLVIII　Dethe to the Monk　四十八　死亡对僧士说

Sire monke also　　with ʒowre　穿黑袍的僧士阁下也是，
 blake abite

ʒe mai no lenger　　holde here　您不能在此继续逗留。
 soioure

Ther is no thinge　　that mai ʒow　这儿没有让你拖延的理由。
 here respite

Aʒeyn my myght　　ʒow for to do　若你寻求帮助,就是与我作对。
 socoure

ʒe mote accounte　　towchyng　你可以细数自己的诸多辛劳
 ʒowre laboure

How ʒe haue spente hit　　in　如何用于你的言行与思想。
 dede worde & thowght

To erthe and asshes　　turneth　每一朵花都将化作尘土，
 eueri floure

The life of man　　is but a　人的生命微不足道。

thynge of nowght.

XLIX   The Monk answereth   四十九　僧士回答

I had leuere   in [the] cloystre   我有幸获准，在僧房
be

Atte my boke   and studie my   读书、学习职责礼仪，
seruice

Whiche is a place   contemplatif 此处是供人冥想之所。
to se

But I haue spente   my life in   而我却在罪恶中度过此生，
many vise

Liche as a fole   dissolute and   如同一个傻瓜，荒淫无度。
nyce

God of his merci   graunte me   我主仁慈，容我忏悔。
repentaunce

Be chere owtewarde   harde to   由外表神态，难以判断：
deuyce

Al ben not meri   whiche that   并非所有的舞者都快活。
men seen daunce.

L   Dethe to the Vsurere   五十　死亡对放贷人说

Thow vserere loke vp & be-holde   你这个放贷的，抬起头来，

Un to wynnyng   thow settest   看你费尽心机而获得的财富！
al thi peyne

Whose couetise   wexeth neuer   利欲熏心，热度不减，
colde

Thi gredi thruste   so sore the   贪婪将你牢牢控制，而你
dothe constreyne

But thow shalt neuer   thi de-   却永远无法企及心中的欲望。

sire atteyne

Suche an etik　　thyn herte frete 这个道理将吞噬你的心，
　　shal

That but of pite　　God his 仅因怜悯，上帝克制其手；
　　honed refreyne

Oo parilous stroke　　shal make 若狠狠一击，你就丧失一切。
　　the lese al.

LI　The Vsurere answereth 五十一　放贷人回答

Now me behoueth　　sodeynly to 现在就突然要我的老命，
　　dey

Whiche is to me　　grete peyne 我心中无比痛苦、悲伤。
　　& grete greuaunce

Socowre to fynde　　I see no ma- 试图寻求帮助，却看到
　　ner weie

Of golde ne siluer　　be no 无论金银，都不奏效。
　　cheuisshaunce

Dethe thrugh his haste　　a-bitte 死亡匆匆而过，毫不停留；
　　no puruiaunce

Of folks blynde　　that can not 那些看不清路的盲目之人，
　　loke welle

Ful ofte happeth　　be kynde or 世间常见：不论走运与否，
　　fatal chaunce

Somme haue feyre y ʒen　　that 一双明眸，却一无所见。
　　seen neuer a dele.

LII　[The pore man to pe Usurere] 五十二　穷人对放贷人说

Usure to god is　　ful grete of- 对上帝而言，放贷是一大冒犯，
　　fence

And in his sight　　a grete abus-
　　ioun

在他眼中，这是严重的滥用。

The pore borweth　　par cas for
　　Indigence

穷人在潦倒之时借钱，

The riche lent　　be fals collu-
　　cioun

富人出借则巧立名目，

Onli for lucre　　in his entenci-
　　oun

利润是他唯一的目的。

Dethe shal hem bothe　　to ac-
　　comptes fette

死亡给两人都要算账，

To make rekennynge　　be com-
　　putacioun

又是评估，又是计算，

No man is quytte　　that is be-
　　hynde of dette.

无人豁免，一如债务。

LIII　Dethe to the Phisician

五十三　死亡对医生说

Maister of phisik　　whiche [o]n
　　ȝowre vryne

医生先生，您把尿样

So loke and gase　　& stare a-
　　ȝenne the sunne

对着阳光，看啊看啊。

For al ȝowre crafte　　& studie
　　of medicyne

您的一切医术与医药研究、

Al the practik　　& science that
　　ȝe cunne

您在短暂一生中积累的

ȝowre lyues cours　　so ferforthe
　　ys I-runne

所有实践、科学，都全然对抗

Aȝeyne my myght　　ȝowre
　　crafte mai not endure

我的力量。您的医术不可长久，

For al the golde　　that ȝe ther-bi

无论您已经靠它获得多少钱，

haue wonne

Good leche is he　　that can hym
self recure.　　　　　　　　　　只有能救自己的才是好医生。

LIV　The Phecissian answereth　　五十四　医生回答

Ful longe a-gon　　that I vn-to
phesike　　　　　　　　　　　长期以来，我致力于医术，

Sette my witte　　and my dili-
gence　　　　　　　　　　　绞尽脑汁，辛勤钻研，

In speculatif　　& also in prac-
tike　　　　　　　　　　　揣摩心得、付诸实践，

To gete a name　　thurgh myn
excellence　　　　　　　　就为获得卓越的名声，

To fynde oute　　a-ȝens pesti-
lence　　　　　　　　　　为试图找到抵抗瘟疫或

Preseruatifes　　to staunche hit
& to fyne　　　　　　　　阻止其蔓延的预防措施。

But I dar saie　　shortli in sen-
tence　　　　　　　　　　但是，我不得不简而言之：

A-ȝens dethe　　is worth no
medicyne.　　　　　　　　任何医药都无法抗拒死亡。

...　　　　　　　　　　　……

LXIX　Dethe to the Laborere　　六十九　死亡对长工说

Thow laborere　　whiche yn so-
row & peyne　　　　　　你呀长工，在悲伤与痛苦中

Haste had thi life　　in ful grete
trauaile　　　　　　　　度过人生，辛苦劳作。

Thow moste eke daunce　　&　　你也要跳舞，切莫嫌弃；

ther fore not disdeyne

For ʒif thow do　　hit mai the not
　　a-vaile

And cause whi　　that I the as-
　　saile

Is wonli this　　from the to dis-
　　seuere

The fals worlde　　that can so
　　folke faile

He is a fole　　that weneth to ly-
　　ve euere.

即便不乐意，也无济于事，

因为正是我向你扑来，

仅此而已。欺骗了你啊，

这虚幻的世界会令人上当；

幻想永生的人就是个傻瓜。

LXX　　The Laborere answereth　　七十　长工回答

I haue wisshed　　after dethe ful
　　ofte

Al-be that I wolde　　haue fled
　　hym nowe

I had leuere　　to haue leyne vn-
　　softe

In wynde & reyne　　& haue gon
　　atte plowe

With spade & pikeys　　and la-
　　bored for my prowe

Dolue & diched　　& atte Carte
　　goon

For I mai sey　　& telle playnli
　　howe

In this worlde　　here ther is reste
　　noon.

我曾时常希望死亡降临，

尽管我现在却想逃离他。

我的生活一点也不舒坦，

风里来、雨里去地耕种，

用锹与镐，我为生计而劳作，

铲啊，挖啊，还有赶车，

我可以直白地说：

这世上没有休息可言。

...　　　　　　　　　　　　　······

LXXIII　Dethe to the Chylde　　　七十三　死亡对孩子说

Litel Enfaunt　　that were but　　小小婴孩，刚刚降生；
　　late borne

Schape yn this worlde　　to haue　　尘世中的幻影了无欢愉。
　　no plesaunce

Thow moste with other　　that　　你与别人一道，离开此地。
　　gon here to forne

Be lad yn haste　　be fatal ordy-　　来去匆匆，却是上天旨意。
　　naunce

Lerne of newe　　to go on my　　现在学跳我的舞步吧！
　　daunce

Ther mai non age　　a-scape yn　　没有任何人得以逃脱。
　　sothe ther fro

Late eueri wight　　haue this yn　　让每个人都铭记在心：
　　remembraunce

Who lengest leueth　　most shal　　活得越久，受苦越多。
　　suffre wo.

LXXIV　The Chylde answereth　　　七十四　孩子回答

A a a　　a worde I can not speke　　啊，啊，啊，我一个字都不会说；

I am so ʒonge　　I was bore ʒister-　　我太年幼，昨天才出生。
　　dai

Dethe is so hasti　　on me to be　　死亡这么急匆匆地找到我，
　　wreke

And liste no lenger　　to make no　　片刻不停留，一会儿也不耽搁。
　　delai

I cam but now　　and now I go　　我刚来此地，现在却要离开；

my wai

Of me no more　　no tale shal be
tolde

关于我的故事，没有什么可讲。

The wille of god　　no man with-
stond mai

上帝的意志，无人得以抗拒，

As sone dyeth　　a ʒonge man as
an olde

年轻人也会像老人一样死去。

...

……

LXXVII　Dethe to the Ermyte

七十七　死亡对隐修士说

ʒe that haue lyued　　longe yn
wildernesse

您，长期隐居于荒野，

And there contynued longe yn ab-
stynence

在那儿多年禁欲苦修。

Atte laste ʒitte　　ʒe mote ʒow
dresse

到时间了，你要准备

Of my daunce to haue experience

加入我的舞蹈；

For ther-aʒeyne　　is no resis-
tence

任何抵抗都是徒劳。

Take now leue　　of thyn Er-
mytage

告别你的隐居之处吧，

Where-fore eche man　　aduerte
this sentence

让所有人都注意这一点：

That this life here　　is no sure
Eritage.

此生此世并非隐居所。

LXXVIII　The Ermyte answereth

七十八　隐修士回答

Life yn deserte　　callid solitarie

沙漠中的生活可谓孤寂，

Mai a-ʒeyne dethe　　haue respite

但死亡不给缓期的余地，

noon ne space

Atte vnsette owre   his comyng   时日来临,他毫不拖延。
dothe not tarie

And for my parte   welcome be   我欢迎上帝恩赐的降临,
goddes grace

Thankyng hym   with humble   以谦卑的颜面表达感激,
chere & face

Of al his ʒiftes   and grete   他的所有礼物无比丰富,
habundaunce

Fynalli affermyng   yn this   最终在此得以证明:
place

No man is riche   that lacketh   不知足的人不会富裕。
suffisaunce.

LXXIX   Dethe a-ʒen to the Er-   七十九   死亡再次对隐修士说
myte

That is welle seyde   & thus   此言极是,所有人都应如此
shulde euery wight

Thanke his god   and al his wit-   感谢上帝及其明智安排,
tes dresse

To loue and drede hym   with al   全心、全力热爱与敬畏他。
his herte & myght

Setth dethe to a-scape   mai be   逃避死亡,只是徒劳,
no sekernesse

As men deserue   god quytte of   因为人人受到公正对待。
rightwisnesse

To riche and pore   vp-on eueri   或贫或富,对各个阶层,
side

A better lessoun   ther can no   没有一条更好的教训:

Clerke expresse

Than til to morowe　　is no man　谁也不能延迟到明天。
　　sure to a-bide.

LXXX　The kynge liggyng dede　八十　国王长眠，蛆虫啃噬
　　& eten with wormes

ȝe folke that loken　　vpon this　芸芸众生，请观此图：
　　purtrature

Beholdyng here　　alle the es-　所有阶层都跳同一支舞。
　　tates daunce

Seeth what ȝe ben　　& what is　明察细辨，君为何物？
　　ȝowre nature

Mete vnto wormes　　not elles　蛆虫饵料，仅此而已。
　　yn substaunce

And haue this myrroure　　euer　这面镜子要牢记心头：
　　yn remembraunce

[H]ow I lye here　　som-tyme　躺卧于此，昔日国王。
　　crowned kynge

To al estates　　a trewe resemb-　三教九流均需引以为戒：
　　launce

That wormes fode　　is fyne of　蛆虫之食乃我等生命归宿。
　　owre lyuynge.

LXXXI　Machabre the Doctoure　八十一　马卡伯博士

Man is nowght elles　　platli for　平心而论，人只不过是
　　to thenke

But as a wynde　　whiche is tran-　转瞬即逝的一阵清风
　　sitorie

Passyng ay forthe　　whether he　忽而刮过；人无论清醒与否，

wake or wynke

Towarde this daunce　　haue this　都将跳此舞。将这记忆
yn memorie

Remembr［ing］e ay　　ther is　铭刻在心：此生此世
［no］bette victory

In this life here　　than fle synne　的胜利莫过于逃离罪孽，
atte leste

Than shul ȝe reigne　　yn Para-　莫过于在伊甸园中尽享荣光；
dyse with glorie

Happi is he　　that maketh yn　在天堂里欢庆的人多么幸福！
heuene his feste.

LXXXII　　　　　　八十二

ȝitte ther be folke　　mo than　此处不止六七人
sixe or seuene

Reckeles of life　　yn many ma-　劣迹斑斑、大胆妄为，
ner wyse

Like as ther were　　helle noon　仿佛地狱天堂都不存在。
ne heuene

Suche fals errowre　　lete eueri　这一错误人人都应鄙视，
man despice

For holi seyntes　　& olde Clerkes　因为圣徒与年长的智者
wise

Writen contrarie　　her falsnes to　著书立说以揭露其虚假：
deface

To lyue welle　　take this for　在此处活得好、以此为宝地
beste Emprise

Is moche worthe　　when men　只是幻影，毕竟人终将离去。
shul hennes pace.

LXXXIII　　Lenvoye de transla-
　　　　　toure

八十三　译者后记

O ȝe my lordes　　and maistres al
　　in fere

啊,各位大人、老爷们

Of a-venture　　　that shal this
　　daunce ［r］ede

若您碰巧读到这舞蹈,

Loweli I preye　　　with al myn
　　herte entere

在下全心全意地请求您

To correcte　　where as ȝe see nede

更正您所见的不妥之处。

For nowght elles　　I aske for my
　　mede

鄙人不奢望得到任何好处,

But godeli supporte　　　　of this
　　translacioun

只为该译作寻求鼎力支持。

And with fauowre　　　to soupe-
　　waile drede

愿诸位垂青此作,将援助

Benyngneli　　　in ȝowre correc-
　　cioun.

与仁慈寓于您的更正之中。

LXXXIV

八十四

Owte of the frensshe　　I drowe
　　hit of entent

从法文版,我汲取其主旨思想,

Not worde be worde　　but folw-
　　yng the substaunce

并非逐字逐句,而是重在内涵。

And fro Paris　　　to Inglond hit
　　sent

将其从巴黎送达英格兰,

Oneli of purpose　　　ȝow to do
　　plesaunce

目的就在于取悦于诸位。

Rude of langage　　　y was not
　　borne yn fraunce

因我没生在法国,用语粗俗,

Haue me excused　　my name is 　　Jon Lidgate	敬请原谅,我叫约翰·利得盖 　　特。
Of her tunge　　I haue no suff- 　　isaunce	关于法文,我能力不足以
Her corious metris　　In Inglissh 　　to translate. Amen.	将其韵律译入英文版。阿门。

商业的寓言[*]

刘群艺(北京大学经济学院)

一、导言

《商业的寓言》(*Allegorie des Handels*)是一张最早印制于1585年的木版画,作者是约斯特·阿曼(Jost Ammann,1539—1591年),印制地点是德国的奥格斯堡,由威廉·彼得·齐默曼斯出版社(Verlegung Wilhelm Peter Zimmermans)发行。

根据《新德国名人传》中的记述,[①]画家阿曼出生于苏黎世。他之前学习的是玻璃彩饰,在一个玻璃画作坊里工作过两年。1561年,在移居纽伦堡之后,他开始为书籍配插图。此后,他就定居在纽伦堡,直到去世。也是在纽伦堡,他开始学习木刻版画技艺。1562年,他就有作品《真实的寓言》(Allegorie der Wahrheit)留世,这也是他现存最早的作品。他因书籍插图而出名,为一个法兰克福的出版商提供了大量作品。他的版画作品题材广泛,宗教、市井、人像等都有涉及。虽然如此,其中商业题材的作品并不很多,现存与会计相关的绘画也就只有《商业的寓言》。

* 作者衷心感谢郭颖杰、海林娜·博德尔特、浙江大学的刘寅、吕贝克汉萨博物馆的弗兰西斯卡·埃夫斯,以及纽伦堡日耳曼博物馆的约瑟·沃特曼与塞巴斯蒂安·施密特提供的研究资料与研究协助。吴愁与李隆国校对了全文。本文系国家社科基金项目(项目号18BJL011)的阶段性成果。

① K. Pilz,"Ammann, Jost",*Neue Deutsche Biographie* 1 (1953),S. 251 f.﹝Online-Version﹞;见 https://www. deutsche-biographie. de/pnd118502573. html ﹟ ndbcontent﹝1 February 2019﹞.

　　该版画的题头指出了构思的来源,就是约翰·诺伊德费尔(Johann Neudörffer der Ältere,1497—1563 年)的会计与商业思想。诺伊德菲尔是纽伦堡的书法家与算术家(Rechenmeister)。[①] 纽伦堡前后有两个同名的算术家,早一点的这位被称为老诺伊德菲尔。老诺伊德菲尔以他创制的德语花体而闻名,这种书写体在德国一直沿用到 19 世纪。他还应丢勒之邀为其著名的版画作品《四师徒》书写过圣经铭刻文。他在纽伦堡开设了寄宿学校,教授德语书写方法。实际上,老诺伊德菲尔并没有关于算术与几何的书籍传世,但《德国会计史》称有现存的相关书籍疑为他所撰。[②] 他的相关论述都是通过他的学生传世。其中的一个学生卡斯帕·施洛普纳(Caspar Schleupner,1535—1598 年)在 1598 年出版了一本关于算术的教材,说是根据老师的手稿整理而成;而另一个学生卡斯帕·布伦纳(Caspar Brinner,1565—1610 年)则将老师的会计思想付诸于美术作品,这就是《商业的寓言》。可惜的是,这位布伦纳并没有太多的资料介绍,只知他是奥格斯堡的算术家,与他的老师地位相当。

　　借助于这幅版画的先行研究,[③]我们可以对其有一个基本的了

---

　　① R. Endres,"Neudörfer, Johann", *Neue Deutsche Biographie* 19 (1999), S. 106 [Online-Version];见 https://www. deutsche-biographie. de/pnd118844105. html # ndb-content[1 February 2019].

　　② B. Penndorf, *Geschichte der Buchhaltung in Deutschland*, Leipzig:Gloeckner, 1913,p. 100.

　　③ B. Penndorf, *Geschichte der Buchhaltung in Deutschland*. p166;B. Yamey, *Art and Accounting*, New Haven & London:Yale University Press, 1989, pp. 115—124;K. Pilz,"Die Allegorie des Handels aus Werkstaat des Jost Amman", *Scripta Mercature*, I/II (1974),pp. 24—59;土方久,「16 世紀における複式簿記の風景」,『西南学院大学商学論集』第 51 巻第 1 号,2004 年 7 月,pp. 137—171;J. Heirwegh and M. Weis,"Commerce et espaces urbains dans la gravure 'Aigentliche Abbildung desz gantzen Gewerbs der Kauff-manschafft' de Jost Amman (1585—1622)", in C. Deligne and C. Billien eds. , *Voisinages*, *coexistences*, *appropriations*: *groupes sociaux et territoires urbains* (*Moyen âge-16e siècle*), Turnhout:Brepols, 2007, pp. 285—297;J. Soll, *The Reckoning*: *Financial Accountability and the Rise and Fall of Nations*, New York:Basic Books, 2014, pp. 113—114;E. Pietrzak and M. Schilling ed. , *Deutsche illustrierte Flugblätter des 16. und 17. Jahrhunderts/Die Sammlung des Kunstmuseums Moritzburg in Halle a. S.*, Berlin /Boston:De Gruyter, 2018, pp. 48—51.

解。现在已知的有八个版本,除了两个版本已无实物以外,其余的版本为:大英博物馆收藏了一张1585年版的,此版于1973年或者1974年进行过修复;德国哈雷的莫里茨堡美术馆也收藏有一张1585年版的,可见在墨丘利的上部和右边栏有些破损;德国纽伦堡日耳曼博物馆收藏的版本发行于1622年;其后还有1854年的版本,也收藏于大英博物馆;之后,就是1878年慕尼黑马克斯·哈特勒出版社以及1889年慕尼黑格奥尔格·希尔特出版社的版本。

笔者在日耳曼博物馆调阅了1622年版本的作品,并制作了扫描版(参见图1)。虽然有研究者认为这部作品的原版为六块木刻,①但1622年版实际上是由十块木刻版画拼接而成的,与大英博物馆所藏1585年版本相同。1622年版长约110厘米,宽约80厘米,其中主体画作与边栏为六块,上下栏各四块,均为黑白木刻。1622年版与1585年版的细节比较相似,但1854年的大英博物馆版与1878年的慕尼黑版(参见图2)则有一些变化。1854年版只有题头铭文,1878年版则没有任何边栏铭文,而且1854年版的题头只截取了之前版本题文的前三分之一内容,也没有作者信息与出版时间。这两版的一些装饰花纹以及字体都与之前的版本有所不同,应该是重新制的版。

本文主要基于1622年纽伦堡版,并参考1585年大英博物馆版做出说明。

虽然有边栏文字的差别,但我们所看到的几版都是由上中下三部分构成。上部的中心为商业与偷盗之神——墨丘利,他在画中的形象与一般的描述相同,即:头戴翅帽,脚穿飞行鞋,右手持双蛇杖。与以往形象不同之处是他右手拉一秤环,下衔一杆天平。围绕墨丘利的是黄道十二宫,再往外的圆环上有介绍墨丘利身份和职责的铭文,夹杂花纹。圆环左右两边为举行定期集市与展会的城市名称与

---

① J. Heirwegh and M. Weis, "Commerce et espaces urbains dans la gravure Aigentliche 'Abbildung desz gantzen Gewerbs der Kauffmanschafft' de Jost Amman (1585—1622)."

市徽,这些市徽的位置都按照举行的月份分布。如果一个城市在一年之内举行多次,其市徽也都会分别出现在相应的月份行列中。根据皮尔茨的确认,这些城市来自德国、荷兰、意大利、奥地利、瑞士、西班牙、波兰、法国、波希米亚、葡萄牙、英格兰和巴尔干等国家与地区,总共出现了 171 次/个市徽。因此,这幅画也被称为集市月历,挂在商铺中,可以让商人不会错过集市与展会的日期。我们如果将这些城市标在地图上,将会得到一张较为清晰的 16 世纪西欧与南欧的商业交易网。

秤环所连接的天平准星处安坐着一位国王,他头顶的秤环上刻有"法官"(Ivdex)的字样。天平的两个秤盘中各有一本账簿,两边的秤绳上则有借方和贷方的账户名,借方在左,贷方在右,分别是:借方(DEBIT)、我们贷出(DEBET NOBIS)、我贷出(DEBET MIHI)、贷方(DEBEO EGO)、我们的借款(DEBEMVS)与我的借款(DEBET HABERE)。在天平准星下方的柱头上矗立着命运女神福尔图娜(Fortuna)。她衣带飘飘,脚踩一个飞轮,右手擎一对张开的翅膀,左手握着一只乌龟。一动一静的对比是说明稍纵即逝与安之若素的命运安排,用于提醒商人们要准确掌握商机。而另一个在她身上的对比则是半秃的头发,这被解释为风险与运气并存。这些隐喻都在女神左右两边的铭文中有明确的表示。在飞轮的下面是一本日记账(ZORNAL),连接左右两边的借方与贷方,与现代记账法的基本模式类似。

日记账下面的立柱也将我们的视线引向画面的中部。城市的标识告诉读者,这是安特卫普,横贯城市的无疑是斯海尔德河了。中部画面不仅有城市风光,还有河两岸的矿山、商路以及两旁的象征性图景,可以说是虚实结合,目的还是在于教化商人。与矿山相关的不仅有矿工们的采掘、洗矿与运送程序,还有下面的生产环节——冶炼与制造工具。作者在描绘商路时,既画有写实性的车队与商队,货物的搬运、检验和装船,也有暗喻性的死亡、战争与瘟疫,以及施舍和交涉。影响生意的消极因素在左边,积极因素在右边。在经历生产和运输之后,货物终于到达港口,装船出运,但水面上也有一只即将沉没的航船,告诫商人们风险无处不在。

中部立柱的基础是一个硕大的半圆喷泉,在这里象征着财富以及重要的再投资来源——资本。柱基上标着六个问题,分别是:什么时候(QUANDO)、谁(QVIS)、什么(QVID)、多少(QUANTI)、如何(QVOCVM)与多少次(QVOT)。喷泉的外沿标着现金、债权、羊毛、毛织物与丝织物、金属、小麦、银器、果实、珠宝、计量器以及家财。四个小天使在上沿拉着四本不同的账簿,另外四个小天使则在喷泉底部支撑,分别代表地、火、水、风四大因素。喷泉边沿上有一句解题之语:从此喷涌而出的是生意的得益以及资本。

如果中上部被赋予更多的宗教与信仰含义,是明显以一个巨大的十字架结构连接起神与较为遥远的港口城市;下部的画面则更为写实,是以真实的商业交易过程为蓝本的。当然,在忙碌的人们中也不乏隐喻性人物与商人的品德象征。画面的正下方为虚荣女神凡娜迪丝,脚下踩着乐器、地球、财宝、王冠与骷髅,皆是繁华如梦之物。围绕周围的是表明商人素养的五个人物,两个东方衣着的人代表"语言能力",两个为"谨慎",还有一个人物背对画面,为"正直"。画面左右两边对称站立的是责任女神与自由女神。责任女神左手捧一心状物,右手指着这颗心,但眼睛望向画面中心的账簿;自由女神则更加明显地侧望账簿。

在这些象征性神与人的周围则是正在进行货物整理和装载的人们。货物用口袋或用木桶盛装,外面有不同的商家符号。如果能够熟知这些符号,就知道货物归谁所属,甚至可以推测出订制这幅画的委托人。在干活的伙计旁边是四张庞大的账桌,分别是出纳部、现金账部、日记账部以及债务账部。这些账簿最终将归结于位于正中央的总部。与主人并列的是四个交易场景,分别是矿产品的交货、矿山买卖、总会计部以及珠宝交易。其中的总会计部有四个人在工作,一位正在进行钱币的点数,两位在汇总来自各个分部的账簿,还有一位正在进行核计与监督。总会计部的门口还有人在领取报酬,当然也有可能是来往于总部与分部之间的信使。这些会计记录最终将交给位于整个画面中央的主人。主人上方的壁龛中放置着秘密账(SE-CRETORVM LIBER),其供奉的形式不亚于一尊神像或是一部《圣经》。主人身穿毛皮大衣,头戴软帽,正在将一份信函交给一个下属。同桌的另一个专用会计则埋头进行秘密账的记录。

在整幅画中出现的人或神共计 150 多位,但因为上有十字架结构支撑,下有商行的建筑横贯,并有喷泉与账桌进行左右分割,所以画面杂而不乱,井然有序。

之前的研究多集中于对画面内容的解读,例如皮尔茨与土方久的工作。[①] 海尔威与魏斯借助画面中揭示的贸易城市的市徽与交易场景描述了中世纪的贸易网络。[②] 此外,更多的研究则集中于画面中的复式记账法内容。受到潘多夫《德国会计史》的启发,[③]亚梅对这幅版画的分析集中于其在会计史中的意义,[④]但由于亚梅对复式记账法与资本主义兴起之间的联系表示质疑,所以并没有更多的着墨。

在对德国会计史与南德在中世纪时期的商业环境进行考究之后,笔者认为这幅画至少揭示了德国(特别是南德)在复式记账法传播过程中所起的作用,而且也对资本主义兴起的研究提供了一个非韦伯的伦理角度。

在会计史研究中,复式记账法的传播史会遵循着意大利佛罗伦萨/威尼斯—低地国家—英国的地理路径,以及 15 世纪—17 世纪—18 世纪的时间轴进行研究。其实,这一记账法早有实践,但我们一

---

① K. Pilz,"Die Allgorie des Handels aus Werkstaat des Jost Amman";土方久,「16世紀における複式簿記の風景」.

② J. Heirwegh and M. Weis, "Commerce et espaces urbains dans la gravure 'Aigentliche Abbildung desz gantzen Gewerbs der Kauffmanschafft' de Jost Amman (1585—1622)".

③ B. Penndorf,*Geschichte der Buchhaltung in Deutschland*. p. 166.

④ B. Yamey, "Fifteenth and Sixteenth Century Manuscripts on the Art of Book-keeping",*Journal of Accounting Research*,Vol. 5(1),1967,pp. 51—76; ides,*Art and Accounting*,pp. 115—124.

般还是会把意大利数学家卢卡·帕乔利（Luca Pacioli，1447—1517年）在 1494 年出版的《算术、几何、比与比例概要》作为开端，因为其中有对复式记账法的最早的较为体系化的书面论述。随后，低地国家的会计学家们通过翻译与再著述等方式，对帕乔利的著作进行了介绍，对其理论进行了优化，特别是扬·克里斯托弗尔（Jan Ympyn Christoffels，1485—1540 年）与瓦伦丁·门赫（Valentin Mennher，1520—1570 年）的贡献。在此期间，汉萨同盟城市中的会计学著作也多为翻译与转述意大利传统之作，从而更受到重视。19 世纪后半期，德国会计学研究领域曾进入黄金时代，但在 20 世纪、特别是二战之后，英美会计学理论更受推崇。英美的理论与实践原则，与两国先后创立的会计师协会与专业杂志相辅相成，奠定了现代西方会计学的基础。相比之下，德国的会计学研究似乎有些销声匿迹了。这种被忽视与德国工业化的后发有些关系，也与英美会计体系的过于强大不无干系。从这个意义上说，这幅版画可以说填补了 16 世纪这个时间段以及南德—低地国家南部这一地理范围中缺失的图景。

首先，通过版画众多贡献者的来源地与版画的去向地，我们可以看到纽伦堡、奥格斯堡与安特卫普等几个城市的名字。这些城市其实处在当时欧洲贸易与金融网的节点上，甚或是或地方或区域的经济与金融中心。可以看出，不仅仅是这些城市，那些在版画上揭示的近百个贸易城市一起构成了 16 世纪末的欧洲商业贸易网络，从而扩展了经济史中那些仅仅是点或者线的经济联系。

其次，位于版画中心位置的"秘密账"是德国会计学传统中一个非常突出的特点。这一代表性记账法与代理人、合并报表等记账方法共同构成了"德式传统"。这一名称是由富格尔家族总会计师马太·施瓦茨（Matthäus Schwarz，1497—1574 年）提出来的，他所设计的簿记体系综合了意式以及他所谓的德式。[①] 与当时的意大利传

---

① K. Inoue，"'Threefold Bookkeeping' by Matthäus Schwarz"，*The Accounting Historian Journal*，Vol. 9(1)，1982，pp. 39—51.

统不同,这个"德式传统"综合了单式与复式记账法,将经营的损益知情权严格限制在企业主一人。而且,由于富格尔家族的分支机构遍布欧洲各地,施瓦茨的记账法采用了代理人以及定期合并报表的设计,这都可以称作是他或他所代表的富格尔家族对会计史的贡献。但由于施瓦茨与他的主人雅各布·富格尔(Jakob Fugger II,1459—1525 年)都没有留下书面著作,而只有残存的账簿实例,所以他们对学术界并没有直接的影响。虽然如此,后来对低地国家会计学有颇多贡献的门赫则与富格尔家族非常有渊源,因为他移居到安特卫普的原因就是去担任富格尔家族在当地分支结构的会计师,而他主张的会计理论则与施瓦茨的体系非常相似。不仅如此,从这幅版画揭示的会计原则来看,"德式传统"并不仅限于富格尔家族内部,而是在纽伦堡、安特卫普等地都有传播者和实际应用。如果将 16—18 世纪在欧洲大陆出版的会计学著作按照出版地标注在地图上,我们就会更明显地感受到纽伦堡等南德城市与汉萨同盟、低地国家城市等平起平坐的贡献了。至今,德式传统中的自律、稳健、实用等与英美不同的会计学理念在欧洲大陆的会计体系中仍多有体现。①

　　多有争论的一个角度就是复式记账法与资本主义兴起之间关系的伦理考察。众所周知,由于桑巴特的开创性研究,②复式记账法被认为是资本主义理性计算的一个象征,因为其中不仅仅有计算过程,更重要的是借贷双方的平衡可以增强簿记的可信度,这被认为是远超单式记账法的一个创举。对此,如前文所述,亚梅等会计史学者并不同意,认为这个观点过于扩大了复式记账法的功能,也并没有真正揭示出资本主义制度的真谛,即用于再生产的资本产生过程。近期

　　① H. Küpper and R. Malttessich,"Twentieth Century Accounting Research in the German Language Area",*Accounting, Business & Financial History*,Vol. 15(3),2005,pp. 345—410;吴大新:《发展道路、工业竞争力与制度特色——理解德国会计制度中的"稳健主义"传统》,《经济社会体制比较》2016 年第 4 期,第 13—24 页。

　　② Werner Sombart,*Der Moderne Kapitalismus* (Books on Demand,2012),Vol. 2,p. 118.

的研究则跳出了单纯强调复式记账法的技术层面的桎梏,将技术层面与修辞(rhetoric)层面结合起来,主张复式记账法的广泛传播有更多的修辞含义,是将商人伦理合理化,并依据不同的听众进行相应的说明。① 但是,由于缺乏足够的非书面资料,这一观点并没有得到太多的支持。这幅版画则从对"资本"的强调以及足够明确的受众等信息方面,将技术层面与修辞层面很好地融合起来,提供了一个将资本主义理性"祛魅"(disenchantment)②的可能性。

版画提供了进一步研究的诸多课题,仅仅从艺术史与经济史的交叉角度就可以提供诸如这幅版画的真正委托人、15—17 世纪商人世界里的版画作品的功能等主题,这都有待于研究者的进一步深入探索。

图 1:《商业的寓言》1622 年版
资料来源:纽伦堡日耳曼博物馆

---

① 　J. Aho,"Rhetoric and the Invention of Double Entry Bookkeeping",*Rhetorica*:*A Journal of the History of Rhetoric*,Vol. 3(1),1985,pp. 21—43.

② 　M. Weber,"Science as a Vocation",in D. Owen and T. Strong eds. *The Vocation Lectures*,trans. R. Livingstone,Indianapolis:Hackett Publishing Company,2004,pp. 12—13.

图 2:《商业的寓言》1878 年版(局部)

资料来源:M. Huttler (ed.), *Die Allegorie von dem Handel, von Jost Amman … mit einem Vorwort und dem Neudörfer'schen Text herausgegeben von Dr. M. Huttler*, München: M. Huttler, 1878

二、译文

根据 K. Pilz, "Die Allegorie des Handels aus Werkstaat des Jost Amman"提供的文字转写版翻译而成。

(题头)

这实际上是一张为商人准备的全行业示意图,包含一些象征性图景与举办市集、贸易展览会的著名城市的市徽。这些市徽是按月份排列的,因为每个展会在欧洲的不同时间举办,一年到头都有。大小商人从各地赶往这些展会,他们也同样是组织者。这些细节都在画中展示了,都分布在墨丘利神周围。借助于那些广受赞誉的精巧记账法,这些商人可以迅速、正确地交易,不会出错。所有那些商业和相关从业人员,如果不用这些方法,他们就会陷入高风险的境地,其所带来的不确定性会是长期和深层次的。这张图也包含一些商人不了解的交易与记账法信息,都通过日常生活的场景展现出来。不仅如此,这些场景也明示了这些信息的渊源,会让你愿意花时间来做生意,而且不管在其中的位置或高或低,都会满怀着热爱来投入其中,会感觉到兴趣盎然。这张图不仅有用,而且有很多优点。大家都知道,如果在交易中不记账,交易者就会一头雾水,漏洞百出。正因为如此,纽伦堡人约翰·诺伊德费尔为整张图定了基调。他精于算术,是当地的名人。现在他的学生卡斯帕·布伦纳把老师的想法精心地付诸于有趣的图示,并把说明翻译成德语。布伦纳是奥格斯堡人,也是一位算术家。这张图印制于我们的救世主、主基督耶稣诞生后 1585 年。

（左边栏）
会计是什么?
读者立马会想到
在交易中发生;会计是什么?
不为别样,却是我这里精心的指导
简而言之,关于所有商人与交易的
一个精巧的说道。
按照规定的格式
巧妙地在账上把它记
不会出现很多错
期末的账册还有良好的总计
通过摘要轻松知
如此层层累积和各种对比
通过汇总知大概
一个均衡要达到
在如此好的规范之外
没有发生的绝对不要来误记。
同样重要
布局均匀理相近
债务的汇总与合计
反之,轻信冒失会出错。

意大利人曾说过
会计好似那天平
如此这般细致地称量
收支平衡要知情
为此还得做什么
恳请诸君继续听我言:
以此指导做交易,
无论交易小与大;都得注意和照看
需要随时记录在账本
会计让你心里亮
收入与支出各多少
需要我们加以关注无二样
怎么做? 何时候? 在什么地方?
同样跟进需随时
十分努力为记录在案。
而且我还提醒你
此类记账法
如何用多种方法来提醒
一位主公或商人
如果真正主导大营生
他就需要时刻去投入。

账簿总共有四本

总账、现金账、债务账与日记账

货物明细皆入账

账簿需要三人管

现金账须有人一个

另外两人要在旁

一人监管日记账

第三人做其余的工作不被妨碍

也把债务与交易货物记入债务账

这两位因此

一直都把会计当

对第三位而言,当交易

出现变化或者进行得不顺畅

只需两本账:记录收入账

而总账、日记账与债务账

一个人管三样。

出纳部门多用心

在这时候通过债务账来把脉

也可以通过现金账户就知道

以上就是我的开场白。

日记账

在简短的合计数字之后有报告

这是日记账名字的来源

你愿意准确地记账

这样的罗曼语词汇听起来很一般

名字是"日子";

译成我们的德语有义项

"一天";同理这个"日记账"

我们德语现在用它来表达

日常经营账

因为我们一直这样写

我们这样用没有任何的条件;一

　个词

包括买和卖

就是人们购买到手里

或者是愿意售出的

人们很好地收货

也同样地寄售货

人们愿意交换的物品

不管它少与多

人们每天都把交易记

据实记下来这些交易的货

之后还会记到账册另一部。

会用心记录如这般

先在这本日记账上线画好

在每一页标明有编号

每一面里自上而下有顺序

不会提前把合计造

当一面记满交易额

余下没有空白处

就会在此把线画

重重地画上线两道

下面不会再记账。

使生意遇到麻烦的事情有

对此也得加提防

人们让你照料的账目

也易招致怀疑长

因此需要仔细地记在相应条目下
你该用心把账记
账上的记录一条条
与事项不能是两样
凭此所记款项有定数
每次入账都由一人来完善。
记账时请以如下词汇把头开
"应该给我"或"我应该给"的字样
如同我们所记的现金账
这样的表达才好——有对应。
这样做才可以明确所指
在债务账上也同理
所有支出和收入
都要细心地载入日记账。
呈现其应当呈现的账目
可能是载入一次失误；这也没有
　　什么不妥之处
在会计的业务中（在下文中我即
　　将要讲述）
日记账可以很好地展现
失误喜欢在哪儿隐藏
对此你要把它看得重
发现失误与错误
在每一次总计中。
我要给你打比方
日记账究竟是怎样
你要想象那一堆
所有流入的现金
你想要计算梳理清

首先按照大小排列齐整
所有的硬币；按照
其面值；一个一个排
竖起来数一下；仔细把它记下来
再加总；再把它们
一笔一笔地记入日记账
按照下列所需来加总
现金项的；重要的债务项
抵销债务项的；也要准确地记录
存货项以及其他
混杂在一起的等价物；从中人们
　　（最后）可得到
一个最终的数字
它告诉人们
在开支前现金是多少；人们知道
现金账上有多少
与此相对的债务是多少
人们可以从债务账上知道
存货是多少；以及如何流转
实物账上应该记得牢
从中选取哪些项
每一项；或少或多
从你的债务账与实物账
人们可以做总计。

关于现金的使用

现金是这样一个罗曼语词
它是箱子的意思
在那里人们把钱藏

这是人们的支出;也是收入

现金账是记录

仅仅记录现金的数目

人们因此称其名

在左边写:

"我们应收现金";明了简单

把"我们应支出现金"写在右边

这样人们就知道了收入

应该写在左边

有些支出

应该表示清楚在右边

诚如名称显示的那样

需要注意;特别谨慎

借方好好地记在左边

就像本书所为一般

贷方现在清晰地记在右边

如此账簿就很分明

如果你可以清晰地这样记

我相信你就不会出错误。

现金账应该如何记

时刻记住现金账应该如何准备好

你先准备纸两张

其中一页记账

同时分栏编好号

写上日期

用你熟悉的方式记。

你的支出;或者收入

皆要记入现金账

每 100 就简要地标注

也按照你愿意的方式

将它计入日记账

计入黄金;硬币或金钱

至于如何记录

你需要用心牢记

继续

在债务账或账务细节中加以记录

每过一天就要记;以便没有错

　和讹

没有什么被遗漏

你要用心记;要多加注意

对你来说有百益

在未来;你的每本账

对照每一笔

达到每笔现金与债务彼此清偿

所以你需要将所立文书手边放

收好;把它也记入现金账

当个会计

哪种费用需在账中记

要熟悉文书

也要注意交易地

这样不会有遗漏

收到的款项也如此这般

按照惯例给出凭证一张

按照双方喜爱的方式

要记下你收到的凭证

根据日期

现在你就有了所有的数字。　　按部就班就是如此这般。

| 如何在两边记；如果没有了需要 | 现金账的减少与增加 |

如何在两边记；如果没有了需要
　记的账；如何记录余额
如果两边都记满
就不要再把新记录添加
两边对照要明白
要注意；记准确
首先保证收入已记录
支出也在账
收入与支出相对应
这样可以来合计
支出与收入相抵消
两相比较算余额
写下结算是多少。

（右边栏）
有些账目正在交易中
将在下面的正式文件中出现
有可能会再次出现在收入栏
需要在另外的账页
即在下一张写好
人们应该支出有多少
将对应项与这些信息做比较
你应据此来展示
采取同样的方式
把那些货物账记好；转记的账目
也不应使你有不安感
直到账目的末尾和结尾

现金账的减少与增加
除了上述规则如果我们继续
那就可以轻松地得知各项目
在余额之外，将支出和现金处理好
减少或增加都有哪些
这些可以轻松地了解
在现金账上记录现金
现金数量可能会减少
随之余额就是所留下
你就会明白支出了多少
但在做账时需注意，按照日期
余额是多少
那就是收入
需要记录在账簿
在做账时要注意
不可多记或少记
所记应为实际发生过
有某项容易被忽略
这是你没有记录的
或者另有一笔支出
是你忘记把账记
虽然你曾希望自己会记得
因此你要好好回忆
哪里和怎么收入的这笔现金
这样你就可以记入余额
然后再请你加以比对
现金与账上的余额

这是你随时要做的
里面蕴含着你的机会。

出纳部

出纳需要多考虑
为此千万多谨慎
小心留意无遗漏
每天经手的收入
出纳也要关注现金账。
为了防范错误：
勤快公正来记账
需负责现金的支出
也包括现金的收入
都要适当地记录。

簿记部

一个簿记员要牢记
他应该既准确又忠诚
既要勤奋又谨慎
记账情况须肚明
也应该恪尽职守，勤于维护
正确；账簿无差错
没有假账
条目整洁
随时记录
不要擅离职守。

备忘录

此书名为记录账

意为提醒不可忘
几乎整天都要记
每天的计划都在案
生意中发生了什么交易
以及购买东西的收支项
都要备忘
都要很快详细记在账
什么都不会遗忘
现金账上要记录的项
在这部手册中也要记
并且放在日记账旁。
凭借里面写的马上知
每天勤劳地做了些什么
这些会记在日记账上
发奋地写啊，发奋地记账
对你另外有要求
信函簿的内容也要如此记在案
每天在里面写了什么
哪些被记在信函上；随时誊录不
　　可忘
所有的货物，从所有的港口
从那些地方如何来到
你要好好记录所发生的事情
以及意外事故有什么口传。

债务账

债务账究竟是什么
这就好比天平一个
即为了解现状如何

我们叫作平衡

每一页账簿上有两边

当账册在你面前展开

亲爱的您的左边，即所对的那
　　一面

即左边是什么

我们已讲过太多；"应该给我"

这是您左边的情况。

另一边；如同你知道的

亲爱的您这里的，正确的内涵

是；"我应该给"；是这个天平

在两页；每一页都仔细地掂量

中间天平的指针有一根

就如同有人来物品称

你在天平前站直身

这是您左边的部分

它就叫；"应该给我"

待我稍后再评说

先往右边盘里放砝码

直到天平达平衡

你就能理解

两边重量要校正

这就叫天平的刻度

准确的会计术语叫合计

通过例证你明了：

我借入我所需要的款项

记录在相应的一边

如同在天平左边安静地躺着一样

它让我来支付

我就付给他货物

数字也要这样入

我就按照借他的钱数

来偿还，指针离开你向右倾

如果指针还偏离我中央

即还有剩余；那对方

还要再向我付款

那我再往天平盘里放

达到均衡

这就是合计。

货物账

关于如何利用此簿我在此全部
　　点明

这是从日记账中做的摘录一个

记录所有的货物

也同样与债务账一样

它们总是事关忠诚与信任

也要同样知道这本账

涉及的存货

要记在左边

人们出售的或者购入的

继续在流转

和出售；随着时间消耗掉的

要记在右边

人们要盘点的时候

就是要把所有货物来清点

相应地也要加总现金

把它要记在左边

这样就可以再看右边
如果只想从其中拿东西
也要清楚知数量
有关货物的；还没有出售的
以及利润或者损失是多少。

秘密账

这本账不是给所有人看
唯有主人自己来保管
他自己每天来记录
因为里面有所有的财产
现金；债务的数量
利息的；借出的和税
所有项都清晰地列上
在一个列表中；用心地
在其中记录
日记账中的某些记录
也需要记录如下事项：
各地的账目何时发生
损失或者利润怎么样？
都会记录在这本账
账簿也要很清楚地记入
这些生意的来龙与去脉
主人愿意跟谁做生意
对社会；对协会
对合同；以及他可以从谁那里
把钱收，都无风险
在这本账上都有记录
所以生意的信息不可外漏。

如果主人想从生意中提款；会计
　　应该如何记录这一行为
我来记；现在就记
人们这时把款提
似乎没人知道他从谁那儿提的款
以及要付多少利息
这些款项的现金
即是现金账，要马上去询问
会计是否有过失？
当你也想心里亮
应该让谁来把债务偿？
主人应尽心来回答
让你不必为此把心担
记录；现金账记借方
在秘密账上记贷方
那么就这样
账簿所记就准确
相应的余额也现形
一如既往；这些需要皆正常
不必令我生忧烦
我应该记在秘密账
如此我就告诉你
这样的情况下应该记这样。

结账

每一笔交易都正确
购买和出售同样重要
要同时掌握两边的信息
如同我们能理解的

一个借方和贷方

在日记账之外

也分别记在另外两本账

随时来记入

分别记在两边栏

每边都有总结;如同我已说过的
　　那样。

首先必须要做到

请管事或者师傅

确认业已收到

在到期时

又该对债务人做什么

为此他把何人来托付

这些应该都明了

确定总数是多少

在另外的那一边

会计应该再确认

他的支出和交付

所有事项都灵活记录

结算的总数要清楚

与前面的数目应相等

即作为债务人所欠款

如此实际明确地

指出来和记录下来

凭此可知账目是否已平衡。

(底栏,分为 10 小段)

　　　　当人们想开始一笔新生意

前面我曾平心静气地提醒

在事情发生之后

你都已将另外的账本已记清

正确地开始交易

首先;你必须重新

做一个列表

从购进货物;你开启

一笔新生意;如同之前的那样

用心记录等于现金的数量

作为收入;在日记账上记

它值多少钱

结果总计是什么

其次也要记录出售的货品

按照你一贯的做法来处理

根据所值的现金;你已经把积累

列在账上;照此把货物售出去

棉布与羊毛织物

丝绸;以及各种物品

第三步;要记录债务

属于每个债务人;他的负债

也须记录下时间;什么时候发生

这样的记录才算真棒。

第四步;记录你的债务

你应该发善心来偿还

对别人也应诚信为本

就如同你希望别人对你做的一样

如此这般列入清单

记下来;你合理地处置

在你做决定的时候；一如其实
来记录
也在备忘录上记录
或者在你的手册上
记录幸运的交易以及
以上帝的名义所得的利润；跟前
　面记的那样
只要上帝一直与你同在
你总会获得赠予
对此必须再核算

　　作为一个商人你做了什么
如此在教堂以及在上帝面前
没有任何污点地站立
上帝愿意把我们赦免
通过道成肉身与受难
他的儿子主耶稣基督
他是我们神圣之主
故此他并不愿意
依据严刑峻法来处置我们
而是以他的血的神圣
永远饶恕每个人并使之向善。

除此之外，我们的重罪
他在赎罪簿上记录的
为此他愿意一笔勾销
这在他的宝座前不值一提
由此我们基于他的恩典
通过耶稣卸下我们的重罪

荣耀我们天堂的快乐
永生再没有痛苦
为此助我们积攒的是
上帝的力量；对此我口念阿门。

　　作者对于这个作品的说法
对你们说一下我的小小想法；
我送给你一个广阔的世界
至高的法官希望你拥有
细腻；精明；敏锐和周全
希望你为此不再受嘲笑
因为你能更上一层楼
为防事情被忘光
一条道路已铺就
我确实希望你因此不破财

当我刚好遇到你
我也不曾如下想
好像这是我专属
而是要将其分享
我理解，关于这一切
所说的；真不赖
如此有用的这些东西被照亮
当其开始被印刷
既然我敢这样办
那么谁愿来购买
（我希望）这些对人有大用

钱也可能对你来说没有用

但你也得好好去利用

也经常会这样,即有些时候会陷入

非常的遗憾;当你让钱款

没有发挥应有的作用

及该用在那些事项上,也无人对此

了解真相并加以为难

但是我知道,并且说

我并非全心在寻觅

我自己的益处;而是对你有益

谁对这个有兴趣;谁就需要俺

不是在胡言乱语地讲述

错误的相遇;它的意义

在于上帝也想有所收获

并为我们奉上一颗心的喜悦

与最后的永生。

奥格斯堡印刷;威尔海姆·彼

　得·齐默尔曼出版社

(环绕墨丘利神周围的文字)

墨丘利,上帝的使者

也是儿子与信使

为商人所选定

定为保护神

因为他伶牙俐齿,行动迅速

他们需要此神。

他应该在交易中支持您

当他确实把货物来看重

在各个市场如那些

在此以徽章表现的集市。

现在应独有一位神

在基督信仰中作为我们的父

信赖他,请求他

每天祈祷并得收益

这个神可以满足所有的一切

当他愿意时,让您分享好运。

(天平)

天平用来精准称量

最后得到一个平衡。

(左边,从上面数第二个说明)

机会与命运

这里你会看到多变的好运

她经常会翻转不停

站在一个飞驰的圆球上面

但很少在人间出没

如果谁能现在请到她

那我认为他一定是个精明的人

就像顺风吹着船帆

在生意中也是如此这般

运气的降临也类似地发生

商人们也得了解如何应承

想赌一把运气

那你可能会喜欢她

一个水手必须要经常托付于风

船只、货物与财物、果腹与生活都
　靠风

以免遇到不利的天气情况

牧人也必须经常要

让马儿奔驰

如果牧人拉不回马

就得等到它累了；静止站立

所以谁能掌握运气

他就控制了战场；将其战胜

所以冒险一试

不犹豫；而是勇往直前

注意运气转瞬即逝。

对所发生的事情幸运而充分地

依据对话者的类型，表示理解。

然后通过所说的勤奋，实现您的
　愿望

成为他的主人，并加以眷顾

如此方可期望巨大的财富。

虽然上帝的胜利助我成就

也还是需要工作忙碌

人们说得很对；不要把懒偷

不要希望天上掉馅饼

而是当你追求之时

你必须自己盯紧自己的活计

自己的事情自己做

马上动手；永不言弃。

（右边，从上面数第三段）

谁能抓住前面的头发

后面的头皮却是秃的

不能不假思索地贸然行动；而是
　考虑要慎重

所有的款项都要核计

何事当按照占卜龟所说来做

尔后一个商人应该反应迅速

时时刻刻勤勉工作

所有的秘密都要保守

其本人亦不得缺少

灵活；没有不劳而获

其信任与可靠一直

保持；有智慧，善交流

（左边，从上面数第一个说明）

这个形象；像一个圆圈，无华朴实

每一个人都想向她礼敬

她也有类似的含义

对于这个记账法也意义渊深

就如同每个人将会明白

说明这里的根本；它指明

如同那个天平；在中间的那根

指针虽然隐了形

但代表法官无疑问

他不因人而行动。

他坐在那儿挥舞着权杖

进行执法唯合理

他赋予各方财产权

执行裁决不迟疑

就如同借助他的杖

上帝维护法律;权力和正义。

墨丘利也尽心尽力

贯彻不可见智慧(上帝)的指示

当他在手中掌握

用理智来把商业的天平控制

平衡也有了明确的道理

他的正义和全部

衡平当是;如果他不支持你

终审判决时你就不可能离开无
　过失。

这一形象由来已久

自从基督来到这个人世

她就开始出现

我们也希望;这种天赋

随之降临。

(右边,从上往下第四个说明)

首先从那里到西顿;

甚至到了腓尼基

首都位于海滨

在你们的艺术作品中随处可见。

你业已确知

并且轻松了解

希腊人都知道

罗马人对她也熟知

你也要高度关注她

作为判断的依据

如同期限票据

罗曼语地区还在使用

让利润储蓄不致损失

这也是会计艺术之能事

也像镜子清晰又可鉴人

人们一照就马上知道

哪儿损失,哪儿赢利

在其中;或者其行踪

都能明白一眼知

通过会计簿的表格

从罗曼语地区一直

传播到我们德意志

这些确凿的信息

画中的人物都有表现

其中每个人整天

都喜爱快乐的享受

心情也要经常滋养新鲜

如果谁能把她拥有。

伴随至尊的皇帝授予的恩典与特
　权(拉丁语)

(有纪念柱的喷泉,四个天使周围)

结账时

不小心有个错误

就在下面着重标出

这是结账时要注意的

剩余的是什么

利润哈哈笑

交易之后清楚算
但所有经手的
都记入秘密账。

（矿山的左边有四个说明）
土地中还有更多的惊喜
上帝我主馈赠矿山众多
从中带来大量的收获

当大量的收获落空之时，
对此不宜抱怨过度，
恩典的安全与自由
来自于虔诚的上帝
矿山带来大量的收获
应用来改善公共利益。

战争
战争带来死亡并价高昂
让矿山与交易中途停
这个行业就陷入停顿
食粮供应每况愈下
所有的都被埋葬被焚毁
人们在饥困中毁灭。

死亡
当灾难降临到某地
生意人多死难

就没有需要来促生产
矿山也荒废无人烟。

（商业街上的说明）
货物经水运，陆运有风险
需要护卫队骑兵来应对
有谁在集市中未受损
他的生意就会时时有兴旺。

（喷泉的右边）
在斯海尔德河上面的卷幅上写着：
对应右边的
涉及所有的贷方。

（矿山的右边）
当上帝在矿山赐予
好运与胜利给货物
统治也不会很严厉
矿工也都有收益。

（商业街上的另外三个说明）
将商人纳入护卫队
通过大公的手下
如果有谁彻底忽略此类护卫
那么他就得把运气靠。

涨价
如果粮食把价涨
木材和其他必需品会价更昂

交易也难做

支付不会太顺畅。

冷漠

新的东西太多现

法律也在经常变

人们就想得自由

大家都会把工怠

人们就会不平等

都会偏爱手中有

从中就有冷漠显。

下面的部分:商人的商业经营

(中间的说明)

我会称之为"秘密"

我的主人不会托付我

因为他会自己守秘密。

关于秘密的书(拉丁语)

账簿列表(拉丁语)

裁决与被选择(拉丁语)

理智即谨慎

在交易中极有益

带着信件我到外地去旅行

里面的内容全不知

但都使我的主人

喜悦,也有心酸与打击。

生意祈求这些人

他们坦率且真诚

可以得悉言与行

言行一致自分明。

正直(拉丁语)

受托之人要负责

秘密也要来保守

因为要我这样做

谨言慎行方可托。

语言能力(拉丁语)

我有语言的能力

这也是生意所必需

准确订货我语言巧

不会有损失,风险也很小。

圆球表示的是运气

在上面整个世界在运转

这也是明摆;需要灵活来处理

万物皆有死和亡

一切随风起与伏

虔敬;敬拜上帝把悔忏。

默言(拉丁语)

谁要想在生意中有运气

就不要把外债靠

也不要让它长期地增长

利息；而是加以提防
有债务坏账他应该如此
尤其小心看管和思量。

（下面,左边）
这里有所有的货物
在车上整齐放
每个都知道重多少
一切都不要乱。

这里是最后的建议
什么是秘密,什么是重要的东西
这与矿业有关
商业就蒸蒸日上

我在日记账上整天记
生意中发生了么事情
详细记录与报告
得到好的记录和备案

这里要把货物记
我们得到集市丰厚的馈赠
我们需要将它们来处理
为此上帝会把好运施舍

我在出纳部来记录
所有的收入与支出
我也经常记现金项

剩余的数额也在账。

责任（拉丁语）
正如同心脏在胸口的左侧
同理;打开的债务账
债务人的债该一目了然地
写在左手方。

（下面,右边）
缮写室在此
出纳部在管理
特殊和普通的支出是怎样
也通过这些记录来呈现

这是基本的记录
所有的小东西与基石
有人凭此来学习
如何明白地做交易

有人有深忧和焦虑
对他的货物;如果此时尚未
把自己所做的准确记在
精巧的会计簿

从日记账中摘抄到债务账
我再把货物账来记录
左边是借方
右边属于贷方

货物要多多来关注
我们提供到集市
上帝希望将它们幸运地带来
成功后将有用且有益

这是出纳桌
在上面人们来点钱
在交易中所发生的
人们彼此善待不可偏

谁想经商
却不知道他的利润与损失？
也要熟知自己的收入状况

他收入的是哪些
对此他的支出是多少
这些都要用心记
他不在无用的书本上记录
而是保留自己的账簿会计
每一笔都用心记
否则他的生意就保不齐。

自由（拉丁语）
在贷方用心做
每条信息都显现
如同这里所显示的那样
通过天平来结算

希腊政治的新旧时代：以希腊内战中的开罗危机（1943年8月）为例

阙建容（北京外国语大学欧洲语言文化学院）

1943年是反法西斯战争的关键年份，是希腊本土抵抗运动日渐兴盛、如火如荼的发展时期，也是内部冲突的萌芽时期。1943年春天，苏联挫败了希特勒的进攻，反法西斯战争逐渐由守势转向攻势，6月，盟军策划西西里登陆。此时为了进一步发挥希腊战场对德军的牵制作用，盟军为希腊本土的抵抗组织提供了大量的物质和军事援助，并试图联合各个独立抵抗组织，共同采取军事行动。在英国特别行动处（Special Operations Executive, SOE）的斡旋下，三个主要的抵抗组织于1943年7月签订协议，成立了听命于盟军中东指挥部的联合总指挥部，彼此认可势力范围、保持相互和平，共同行动反抗轴心国占领。8月初，各抵抗组织的六名代表在英国联络员的邀请下，前往埃及开罗，与驻跸此处的希腊国王及其流亡政府共商国是。从8月5日至9月15日，抵抗组织代表团联合自由派政客，要求国王承诺在进行公投决定国家制度之前暂不回希腊，国王反应冷淡，会谈陷入了僵局，造成了所谓的"开罗危机"。最终，国王在英国首相丘吉尔、美国总统罗斯福的支持下拒绝做出承诺，抵抗组织代表团无果返回希腊。

"开罗危机"是流亡政府和国王的旧政治圈与因反侵略战争在希腊本土兴起的新兴政治力量的首次正面较量，产生危机的焦点问题是国王乔治二世是否可以在解放时立刻返回希腊。学者们对于这个事件的解读主要存在两种角度，一是认为开罗危机是一个转折点，加

强了希腊共产党领导的左翼抵抗联盟——民族解放阵线(Ελληνικό
Απελευθερικό Μέτωπο,EAM)对英国的不信任感,表明英国阻止抵抗
组织之间发生内战的努力失败了。[①] 代表团从开罗回到山区后,抵
抗组织之间很快就陷入了武装冲突,开始了历史学家所称的"第一轮
内战"(1943 年 10—11 月)。另一个角度是细致而深入地探讨这个
事件所反映出来的英国各部门及其政策之间的不一致和内在矛
盾。[②] 但是,这两者的切入点都是英国态度在危机中的作用。那么
如果我们把目光聚焦在希腊政治舞台,这次危机是如何造成的? 从
希腊政治民主化进程的角度来看,综合一年后发生的又一次政治协
商"黎巴嫩会议",我们又应当如何解读这次危机在希腊政治发展中
的意义呢? 本文将依据事件当事人的回忆录、事后评述和报道,[③]以
希腊的政治力量之间的互动为切入点,再探事件的始末,以揭示开罗
危机在希腊政治前景中的地位。

---

　　① 这一角度的代表性研究可参见 David Close,*The Origins of the Greek Civil War*,
London:Longman,1995。

　　② 这一角度的代表性研究主要有 C. M. Woodhouse,*Apple of Discord:a survey of
recent Greek politics in their international setting*,London,New York:Hutchinson,1948;
Elisabeth Barker,*Macedonia:its place in the Balkan power politics*,Westport:Green-
wood Press,1980; Haris Vlavianos,*Greece,1941—1949:From Resistance to Civil War.
The Strategy of the Greek Communist Party*,New York:St. Martin's Press,1992。持这
种观点的学者们普遍认为,这种不一致和矛盾是英国政策的短期军事目标和长期政治目
标之间的矛盾,后者在此次事件之后起到越来越重要的作用。

　　③ 在本文使用的第一手材料中,抵抗组织代表团成员彼得罗斯·鲁索斯(Πέτρος
Ρούσσος)、科穆尼诺·皮罗马戈鲁(Κομνηνός Πυρομάγλου)的回忆录(Πέτρος Ρούσσος,Η
Μεγάλη Πενταετία 1940—1945,Αθήνα,1976. Κομνηνός Πυρομάγλου,Ο Δούρειος Ίππος. Η
Εθνική και Πολιτική Κρίσις κατά την Κατοχή,Αθήνα:Εκδόσεις ΔΩΔΩΝΗ,1978),详细记述了他
们 1943 年 7—9 月在山区以及开罗的活动。希腊流亡政府中的自由派政客卡内洛普洛斯
(Παναγιώτης Κανελλόπολος)的回忆录也有一定的参考价值(Παναγιώτης Κανελλόπουλος,Τα
Χρόνια του Μεγάλου Πολέμου 1939—1944. Ιστορική αναδρομή και κείμενα,Αθήναι,1964)。英国
方面的当事人迈尔斯、伍德豪斯以亲历者的角度提及了这次事件的重要情况(Brigadier
E. C. W. Myers,"The Andarte Delegation to Cairo:August 1943",in Phyllis Auty,Richard
Clogg eds,*British Policy Towards Wartime Resistance in Yugoslavia and Greece*,Pal-
grave Macmillan,1975,pp. 147—166. C. M. Woodhouse,*Apple of Discord:a survey of
recent Greek politics in their international setting*,London,New York:Hutchinson,1948.
C. M. Woodhouse,*The Struggle for Greece 1941—1949*,London:Hurst & Company,
2002.)

一

　　"开罗危机"的背景是 1943 年上半年发生的一系列变化。世界反法西斯战争开始出现转机，苏联赢得了保卫战的胜利，转入反攻；盟军在 5 月赢得了北非战场的胜利，开始反攻欧洲大陆。6 月间，英国放出烟幕弹，由英国特别行动处在希腊策划若干行动，造成盟军即将从希腊登陆欧洲的错觉。一方面让希腊人笼罩在战争即将胜利、希腊即将解放的热切希望之中；另一方面成功地迷惑了德军，使得德军加大了在希腊的防守。在这个过程中，希腊山区的抵抗组织积极配合盟军的行动，在抵抗运动中声望达到顶点。

　　希腊沦陷和抵抗运动的兴起悄然改变了希腊的政治生态。希腊当时的传统政治党派并不是严格意义上的现代政党，政坛上的大部分政党缺乏坚定的政治理念、严密的组织，主要以个人关系网络为基础。① 在"两战"期间，希腊政坛大致分裂成"维党"②和"反维党"，前者的基础是自由党核心党员，后者则以民粹党为核心。1936 年之后，前者的领袖是索福里斯（Θεμιστοκλής Σοφούλης，1860—1949 年），后者在查尔达利斯（Παναγιώτης Τσαλδάρης，1868—1936 年）去世之后就群龙无首。就政治立场而言，可以大致将政客们区分为"共和派"和"保皇派"。忠诚的保皇派是少数人，而大部分赞成议会民主制度的"共和派"在某些情况下也愿意接受一个没有实权的君主，只要能够确保实现代议制政府。围绕着君主及君主制的传统政治争斗，

① John A. Petropulos,"The Traditional Political Parties of Greece During the Axis Occupation",in John O. Iatrides ed., *Greece in the 1940s：A Nation in Crisis*,Hanover and London,University Press of New England,1981,pp.27—28.

② 此处指维尼泽洛斯（Ελευθέριος Βενιζέλος，1864—1936 年，20 世纪上半期希腊最为杰出的政治家，曾七度出任希腊总理一职）的拥趸。维尼泽洛斯与国王康斯坦丁一世之间产生的分歧导致了政府的分裂。国王亲德，欲在一战中保持中立，而维尼泽洛斯则认为应当加入协约国参加一战。因此他组织了新的"保卫民主"党，并在塞萨洛尼基重组政府，一时造成了政权分立的状况。事件以维尼泽洛斯的胜利告终。他所发动的这场反君主本人、反君主制、支持民主政府的活动，在英文写作中也常被称为"维尼泽洛斯主义"，其追随者或称"维党"。相应地，其反对者通常支持君主制。

被轴心国的入侵完全搅乱了。传统的政治力量分化了：一部分与国王流亡国外；另一部分选择留在希腊本土，其中，有的选择与轴心国合作，成为了所谓的"合作主义者"(collaborators)，效命于傀儡政府；有的潜伏观望；还有的进行积极抵抗，甚至走向山区组织武装反抗。

第一种人是国王及其政府。1941 年 4 月 6 日德军入侵希腊，25 日雅典沦陷，国王乔治二世与政府及部分军队，退守到克里特岛；德军轰炸克里特近一月后拿下该岛，于是政府随撤退的英军流亡开罗，成为在开罗的希腊流亡政府。在希腊沦陷的三年零六个月间，乔治二世一直待在开罗或伦敦，与英国政府关系密切。一部分希腊政客，主要是忠诚于君主制的保皇派，包括小部分共和派政客，例如政府总理楚泽罗斯(Εμμανουήλ Τσουδερός，1882—1956 年)，随之流亡国外。这样，保皇派在希腊本土的力量可算是微乎其微了。

留在希腊的"合作主义者"的构成和合作动机比较复杂。以傀儡政府的三任总理为例。第一任总理措拉克戈鲁(Γιώργος Τσολακόγλου，1886—1948 年)将军原领导希腊第三军在北伊庇鲁斯的对意作战中取得了胜利，随着 1941 年 4 月德军入侵、迅速越过塞萨洛尼基的防线，他和其他将领在未通知政府的情况下，擅自决定向德军投降，顺理成章成了傀儡政府的第一任总理。他认为希腊与德国的实力悬殊，抵抗不可能胜利，不如做出对希腊最好的选择，因此选择与德国人合作。他死后的第二任总理洛格特托普洛斯(K. Λογοθετόπουλος，1878—1961 年)则是为了攫取利益，第三任雅尼斯·拉利斯(Ιωάννης Ράλλης，1878—1946 年)在 1943 年 4 月战局已发生逆转时受命，带有战后投机的意味。[①] 但是，留在希腊的政客中观望派才是大多数，与各方都保持了一定的联系，以便在局势逐渐明朗的时候做出最利于自身的选择。

参与抵抗运动的政客极少数，比较突出的是齐里莫科斯(Ηλίας

---

① C. M. Woodhouse, *Apple of Discord: a survey of recent Greek politics in their international setting*, pp. 27—28.

Τσιριμώκοs,1907—1968 年),他创建了新政党,加入民族解放阵线,并担任秘书长。还有共和派政客卡尔塔利斯(Γιώργοs Καρτάληs,1908—1957 年),与普萨罗斯(Δημήτριοs Ψάρροs,1893—1944 年)共同创建了"民族社会解放运动"(Εθνική και Κοινωνική Απελευθερωση,EKKA,下称 EKKA)。其他参与抵抗的政治人物,大多数原先都不是政治活动者,而是教师、律师等专业人士,例如另一抵抗组织"希腊民族民主联盟"(Εθνικόs Δημοκρατικόs Ελληνικόs Σύνδεσμοs,ΕΔΕΣ,下称 EDES)的二把手皮罗马戈鲁(Κομνηνόs Πυρομάγλου,1899—1980 年)、后来山区临时政府的主席亚历山大 • 斯沃洛斯(Αλέξανδροs Σβώλοs,1892—1956 年)等。因此,抵抗组织所代表的政治力量,主要不是传统的来自社会上层的政党,而是以底层为主、包括了社会各个阶层。它的基础是参与游击战斗的农民、工匠、士兵、学生、教师等较为底层的人民,它的领导层主要是共产党员和共和派军官。

希腊共产党倡议成立了左翼政党联盟"民族解放阵线"(下称 EAM),一方面在雅典、塞萨洛尼基等大城市组织罢工和抗议,另一方面在山区组织、整编和领导游击武装"希腊人民解放军"(Ελληνικόs Λαϊκόs Απελευθερικόs Στρατόs,ΕΛΑΣ,下称 ELAS)。ELAS 主要活动在马其顿地区、希腊中部和鲁梅里地区。由于"民族解放阵线"和"希腊人民解放军"的宣传和动员,大量民众受到吸引自愿参与抵抗活动。参与这一抵抗组织的人数最多[①],活动范围也比较大,在民众中有广泛的影响力。同时,在拿破仑 • 泽尔瓦斯将军(Ναπολέων Ζερβάs,1891—1957 年)的领导下,一部分军官成立了名为"希腊民族民主联盟"(下称 EDES)的武装力量,约有 5000 人,主

---

　　① 到 1943 年 7 月,ELAS 的人数大约在 15 000 人左右,人数远远多于其他武装游击队,大约是 EDES 武装力量的三倍。参见"British Policy and Resistance Movements in Greece,Report by Major D. J. Wallace on his visit to Greece,14 July-9 August 1943",in Richard Clogg ed. ,*Greece 1940—1949: Occupation,Resistance,Civil War. A Documentary History*,pp. 120—121,126。

要活动在伊庇鲁斯山区。而普萨罗斯领导的抵抗组织 EKKA,其中最为精要的部队是 5/42 精兵团[①],主要活动在鲁梅里山区,人数大约 1000 人。另外,在马其顿地区还有一小部分军官的组织等。EDES 和 EKKA 的军官以共和派为主要政治倾向,自称为"民主主义"和"社会主义"抵抗组织,在表面上与希腊共产党和民族阵线保持距离,实际上采用了坚定的反共立场。1943 年上半年,这些抵抗组织都有所发展、处于扩张态势,于是冲突不可避免。5—6 月,EDES 与 ELAS,以及 ELAS 与 EKKA 之间爆发了地区性的冲突。特别是 5 月份 EKKA 的精锐部队 5/42 精兵团在与 ELAS 的冲突中损失惨重,几近全灭。

但是,希腊抵抗组织之间的冲突既不符合本土抵抗的需要,也不符合盟军的军事战略利益。盟军需要希腊人在巴尔干半岛南端牵制一部分德军兵力,并扰乱敌方视线,为盟军的战略行动提供掩护。[②]在反法西斯战争初期,希腊是欧洲大陆最早自发开始游击活动的国家之一,也是英国在这场战争中最早的盟友之一。虽然在希腊陷落之前,英国就已经开始在希腊部署战时联络工作,在雅典培养当地人作为战时通信员,并留下了几台无线电通信设备,但从 1941 年 6 月开始一直到 1942 年 10 月山区的基本情况不为外界所知,[③]直到英国向希腊派遣特别行动处联络员空降在山区,才首次与山区的游击队取得了直接联系。了解和联合希腊抵抗组织进行军事行动以配合盟军的战略安排,是特别联络员的主要任务。在开罗中东指挥部的领导下,特别联络员与主要的游击队 ELAS、EDES 和 EKKA 于 11

① 5/42 精兵团(5/42 Σύνταγμα Ευζώνων)于 1913 年希腊军队改革后成立,是当时编队的 42 个团中的第 5 个精兵团,因此以 5/42 精兵团为番号。驻地为希腊中部的拉米亚,擅长山地作战,曾参加 1913 年巴尔干战争、1919—1922 年希腊—土耳其战争、1940—1941 年希腊—意大利战争等。1941 年解散,但普萨罗斯在组建抵抗组织 EKKA 时使用了这一番号。

② Richard Clogg,"SOE in Greece",p. 117.

③ 关于 1941 年以前英国在希腊的地下工作部署,参见 Andre Gerolymatos,*An International Civil War: Greece, 1943—1949*, New Haven & London: Yale University Press,2016,pp. 41—43。

月共同实施了炸毁戈尔戈河高架桥的军事任务,中断德军南北物资交通线达几周之久,配合了北非战场的战事。英国联络员留在希腊山区,协同希腊战场的军事活动,并且获得了关于希腊抵抗运动的第一手资料。在 1943 年上半年,他们为抵抗组织提供了物质、资金、军事援助、情报等多方面的资源。而特别联络员则是英国对希腊抵抗组织了解的主要情报来源。[①] 因此,英国人和希腊抵抗组织之间一同合作、彼此帮助、不断相互了解,看起来在 1943 年夏天进入了关系良好的"蜜月期"。

　　希腊的传统政治力量一部分远在国外,对于本土的情况也了解甚少。一方面是因为希腊沦陷之后,消息几乎是封锁的状态;另一方面,英国和开罗的媒体对希腊抵抗运动的报道也极少,希腊政府不了解本国沦陷之后的情况,更不了解希腊人民在山区组织的抵抗活动。他们的消息主要来自从本土逃往开罗的若干政客与军官,例如 1942 年 5 月本欲在英国支持下建立抵抗组织、却因走漏风声被迫离开希腊逃亡开罗的卡内洛普洛斯(Παναγιώτης Κανελλόπουλος,1902—1986 年)。[②] 但他没有去过山区,对山区抵抗的实际情况了解并不多。因此,在山区代表团到达开罗以前,国王及政府和在沦陷前就来到开罗的希腊人对祖国的抵抗形势几乎一无所知;而另一部分传统政治力量仍留在希腊。

二

　　从 1943 年 3 月开始,英国特别行动处负责人迈尔斯(Brigadier E. C. W. Myers,1906—1997 年)和其他联络员就开始筹备联合各游击队成立联合指挥部,统一军事行动。最终各抵抗组织代表在 7 月

---

　　① 关于 SOE 在希腊的行动,可参见 Richard Clogg,"SOE in Greece",pp. 113—118。
　　② Richard Clogg,"SOE in Greece",p. 114. 他到达开罗几个星期后就被任命为政府副总理,参见 C. M. Woodhouse,*Apple of Discord: a survey of recent Greek politics in their international setting*,p. 41。

分别签署了一份"民族游击队"协议，规定所有的游击队编为一支"民族游击队"，成立联合指挥部，直接由中东指挥部领导；各个抵抗组织之间在各自势力范围之间保持和平友好。① 这份协议是为了控制各抵抗组织，保持它们与英国的联系，以便在解放希腊前发挥重要作用，给予敌人最终一击。因此，签订这份协议的各个抵抗组织都深信最后的反攻即将来临，希腊解放指日可待。

但是，随着西西里登陆的成功，希腊解放却迟迟无法实现，迈尔斯反复与上级确认希腊解放的可能时机，得到的回复是在1943年底或者1944年初。他担心过长时间的等待不仅会消磨希腊游击队员们的意志，更会使抵抗组织失去对英国的信心，转而自寻出路，引发内战。② 因此，他迫切地向开罗指挥部表达了希望亲赴开罗、向各方面陈述希腊紧急情势的请求。得知迈尔斯的计划，EAM的负责人兹玛斯(Ανδρέας Τζημάς，1909—1972年)、EDES领导人泽尔瓦斯的副手皮罗马戈鲁以及EKKA的第二号负责人卡尔塔利斯先后表示希望与迈尔斯一起赶赴开罗。这个建议得到了开罗方面的批准，并且开罗方面愿意提供一架飞机去接代表团，时间定于8月初。在此之前，迈尔斯动员游击队员在联合指挥部尼拉达(Neirada)所在的村庄临时赶建了飞机跑道。

迈尔斯筹划这次会面的动机主要是增加山区抵抗组织与希腊流亡政府之间的相互信任。经过与其政治顾问华莱士(David Wallace)、下属伍德豪斯的讨论，迈尔斯在出发前已经准备好了明确的建议和计划，并得到了抵抗组织代表们的同意：一方面，希腊流亡政府要承认游击队为国家军事抵抗力量的一部分，希腊总参谋部接纳来自山区的联络员；另一方面，国王也应当从政府中派遣一两名部长

---

① 伍德豪斯在《纷争之果》一书的附录中记录了这份"民族游击队"协议的初始版(1943年3月准备)和最终签订版本(1943年7月)，参见 C. M. Woodhouse, *Apple of Discord: a survey of recent Greek politics in their international setting*, pp. 298—300。

② E. C. W. Myers, *Η Ελληνική Περιπλοκή: Οι βρετάνοι στην κατεχομένη Ελλάδα*, Αθήνα, Εξάντας, 1975, σ. 225.

前往山区，了解"自由希腊"的情况，并为抵抗组织所代表的政治力量进入民主政府预备道路。除此以外，为了保证游击队的士气，他还将提议一些军备和民事上的援助。① 这就是迈尔斯打算去开罗与特别行动处总部、英国外交部、军事物资部门等沟通的内容，他对形势的判断已经超出了军事建议的范畴，换句话说，他已经意识到山区军事力量的政治影响力不容忽视，如果不能妥善地加以引导，这股力量可能会把希腊再次引向战火。他试图通过自己的开罗之行，为名义上代表希腊的流亡政府与民心所向的山区游击队提供一个顺利接驳的机会。

　　EAM 的代表兹玛斯突然提议随行的目的却多半带着试探的动机。8 月 7 日代表团起飞前，兹玛斯去征求希腊共产党中央的意见，寻求开罗之行的路线指导。中央反对他一个人参与活动，于是中央书记西安托斯（Γιώργος Σιάντος，1890—1947 年）带着鲁索斯、得斯珀托普洛斯（Κ. Δεσποτοπούλος，1901—1992 年）和齐里莫科斯匆匆赶到联合指挥部，要求后三人作为 EAM 的代表并加入开罗之行。② 代表团的出发时间因此推迟至 9 日，成员也临时变成了六人，其中有三人是共产党员，齐里莫科斯代表 EAM 当中的左翼小党，而皮罗马戈鲁和卡尔塔利斯虽然分别代表 EDES 和 EKKA，但在政治立场上都属于自由派。因此，代表团成员在反对国王的态度上是一致的。这样代表团的政治诉求与迈尔斯的计划出现了偏差，后者要的是双方的接触和认可，而前者却将利用开罗之行明确表达国王问题上的立场。出乎迈尔斯意料和控制的是，EAM 甚至提出了更激进的政治诉求，例如在政府中担任三个重要部长职务。当然这是一次投石问路，EAM 代表在发现政府席位的诉求过于激进时，退而以国王问题作

---

① Brigadier E. C. W. Myers, "The Andarte Delegation to Cairo: August 1943", in Phyllis Auty, Richard Clogg eds., *British Policy Towards Wartime Resistance in Yugoslavia and Greece*, pp. 149—150.

② Πέτρος Ρούσος, *Η Μεγάλη Πενταετία 1940—1945*, Α΄ τόμος, Αθήνα, Σύγχρονη Εποχή, 1976, σ. 391—392.

为他们的突破口。

随着艾科辛塔利斯（Γ. Εξηντάρης，1987—1963年）作为留在雅典各自由派政党的代表也到达开罗，希腊的主要政治力量代表就齐聚在开罗了。在一周时间内，山区代表团与开罗的希腊人群体进行了接触，一方面了解流亡政府、开罗的希腊社群、希腊军的情况，宣传本土的抵抗活动，另一方面进行政治游说活动。8月17日，在与政府的正式会议中，代表团联合曾经担任流亡政府副总理的自由派军官卡内普洛斯、雅典政党代表艾科辛塔利斯，共同签署了一份声明，要求国王承诺在人民决定国家的政治制度之前暂时不回到希腊。[①]

然而，面对迈尔斯和山区代表团的意见，国王和流亡政府显得措手不及，他们不仅没有预料到山区代表会造访开罗，更没有料到他们会如此郑重和严厉地对国王提出要求。政府总理楚泽罗斯在19日召开紧急部长会议，讨论对待这份公开声明的意见。[②]乔治国王则立即给英国首相丘吉尔和美国总统罗斯福拍去私人电报，寻求两位巨头的支持。在这份私人电报中，他提到山区代表时的用词，透露出他内心的傲慢和对这些希腊人民代表的不屑："我现在突然陷入了极其奇怪的境地，因为某些来自希腊的不速之客，自称代表若干游击队。另外还有某个代表某些旧政党的人，也希望逼迫我宣布，在公民投票决定未来政治制度之前不回到希腊。"他提醒英美两国注意希腊问题的国际影响力，他们不可能置身事外。他本人则明确表示希望在解放时带着军队立刻回到希腊。[③]

1943年3—7月，在英国人长达四个月努力联合抵抗组织共同

① 声明原文参见 Κομνηνός Πυρομάγλου，Ο Δ ούρειος Ίππος. Η Εθνική και Πολιτική Κρίσις κατά την Κατοχή. Αθήνα: Εκδόσεις ΔΩΔΩΝΗ，1978，σ. 118。

② Κομνηνός Πυρομάγλου，Ο Δ ούρειος Ίππος. Η Εθνική και Πολιτική Κρίσις κατά την Κατοχή，σ. 118.

③ 美国外交文件中记录了美国驻希腊流亡政府大使柯克收到的全文，"The Ambassador to the Greek Government in Exile (Kirk) to the Secretary of State，Cairo，August 18 1943"，*Foreign Relations of the United States*（FRUS），1943，v. 4，p. 143. 鲁索斯参考了皮罗马戈鲁在《特洛伊木马》一书的记载，与美国外交文件记录一致。

行动的过程中,他们意识到希腊国王在希腊本土很不受欢迎,因此乔治二世在英国的压力下不得不于 7 月 4 日在开罗向希腊人发表广播讲话,表示支持希腊人民的民族团结,他认为这对于取得抵抗胜利至关重要,并且承认希腊人有权通过大选的方式决定自己的政治制度,恢复民主。[①] 然而,他的讲话尽管表达了在政治制度上的让步态度,但是并没有得到各抵抗组织的热烈欢迎。出于对国王既往政治态度的不信任,以 EAM 为首的抵抗组织领导人希望国王进一步明确表态暂不回国。

反对国王重回希腊是各个势力最有可能达成一致的政治动议。这是有历史原因的:政制之争,或者说君主制与共和制之争,是 20 世纪初希腊政治的传统议题,这是希腊现代化在政治方面实现民主化的基本议题。希腊赢得独立战争之后,建立起"适合希腊国情的"君主制政府,但因为政党发展的缓慢,君主掌握一切权利,代议制政府形同虚设。直到 1910 年维尼泽洛斯在大选中获得了压倒性的支持,开始领导大规模改革。他创建了希腊现代意义上的第一个政党。从此,希腊政坛就成为了进步主义的自由党与团结在国王周围的保守派之间的争斗。在他任下通过的 1911 年宪法成为希腊现代民主制度的基石,民主派一直试图捍卫这部宪法在现实政治中的地位。[②] 这场争斗在一战时由于维尼泽洛斯与国王对于参战与否的意见不同而达到高潮,国家分裂为南北两方,维尼泽洛斯在塞萨洛尼基领导革命政府,而国王在雅典领导官方政府。这次大分裂（Eθνικός Διχασμός）以 1917 年国王康斯坦丁被迫退位、其子亚历山大即位为结局。但是维尼泽洛斯的反对派也很强大,1920 年亚历山大国王意外去世,维尼泽洛斯为了保护代议制政府,在大选中失势的他接受了保守派得势的事实,康斯坦丁国王复辟。在小亚细亚危机之后,希腊

---

① "The Ambassador to the Greek Government in Exile（Kirk）to the Secretary of State,Cairo,July 3,1943",*FRUS*,1943,V. 4,19p. 135.

② 〔希〕约翰·科里奥普罗斯、萨诺斯·维莱米斯:《希腊的现代进程——1821 年至今》,郭云艳译,上海人民出版社 2008 年版,第 55 页。

举行全民公投决定实行共和制。保守派纠集力量成立的新政党——
民粹党成为支持国王复位的重要政治力量，不断影响着共和制的稳
定。1933 年民粹党领导人查尔达利斯在选举中赢得胜利，自由派试
图发动军事政变防止国王上台，但最终失败，并加速了乔治国王
1935 年的复辟。[①] 可以说，从 20 世纪 10 年代中后期到德国人入侵，
在这四分之一个世纪里，围绕君主制的政制之争一直是希腊政治生
活的焦点。

　　国王乔治二世的政治信誉并不光彩。在重新回到王位时他承
诺要根据宪法进行公正的统治，但是他很快就背弃诺言，为独裁铺
平道路。1936 年 8 月 4 日，国王签署了宪法补充条款，使他任命的
总理梅塔克萨斯将军掌握独裁大权。在这个所谓的"8 月 4 日政
权"的独裁下，许多民主派政客遭到迫害，希腊共产党及工会组织
遭到严重镇压和破坏。[②] 梅塔克萨斯去世后，流亡开罗的乔治二世
就成了君主主义独裁政权的唯一代表，更是在外敌入侵下抵抗不力
的失职代表。

　　从乔治二世的个性来看，他也从来不是一个受人爱戴和欢迎的
国家领袖。从他发给丘吉尔首相和罗斯福总统的电报可以看出他对
山区代表的鄙夷。英国驻流亡政府外交部长利珀(R. Leeper)虽然
认为乔治二世性格直爽，但是对并非自己亲信的希腊政客"表现出冷
淡的倾向"，是与性格热烈的希腊人相当不同的"冷淡的北方人"，"缺
乏大众吸引力"。他似乎更像一个英国人，毕竟在随父亲康斯坦丁国
王流亡国外时，他长年居住在英国，英国就像他的"祖国"一样。[③] 利
珀承认，国王的这种性格会让英国对他的宣传显得是强行支持国王。
不仅如此，在他看来，乔治二世并没有对自己的未来充满热情，因此
并不想去赢得希腊人民的心意，他的坚持是出于对自己家族王朝的

---

　　① 　Richard Clogg，*A Concise History of Greece*，pp. 111—113.

　　② 　Richard Clogg，*A Concise History of Greece*，p. 115.

　　③ 　Σέρ Ρέτζηναλ Λήπερ，«Όταν Έλλην συναντά Έλληνα»，σ. 6—7，Κομνηνός Πυρομάγλου，*Ο Δ ούρειος Ίππος. Η Εθνική και Πολιτική Κρίσις κατά την Κατοχή*，σ. 102.

责任和作为一个战士的坚持。^① 这就解释了乔治二世对新兴的政治势力的不屑、对自己地位和待遇的坚持,以及对于政治协商的冷漠和强硬。

在独裁政权下遭受迫害的希腊共产党始终将反对君主法西斯独裁作为自己一以贯之的政治口号。反侵略的抵抗斗争是反独裁的逻辑延伸和新阶段,在希腊共产党的政治宣传中,"君主"、"法西斯"、"独裁"这些词汇始终联系在一起,成为描述战斗对象的同义词。同时,从 1941 年 9 月希腊共产党联合其他若干党派成立 EAM 以来,争取团结各民主党派共同抵抗侵略,与法西斯主义斗争,斗争的对象不仅包括奴役希腊人的侵略者,还包括与德意法西斯势力合作的叛徒。斗争的目的是获得民族的解放,以及进一步实现希腊人民的民主统治。^② 在此之后,希腊共产党和民族阵线对待其他政党的主要政策是民族团结(εθνική ενότητα),这一政策在 1944 年 1 月的希共十中全会上再次得到强调。^③ 因此,会议主题报告对山区代表团开罗之行的谈判活动评价甚高,认为这是"巨大的成功,展现了对抗希腊法西斯领导的民族团结,同时从国际角度来看,也是实际运用'大西洋宪章'的第一步"。^④

于是,一贯以反君主为最低限度要求的 EAM 和希共,在开罗之行中得到了一个绝佳的机会,极有可能在与会代表中组成一个反君主联盟。山区抵抗组织 EDES 代表皮罗马戈鲁和 EKKA 代表卡尔塔利斯,根据前者自己的说法,是所有代表中在国王问题上最不愿意

① "An appreciation of the character of King George II of the Hellenes by Reginald (Rex) Leeper, British Ambassador to the Greek Government-in-Exile, 6 May 1943," in Richard Clogg ed. ,Greece 1940—1949 : Occupation,Resistance,Civil War. A Documentary History ,pp. 159—160.

② «Η ίδρυση του Εθνικού Απελευθερωτικού Μετώπου (EAM)», στο Το Κομμουνιστικό Κόμμα της Ελλάδας ,Επίσημα Κείμενα ,Τόμος Πέμπτος 1940—1945 , «Σύγχρονη Εποχή», Αθήνα , 1981 ,σ. 54—56.

③ «Εισηγήση του Γ. Ζεύγου», στο Το Κομμουνιστικό Κόμμα της Ελλάδας , Επίσημα Κείμενα ,Τόμος Πέμπτος 1940—1945 » ,«Σύγχρονη Εποχή», Αθήνα ,1981 ,σ. 342—356.

④ «Εισηγήση του Γ. Ζεύγου», στο Το Κομμουνιστικό Κόμμα της Ελλάδας , Επίσημα Κείμενα ,Τόμος Πέμπτος 1940—1945 » ,σ. 355.

妥协、立场最为坚定的两位。他们认为自己很了解抵抗组织中的共产主义者,了解他们的优势和弱点,因此对他们来说,那"既不是威胁,也无法令人紧张","在全国抵抗层面上,可以与之合作,如果不能,就共存"。① 因此,这两位民主派在声明问题上完全支持了EAM的倡议。但是,值得注意的是,这不意味着抵抗组织中的民主派政客也能够坚持这一立场。伍德豪斯和华莱士都非常清楚,像EDES领导人泽尔瓦斯这样的人,尽管厌恶国王,但为了赢得英国的物质和精神支持,随时愿意接受英国人对希腊政治的任何安排。② 不过就开罗之行的代表团来说,这两位已经代表了EDES和EKKA这两个抵抗组织的意见。

而在雅典政客的代表中,有那么几位值得EAM临时说服和拉拢。艾科辛塔利斯曾经在自由派政府中担任过部长,代表仍在雅典的旧政客们。他们不愿意来到开罗加入楚泽罗斯的政府,但愿意一同阻止国王在全民公决之前回到希腊。③ 卡内洛普洛斯的政治立场比较中立,他自己成立了一个小党,也属于主要活动在雅典的旧政党。尽管他宣称自己既反对共产主义也反对君主主义,但因为他曾在独裁政权下遭受过逮捕和流放,对独裁的厌恶更为明显。这两位是山区代表团到达开罗后临时说服加以合作的对象。

鲁索斯受命作为希腊共产党代表,劝说他们加入由EAM倡议的全希腊的政治联合,他不仅详细阐述了EAM的政治意图,而且说明了抵抗组织在山区发展的热潮。艾科辛塔利斯一开始不为所动,只说了两点:一是"英国人怎么说",二是表明雅典的政党不愿意与

---

① Κομνηνός Πυρομάγλου, Ο Δ ούρειος Ίππος. Η Εθνική και Πολιτική Κρίσις κατά την Κατοχή, σ. 113.

② C. M. Woodhouse, *Apple of Discord: a survey of recent Greek politics in their international setting*, p. 73;"British Policy and Resistance Movements in Greece,Report by Major D. J. Wallace on his visit to Greece, 14 July-9 August 1943", in Richard Clogg ed., *Greece 1940—1949: Occupation, Resistance, Civil War. A Documentary History*, p. 119.

③ Κομνηνός Πυρομάγλου, Ο Δ ούρειος Ίππος. Η Εθνική και Πολιτική Κρίσις κατά την Κατοχή, σ. 111.

EAM 结盟。鲁索斯回答说，"我们的党愿意接受与其他政党的任何形式的协议，但此时我们代表 EAM - ELAS，我们的决定将与其他抵抗组织保持一致"。鲁索斯的诚意似乎打动了他，"这一时刻很微妙，议程紧张，容不得犹豫，他很难像往常一样表示否定"。最为关键的是，鲁索斯等 EAM 代表认为他们对国王的否认已经得到了英国人的默认。而卡内洛普洛斯的境况又不同，鲁索斯用责任吸引他、回忆独裁对他的迫害来拉拢他，他"在政客圈子里和开罗的英国人圈子里并没有得到许多支持"，鲁索斯认为，与山区抵抗组织结盟共同发表声明是他最好的选择，因此，他同意了。[①] 就这样，EAM 代表团成功地组成了一个临时的反君主联盟，试图与国王正面对抗，迫使他承诺暂不回国。

在开罗的这次协商是在以 EAM 为首的抵抗组织倡议下，由旧政党和新兴政治势力就国王问题上达成的一致，是希腊各政治势力的协商结果。这几乎是希腊旧政治的延续，似乎是保皇派与民主派的对决。但是这一次却又与旧政治不同，这是希共控制的 EAM 主动进行结盟。但是，在这次反君主联合中，隐藏着共产主义与反共产主义的暗流，这成为政治协商难以为继的潜在因素。不仅如此，这次危机之所以失败，还因为希腊政治中出现的另一新的因素：英国人的强力干预。

三

当丘吉尔和罗斯福收到乔治二世的电报时，二人正在加拿大召开第一次魁北克会议，席间他们就希腊问题达成了基本原则的一致，即两国政府应当继续支持目前的国王政府，直到取得战争的胜利。丘吉尔表示英国外交部将支持国王做好回国准备，同时通过希腊境

---

① Πέτρος Ρούσος, Η Μεγάλη Πενταετία 1940—1945, Α'τόμος, σ. 417—419.

内的英国特工,向游击队领导传达此时不鼓励提出政治要求的意思。① 美国其实与英国的态度不同,认为英国干预希腊政治的做法过于强硬,妨碍了希腊人民意愿的表达,这会导致更加严重的政治和军事后果。同时,在美国的希腊裔也对公开声明的要求进行了声援,反对君主回国。因此,美国幕僚建议对英国的希腊政策保持距离。② 丘吉尔于 8 月 30 日才给予希腊流亡政府和乔治二世正式的答复。丘吉尔表示乔治二世 7 月 4 日声明中的表态是最符合希腊利益的决定,因此不需要再发表新的声明。也就是说,他完全否定了代表团的要求。罗斯福迟至 9 月 6 日也向乔治国王提供了支持,尽管他说得比较含混:"我希望出于共同的战争利益,希腊人民可以接受国王在 7 月 4 日广播讲话中做出的承诺,即他们将在最快的可能的时刻,获得充分的自由,表达其意愿,同时希望他们能够为了赢得战争和解放他们故土的迫切需求服从其他的安排。"③在国务院给柯克大使的电报中,除了要求他向国王转达这则公开声明,同时提到要口头告知国王,罗斯福总统不能对如何对待希腊代表提供具体的意见。④ 9 月 7 日,流亡政府总理楚泽罗斯向国王传达了两位巨头的消息,未向代表团公布。第二天,国王告病,拒绝出席会议向代表团正式答复。这就意味着,来自山区的六人代表团,在联合自由派政客针对国王的政治行动上,完全地失败了,他们最终未能迫使国王就解放后暂不回国、等待全民公决一事做出承诺。

　　国王的强硬态度得到英国的支持,事实上整个流亡政府在开罗也近乎英国的"傀儡"。鲁索斯在与开罗希腊军官的交谈中发现,英国对希腊流亡政府及军队隐瞒了本土山区抵抗运动的情况,包括

---

① "The Ambassador to the Greek Government in Exile (Kirk) to the Secretary of State,Cairo,August 22 1943,"*FRUS*,1943,v. 4,p. 148.

② "Memorandum by the Assistant Secretary of State (Berle) to the Secretary of State,[Washington] August 31 1943",*FRUS*,1943,v. 4,p. 149.

③ "The Secretary of State to the Ambassador to the Greek Government in Exile (Kirk),at Cairo,Washington,September 6 1943",*FRUS*,1943,v. 4,p. 151.

④ "The Secretary of State to the Ambassador to the Greek Government in Exile (Kirk),at Cairo,Washington,September 6 1943",*FRUS*,1943,v. 4,p. 151。

EAM - ELAS 存在的事实及其力量。英国人在开罗还对有关EAM -
ELAS 的新闻报道进行审查,以至于中东的希腊人对希腊本土的形
势一无所知。鲁索斯一度怀疑他与军官们的谈话可能遭到窃听。他
认为在英国人控制下的楚泽罗斯政府的作用仅仅是"居中协调"而非
"管理统治"($\delta\iota\alpha\pi\varepsilon\rho\alpha\acute{\iota}\omega\nu\varepsilon$,$\delta\varepsilon\nu$ $\kappa\upsilon\beta\varepsilon\rho\nu o\acute{\upsilon}\sigma\varepsilon$),在英国人、国王,以及后来
的"保守自由派"这三者中保持平衡。① 因此,虽然国王流亡开罗为
希腊国内民主派政治势力协调一致反对国王提供了绝好的机会,但
是流亡政府被放在英国人眼皮底下也增加了好不容易达成的松散的
政治联盟正面对抗英国支持下的国王的难度。

　　许多研究英国对希腊政策的学者注意到,这次危机是英国政策
逐渐走向清晰的转折点。这次事件以后,对希腊抵抗组织态度温和
的迈尔斯被解职,他的副手伍德豪斯接任。② 这不是仅仅针对其"鲁
莽"行动的惩罚,而是国际事态变化后英国政策转变的结果。1943
年春天以降,随着大战形势的变化,英国特别联络员军事职责以外的
政治考量变得越来越重要,6 月华莱士被任命为迈尔斯的政治顾问,
直接听命于英国外交部,负责考察希腊的政治形势并做出政策建议。
在迈尔斯努力协调各个抵抗组织并勉力组成联合指挥部的关键时
期,华莱士一直担任他的翻译和政治顾问,近距离接触和考察了希腊
的政治军事情况,并随山区代表团共赴开罗。经过近一月的考察,他
撰写的报告"英国政策与希腊的抵抗运动"(1943 年 8 月 29 日),对
丘吉尔最终决定支持国王起到了决定性的作用。这篇报告分析了各
个抵抗组织的性质,他认为 EAM - ELAS 的初始目标是夺权,团结
其他民主派别是形势所迫,因此不足为惧。他批评以迈尔斯为代表
的特派员对 EAM 的态度过于温和,他建议应当强硬地对待与希腊

------

① Πέτρος Ρούσος,Η Μεγάλη Πενταετία 1940—1945,Αθήνα,1976,p. 400.
② 迈尔斯没有随山区代表团一起回到希腊,但是他和上司、政治顾问都被要求去伦
敦解释此次危机。到了 12 月,伍德豪斯才正式接任英国在希腊的特别行动处长官一职。
参见 C. M. Woodhouse,*Apple of Discord*:*a survey of recent Greek politics in their inter-
national setting*,p. 156。

抵抗组织的谈判，"英国在希腊的特别行动处必须开始习惯坚定地、斩钉截铁地说'不'；然后一以贯之"①。他将这场关于国王去留问题的争论理解为英国政府与 EAM 背后的共产主义的矛盾，既反对国王又（或者说"更"）反对共产主义的旧党派是焦点，"他们坚信，无论他们做什么，英国最后都会在共产主义者面前保护他们，因此他们感到自己能够集中精力说服英王陛下政府同意不再支持国王。这是似乎每个希腊政客都可能产生的一种完全自私和短见的算计"。华莱士认为对付这种算计只有两个办法：要么完全不管希腊之事，让其自生自灭；要么对国王表示完全的支持，不留任何妥协空间，迫使他们让步，跟随英国的政策。② 事实证明，强硬政策的建议完全符合丘吉尔的心意。从开罗危机之后，希腊的军事意义在英国对希腊政策中的考量比重下降，英国对希腊的政治干预越来越重要，在希腊一步步走向内战的过程中起到了不可忽视的作用。

　　到了 1944 年 5 月的黎巴嫩会议，希腊政客们再也没有了开罗危机时自由媾和的机会。英国人终于找到了一个亲英且反共立场坚定的政客领袖帕潘德里欧（Γεώργιος Ππαυσρέον，1888—1968 年），主持这场关于联合政府构成的谈判，在精心选择的会议地点、严格控制的会议议程中，民主派政客此时已经在英国人的支持下，暗中形成了反对民族阵线及希腊共产党的联合，尽管表面上展现出乐于政治协商的友好态度，但实际上将 EAM 代表边缘化。③ 如果说开罗危机时 EAM 代表团成员还有机会采取主动姿态积极争取民主派政客的话，到了黎巴嫩会议上，这种机会几乎完全不存在了。开罗危机之后，每一个政治协商的机会都变成了英国干预下的政治，变成了英国带着希腊其他势

　　① "British Policy and Resistance Movements in Greece，Report by Major D. J. Wallace on his visit to Greece，14 July-9 August 1943"，in Richard Clogg ed.，Greece 1940—1949：Occupation，Resistance，Civil War. A Documentary History. p. 144.

　　② "British Policy and Resistance Movements in Greece，Report by Major D. J. Wallace on his visit to Greece，14 July-9 August 1943"，pp. 134—235.

　　③ Procopis Papastrati，"The Papandreou Government and the Lebanon Conference"，in John O. Iatrides（eds）Greece in the 1940s：A Nation in Crisis，Hanover and London：University Press of New England，1981，pp. 126—128.

力对抗共产主义力量的"新游戏"。

结 论

开罗危机为我们观察希腊新旧政治时代的交替提供了一个绝佳的案例。雅典传统政党及相应立场的抵抗组织、抵抗运动中新兴的背后有共产主义政党支持的政治势力，以及国王和支持国王的保守派，这三方新旧势力就国王在解放时是否马上回国的问题进行首次政治协商。以国王问题为表象的政制之争是现代希腊政治的传统议题，也是两战之间的基本政治议题。其本质是君主统治/独裁与民主主义的斗争。但是，这一争斗被德国和意大利的入侵中断了，后者导致的政治真空被抵抗运动中新兴的政治势力——希腊共产党领导下的民族阵线——迅速填补。开罗危机表明，在旧的政治斗争上，民族阵线在其最低的政治目标上能够积极与自由派政客联合，继续反独裁的斗争目标。但是，它同时也显示了，这种联合也因民主派对新的政治力量的恐惧而岌岌可危，将再次被英国的政治干预打破，后两者将在反共产主义的路线上站在一起。战争不仅以侵略者的形态打断了传统的政治进程，也以帮助抵抗的同盟者的干预的形态打断了这个进程。自开罗危机之后，希腊政治进程出现新的因素：共产主义的政权诉求，以及英国对希腊政治的强干预。这些因素令政治协商的前景更加灰暗，也促使寻找权力的政治力量采用更加激进的方式追求其政治目标。

现代希腊语言之争的社会历史因素初探[*]

孙涛（对外经济贸易大学外语学院讲师，
希腊亚里士多德大学文学系博士研究生）

　　希腊被认为是当今世界上为数不多的存在着独特双语现象的国家之一。这种双语现象与我们熟知的双语国家，例如把英语和法语都作为官方语言的加拿大，以及同时使用荷兰语和法语的比利时截然不同。与其说是两种语言，其实不如称之为两种形态的语言（dimorphia）更为准确，[①]即在同一民族语言（national language）之中同时存在着两种形态不同、风格迥异的语言。这两种形态的语言，一种作为"高级语言"，用于正式场合、官方文书、学校教育和学术写作，使用这种语言进行交流和书写的人一般都是受过良好教育，拥有一定社会地位的上层人士；而另外一种则作为"低级语言"，广泛地用于普通社会成员之间的日常交流和沟通。

　　围绕着这两种语言的"高低之分"、"孰优孰劣"，从 18 世纪中叶开始一直到现代希腊建国以后相当漫长的一段时期内，在希腊文坛和学界展开了一场长达两百年之久的激烈争论，历史上称之为"语言之争"（Language Controversy）。争论的焦点主要在于现代希腊应

---

　　[*] 本研究得到对外经济贸易大学"中央高校基本科研业务专项基金"资助（项目号 15QD06）。

　　[①] 需要澄清的是西方学界一般用拉丁语词"bilingualism"指称一个国家或地区存在两种不同语言的现象，而用希腊语词"diglossia"表示同一语言的两种变体在一个共同体内部不同社会语境中的使用，但在希腊学界更倾向用"dimorphia"来指称希腊语特有的两种不同形态的语言，认为这个术语更准确和科学。其中最有代表性的是希腊前教育部长、著名语言学家巴比尼奥提斯的观点，参见 σχόλια των λημμάτων «διγλωσσία» και «διμορφία», στο Γ. Μπαμπινιώτης, Λεξικό της Νέας Ελληνικής Γλώσσας, Αθήνα: Κέντρο Λεξικολογίας, 2002, σ. 501 και σ. 511。

该采用哪种形式的语言作为新生民族国家的通用语:究竟是采用通俗希腊语(Demotic)还是仿古语(Archaic)作为全国的统一语言? 抑或是采取一种折中的方案,使用改良过的、纯化过的希腊语(Katharevousa)作为通用语? 这些观点和方案针锋相对,口诛笔伐,激烈角逐,胜负难分。一直到 20 世纪 70 年代,即建国一百五十多年以后,希腊才正式通过了语言法案,确立了以民间通俗语为基础的现代希腊语作为国家的官方语言,最终被社会普遍接受和使用。

这场贯穿两个世纪的语言之争,折射出了整个希腊思想文化界的波澜起伏,引起了希腊和西方学者的极大兴趣,并迅速纳入已经定型的民族主义的"宏大叙事"之中。但是这场语言之争的背后绝不仅仅是单纯的语言问题,它有着深刻的社会历史根源,实际上反映了现代希腊人面对古典文化遗产,如何在传统与现代性的张力中寻求平衡,以及如何来建构现代希腊民族的认同问题。

一、语言之争的历史渊源

追根溯源,这场争论实际上早在希腊化时期(公元前 321 年—前 31 年)就已经埋下了种子。以阿提卡方言(Attic dialect)这种古典时代极负盛名的语言为基础发展而来的一种新的共通语(Koine)曾经是希腊化世界标准的沟通工具,而且一度成为当时泛地中海以及近东地区各民族官方、商务往来以及教育广泛使用的国际语言。几乎所有的哲学论著、科学文献、戏剧诗歌,甚至宗教著作都使用这种能被广大读者阅读和理解的语言。但是,希腊化时代也是各民族文化相互交融的时代。因此,不可避免地,希腊语在向外传播的同时,也吸收了大量的外族词汇,比如拉丁语、希伯来语、亚兰语等。除了词汇以外,希腊语的语音、语法也在这个时期发生了显著的变化。[1]

---

[1] 譬如语音中最明显的变化是"iotacism",即许多元音字母,如"η/υ/οι/ει/οι"都按字母"ι"(iota)的发音进行拼读;语法上最大的变化是与格的逐渐消失。

　　特别是后来随着基督教的兴起，早期的基督徒为了在罗马帝国大范围地传播"上帝的福音"，开始用共通语从事写作、布道、阅读经文，重要的宗教经典《新约圣经》就是在这个时期用希腊共通语写成的。而早期皈依基督教的很多都是罗马帝国穷苦的和受压迫的普通民众，他们从来也没有想过用某种特定的"高级语言"来彰显他们特权的身份。正如英国语言学家尼古拉斯·奥斯特勒（Nicholas Ostler）指出的，希腊共通语的最大特点就是没有阶级之分，在没有人能说一流希腊语的情况下，母语使用者和第二语言的学习者基本上处于一种平等状态。① 因此，伴随着基督教在帝国的传播，共通语越来越走向大众、走向平民、走向"庸俗"。试想在一个以共通语作为"国际普通话"的语境中，一个希腊语非母语的普通民众能说出或写出多么古典、高雅的希腊语呢？

　　针对希腊语日趋"平民化"和"庸俗化"现象，一些推崇古典文化的希腊文人和学者，不顾语言自然的发展趋势，试图净化希腊语，使之重新回到古典语言——阿提卡语。他们认为使用鄙俗的共通语是语言文化的堕落，阿提卡语才是正统的、高贵的希腊语，这种思潮被称之为阿提卡主义（Atticism）。② 希腊语史学者罗伯特·布朗宁（R. Browning）认为出现阿提卡主义思潮主要归于以下三个方面的原因③：

　　1. 当时社会广泛使用的鲜活口语与教育领域使用的古典文学语言之间的差异日益增大；

　　2. 为了反对罗马人的占领，希腊人以此共同怀念先祖"光辉灿烂的过去"；

---

　　① 〔英〕尼库拉斯·奥斯特勒：《语言帝国：世界语言史》，章璐等译，上海人民出版社2016年版，第227—228页。

　　② 关于阿提卡思潮与希腊语言之争的渊源问题，参见 Αντώνιος Θαβώρης, «Οι απαρχές του γλωσσικού ζητήματος: Αττικισμός-Γλωσσική διμορφία», στο συλλογικό έργο Το γλωσσικό ζήτημα. Σύγχρονες προσεγγίσεις, Αθήνα: Ίδρυμα της Βουλής των Ελλήνων, 2011, σσ. 47—55。

　　③ R. Browning, Η ελληνική γλώσσα, μεσαιωνική και νέα, μτφ. Δ. Σωτηρόπουλος, Παπαδήμας, 1972, σ. 72。

3.社会上层阶级需要从古典语言中寻找权威的象征,以此来获得话语统治权。

遗憾的是,阿提卡主义只不过是社会上层理想主义者的乌托邦罢了,希腊语在经历希腊化时代之后演变为共通语的历史趋势不可能扭转,"净化语言、重回古典"的口号也只能停留在后代知识精英的梦想和他们自己的创作之中。从此,社会上层与平民之间、受过良好教育的文人雅士与未受过教育的白丁布衣之间存在着一条巨大的语言"鸿沟"。当然,这也为后来的现代希腊国家的语言之争埋下了伏笔。

这种现象到了拜占庭帝国时期依然没有改变,仿古语(Archaic)一直作为帝国行政、教会、教育和文学的语言,而民间通俗语主要作为普通百姓日常交流的工具。由于拜占庭帝国实行高度统一的专制体制,所以虽然始终存在语言差异问题,但却从未演变成为尖锐的论战。这个持久的平衡直到希腊独立战争时期才被彻底打破。当希腊人为了摆脱奥斯曼人的奴役统治,寻求民族解放,建立现代希腊民族国家之时,语言问题才变得尖锐起来。

二、19 世纪的语言之争与希腊民族认同

语言作为一种交流符号、思维工具,在民族的文化建构中发挥着不可替代的作用。著名民族主义学者霍布斯鲍姆(E. J. Hobsbawm)列举的构成民族的三项要件中,第二件就是拥有悠久的精英文化传统,并有其独特的民族文学与官方语言。① 语言在民族构建中重要性可见一斑。

同时,语言与民族认同之间又互为依托、相互塑造。这种互动关系在另一位民族主义学者安德森(Benedict Anderson)的著作中给

---

① 〔英〕埃里克·霍布斯鲍姆:《民族与民族主义》,李金梅译,上海人民出版社 2000年版,第 30 页。

予了深入的论述。安德森把民族定义为"想象的政治共同体",其中促使新的共同体可以想象的三大重要因素之一即是"人类语言宿命的多样性"。① 这既便于民族成员以民族语言为其民族的身份标志,将本民族成员与非本民族成员进行区隔,有利于民族成员间彼此认同,同时语言也是民族成员对民族共同体展开想象的思维工具和思想载体,维系共同体内"自我"与"他者"、"现在"与"过去"的纽带。

一个理想的民族国家模型,它的居民都来自同一个族群,说同一种语言,拥有同一文化、宗教,其居民是单一的。但是,希腊的现实情况要比理想的设定复杂得多。

首先,在奥斯曼帝国统治后期,独立战争之前希腊土地上生活着土耳其人、保加利亚人、阿尔巴尼亚人、斯拉夫人、瓦拉几人、威尼斯人等众多族群,他们大量形形色色的词语都汇入到了希腊语之中,把希腊语变成了一个名副其实的"大杂烩",所以构建民族认同,迫切需要改革和净化语言。其次,希腊各地亦有自己的方言,虽然人们交流起来不成问题,但是想要确立一种统一标准的官话实属不易。总之,希腊语本身的多样性和复杂性"宿命"给建国前的知识分子带来了一个十分棘手和麻烦的问题:究竟应该使用哪种形式的语言作为新生民族国家的官方语言,在国家的行政、司法、教育、文化等各个领域进行推广呢?围绕这个问题,希腊知识精英们至少提出过三种解决方案②:

第一种方案最为保守,主张直接回归古典希腊语,主要代表人物是雅典贵族作家、外交官考德利卡斯(P. Kodrikas,1762—1827 年);

第二种方案比较激进,主张学习当时西欧国家的语言模式,把大众用于日常交际的生动的通俗语(Demotic)作为官方语言,早期的代表人物有希腊启蒙运动的先驱、教育家卡塔尔基斯(D. Katartzis,

---

① 〔英〕本尼迪科特·安德森:《想象的共同体——民族主义的起源与散布》,吴叡人译,上海人民出版社 2005 年版,第 42 页。

② 参见 «γλωσσικό ζήτημα», στο Λεξικό Νεοελληνικής Λογοτεχνίας, Αθήνα: εκδ. Πατάκη, 2007, σ. 418。

1720—1807 年)和米西奥达卡斯(I. Moisiodakas,1725—1800 年);

第三种方案较为温和,试图调和以上两种方案,即所谓的"中间路线",由著名思想家和教育家科拉伊斯(A. Koraes,1748—1833 年)首先提出。他主张把希腊语进行改良和纯化,既要摆脱古语的束缚,又要剔除希腊语中外来的、异化的、方言的、粗俗的成分。他的支持者以古希腊语法为基础,大量吸收古词,创造出一批稀奇的新词汇,形成"纯化语"(Katharevousa)。

这三种语言方案虽各有利弊,但是从其社会功能上来讲,都服务于希腊民族认同的构建和巩固。

第一种方案"回归古典希腊语",可以借助古希腊光辉灿烂的遗产,在语言和文化层面上揭示现代希腊人同其"古代祖先"的天然联系,表达自己对于民族复兴的强烈企盼,在这一点上与我们前面提到的阿提卡主义一脉相承。在希腊化时期和拜占庭时期,古希腊语曾一直被认为是哲学和科学的重要工具语言,现代西方语言中大量学术词汇都来源于此。如果现代希腊语需要这些术语,可以直接从西方语言中借过来。既然如此,那么为什么不把整个古代语言体系直接照搬过来呢? 不过,仿古语最致命的缺陷就是它只能在一个十分狭小的文化圈中推广,这个圈子以外是难以被理解的。尽管在教育层面也是可行的,不过作为一种交流手段,它比通俗的白话要逊色得多。在语言之争的整个过程中,回归古典、采用古语,一直都只是一种趋势、一个口号,目的是为了巩固希腊民族意识,增强民族自信心和自豪感。但是由于它在操作和推广方面难度太大,故象征意义远远大于其实践意义。

实际上,19 世纪希腊独立以后相当长的一段时期,在国家政治、教育、外交、司法等领域中扮演重要角色的是第二种方案,即科拉伊斯提出的纯化语。作为一种人造的语言,它既能吸收古词,又能发明新词,既能继承传统,又能推陈出新,所以在实践层面上可以为新生的民族国家带来丰富实用的词汇,它更适合国家机器的需要,且推广起来也比仿古语更为容易。于是纯化语实际上代替了仿古语,作为社会的"高级语言",成为国家意识形态和民族认同的基石。希腊独立战争时期,革命者有意识地把自己同"古代祖先"视为一体,极大地促进了民族认同的构建和民族意识的凝聚。建国以后,凭借古希腊在欧洲的崇高威望,这种认同又被作为一项强有力的外交政策工具,促使希腊积极地融入到西方世界中去。

折衷主义的纯化方案,不仅成功地保留了一些鲜活生动的现代语言,同时也维持了现代希腊民族同古希腊的认同关系。它的优越性得到社会精英的普遍认可和接受,最终"复活古希腊语"的方案被人们抛弃。在这一点上,需要指出的是:希腊语的情况与"现代希伯来语复活运动"截然不同,①因为在历史上当犹太人被驱逐出耶路撒冷流落到世界各地以后,他们使用的是寄居国的语言,致使希伯来语作为口语已经消失;而希腊语自古典时代以来一直都在自然发展演变,无论从口语还是书面语从未中断,且希腊族群内部拥有自己高度认同的共通语。因此,从历史现实来看,纯化语言的改革方案比回归古语的方案的确更为优越,更加切合实际。

但是,这种经过人为改良的纯化语也折射出当时希腊文化精英们的某种"自卑情结",这种自卑从科拉伊斯在法国的演讲中可以清晰地看出:

> 这个民族首先审视了自己的无知愚昧的惨状,并且在亲自衡量和祖先的荣耀之间相隔的距离之后,不由浑身战栗发抖了。然而,这个痛苦的发现并未将希腊人推入绝望之中:我们是希腊人的后裔。他们暗暗地告诉自己,我们必须尝试使自己能再度与这个名字相称,否则我们就不配拥有这个名字。②

---

① 关于希腊语和希伯来语在各自民族构建中的异同,参看 Peter Mackridge,"A language in the image of the nation: Modern Greek and some parallel cases", in Roderick Beaton & David Ricks ed., *The Making of Modern Greece: Nationalism, Romanticism, and the Uses of the Past*, London: Ashgate, 2009, pp. 177—188.

② Αδαμάντιος Κοραής, *Υπόμνημα περί της παρούσας καταστάσεως του πολιτισμού εν Ελλάδι*, Αθήνα, 1853, σσ. 43—44.

　　科拉伊斯及其追随者进行语言改革的初衷,实质上就是想通过现代希腊语的"去野蛮化",让人民能够学习和继承古典的光辉遗产,以此融入到西方世界中去,摆脱国家落后的面貌,实现民族的伟大复兴。但是,这些深受西方古典主义熏陶的思想家们,极力在"过去"和"现在","古人"和"今人"寻求民族认同之时,却忽视了这样一个事实:古代的光辉遗产有时也会成为一个民族前进道路上的沉重负担。对此希腊历史学家拜耳纳达克斯(D. Vernardakis,1833—1907 年)曾评论道:

　　　　一位伟大诗人的儿子曾说过,他一生背负的、无利可图的重担是他父亲的名字,而这重担正是他一生中无法挽回、注定要背负的。我们希腊人也背负着这样的巨大而无用的重担,而这重担正是我们伟大祖先的伟大的、光荣的、沉重的名字,以及由此而产生的所有责任。①

　　特别是当一个社会的内外部环境发生巨变之时,这样的负担也许会变得格外沉重!

　　19 世纪中后期,欧洲的民族主义运动蓬勃兴起,反对封建统治的资产阶级革命此起彼伏,拉丁文的统治地位已完全丧失,语言和教义共同粘合在一起的宗教共同体最终走向了衰落,②资产阶级开始竭力宣传和打造本民族的传统语言文化。而在希腊国内,经过建国以后的五十年的发展,资本主义已初具规模,特别在海运业、商业、金融业等优势产业中,新生资产阶级异军突起,登上了希腊政治舞台。他们试图仿效西欧国家,打破纯化语在国家生活中的垄断地位,大力推进世俗化教育,为资本主义发展进一步扫清障碍。因此反对纯化

---

① Δημήτριος Βερναρδάκης, Ψευδαττικισμού έλεγχος, ήτοι Κ. Σ. Κόντου Γλωσσικών παρατηρήσεων … , Τεργέστη, 1884, σ. 441.
② 参阅〔英〕本尼迪科特·安德森:《想象的共同体——民族主义的起源与散布》,吴叡人译,第 17—18 页。

语、支持通俗语的改革运动呼之欲出。

　　1888 年旅居巴黎的希腊作家、语言学家普西哈里斯（G. Psy-charis，1854—1929 年）用典型的民间通俗语发表了一篇描写雅典卫城帕特农神庙的文章，引爆了一场大论战。普西哈里斯认为：纯化语是非自然的、人造的、晦涩难懂的语言，它把古语和现代语杂糅到一起，形成一种不伦不类的"半吊子"语言（half-language），不能用于口语表达，只能停留于书面形式，这严重违背了语言科学的基本规律。而通俗语才是活生生的希腊语，也是"我们的民族语言"。在他看来"语言和祖国"是一体的，"为祖国斗争和为民族语言斗争是一回事"，"一个完全独立的民族国家需要一种完全独立的语言"，[①]这对于国家的现代化建设尤为重要。以普西哈里斯为代表的通俗语支持者无疑代表了那个时代的新思想。这些知识分子通常主张通过工业化来推动经济进步，通过土地改革来实现社会进步，通过义务教育来促进社会公平。而要实现这些宏伟的目标，他们认为就必须大力普及世俗化教育，就必须采用民众都普遍掌握的通俗语作为教育的工具。因此，他们认为语言改革势在必行，这完全符合民族发展和进步的根本利益。

　　当然，维护旧制度的反动阶级绝不会自动退出历史舞台。批判普斯哈里斯及其支持者的文章如雪片纷飞，甚至还有人诬蔑他们为"为外国利益服务的卖国贼"。一个单纯的语言问题竟演变成了政治问题。在当时的保守人士看来，"通俗语运动"的支持者就是"无政府主义者、无神论者、叛国者"的代名词，而"祖国、语言、宗教"被视为三位一体的、不可分割的整体。[②] 任何势力妄图改变这个"联合体"都是对民族文化的背叛和挑衅。在这种意识形态的左右下，两派的斗

---

　　① Γ. Ψυχάρης, Το ταξίδι μου,（επιμ.）Άλκης Αγγέλου, Αθήνα, 1971, σ. 37, 同时参阅 Peter Mackridge, Language and National Identity in Greece 1766—1976, Oxford: Oxford University Press, 2009, pp. 224—225.

　　② A. Φραγκουδάκη, «Τα ιδεολογικά αίτια της ιστορικής διαμάχης για τη γλώσσα», Η Ελληνική Γλώσσα, Αθήνα: Υπουργείο Εθνικής Παιδείας και Θρησκευμάτων, 1996, σ. 32.

争在 19 世纪末不断升级、愈演愈烈。1901 年一名大学老师把古希腊悲剧家埃斯库罗斯的《俄瑞斯忒斯三部曲》改编成了通俗语在雅典剧院上演,结果遭到集体抗议和围攻,甚至造成了流血冲突。可见当时希腊的语言之争何等之惨烈!

纵观 19 世纪的希腊语言之争,无论是纯化派还是通俗派,都把语言问题纳入到民族主义的宏大叙事之中,认为语言是构建民族认同和民族意识的核心和基石,在他们那里语言和祖国是同一的。差别只在于纯化派试图通过建立与"古代祖先"的文化联系来获取民族认同感;而通俗派则仿效现代西方的民族主义国家,竭力打破古典主义和封建主义的束缚,在自由的现代化建设中寻求民族的认同和发展。

三、20 世纪的语言之争:从理想到务实

20 世纪初,在"伟大理想"(Megali Idea)①的感召下,希腊的民族主义情绪空前高涨起来。特别是韦尼泽洛斯(El. Venizelos,1864—1936 年)政府时期,成功的外交政策和军事行动使希腊的版图扩大了近一倍,原先被奥斯曼帝国统治的马其顿地区和克里特岛正式划入希腊领土。外交和军事上的节节胜利让希腊人仿佛看到了民族复兴的梦想指日可待。在当时雄心勃勃的希腊人心目中,内政改革完全可以让位于外交政策和军事扩张。因此,为了平息国内矛盾,缓和语言之争所造成的国家分裂,1911 年韦尼泽洛斯政府果断推动修宪,不顾大多数议员反对,以法律形式把纯化语确立为官方语言。但这绝不意味着两种语言的斗争从此结束。

修宪之后,通俗派的理论家们并没有气馁,他们意识到通俗语运动失败完全是由于当时社会历史条件不成熟造成的,因此他们开始

---

① 希腊建国以后提出的一种民族主义的宏伟理想,旨在尽可能多地解放尚处于奥斯曼帝国统治之下的希腊人的领土。

在以下两个方面进行暗暗的尝试:一是从城市里受教育者所说的各种形式的语言中,编纂和规范出一套标准的通俗希腊语,以此来培育出科学和哲学的语言;二是在各级学校推动通俗希腊语的教育实践,这种策略如同"特洛伊木马",如果能够奏效,将会自下而上地带动通俗化语言改革。

很快地,20 年代希腊军队在小亚细亚军事扩张的全面失败,最终导致了"伟大理想"的破灭,国家陷入严重的危机之中。不切实际的"民族复兴"美梦幻灭,这又一次把希腊人拉回了残酷的现实,被民族主义冲昏头脑的知识精英们不得不清醒过来,再次思考国家的前途和命运问题。

尤其是在 30 年代以后,语言问题的社会背景发生了重大变化。首先,由于通俗派前面的"精心设计",标准的通俗语开始正式在科学、哲学、文学等著作和文献中大规模使用。第一部系统的用通俗语写成的《现代希腊语语法》也在这个时期完成,它的作者是著名的希腊通俗语教育奠基人特里安达菲里底斯(M. Triantafyllidis,1883—1959 年)。相应地,纯化语渐渐丧失了原有的"高级语言"功能,但它仍然具有区分教育程度和社会地位的功能。不过两种语言元素的混合越来越普遍,在一些精英的讲演中能够明显地感受到两种元素的混合。

这种"双重叠的双言现象"(double overlapping diglossia)①一直持续下来。不过纯化语依然在行政体系、公共管理中占据主导地位,它是底层平民改变自己命运,跃升进入主流社会必不可少的语言工具;而流利使用精致的通俗语此时仍然属于少数人群,成为教育差异性和社会优越性的标志。

直到 50 年代,在经历了"二战"和内战的双重摧残之后,希腊的经济和社会秩序完全崩溃,政治体系陷入严重危机,政府更迭频繁,为

---

① 这个概念由英国语言学家法索尔德提出,参见 Ralph Fasold, *The Sociolinguistics of Society*,Oxford:Basil Blackwell,1987,pp. 44—45。

政者缺乏合法性。内战的阴影挥之不去，普遍缺乏社会安全感。在这样一个"亟待重建新秩序"的社会历史背景下，两种语言的社会功能也逐渐地颠倒了过来。使用纯化语，此时意味着支持既定等级秩序、尊重传统价值、抵制社会变革；而使用通俗语无疑彰显着"摩登"和"进步"。当现代化变革成为主流意识形态之时，老生常谈的语言问题再次被人们关注。不过这次，尽管一些老学究和教会人士依然激烈反对通俗语，可是建立一个大众的、有效的教育体系已经成为社会的普遍共识。

另外，此时的希腊迫切需要向西欧靠拢，积极寻求加入欧洲共同体，而晦涩难懂的纯化语已成为与欧共体国家"看齐"和交往的一大障碍。因此，60 年代国内要求尽快改革整个教育体制和语言文字的呼声日益高涨。1964 年议会通过新教育法，要求各级教育部门和学校大力推行通俗语。尽管 1967—1974 年在军政府独裁时期，教育改革曾一度受挫，不过很快地在军政府倒台之后，教育改革又一次步入了正轨。1976 年，议会以压倒性票数通过立法确立通俗语为官方语言。从此，以通俗语为基础的现代希腊语终于得到普遍应用，成为法定的官方语言。长达两百年之久的语言之争落下了帷幕，希腊在国家的现代化建设的征程中沉重地迈出了历史性一步。

20 世纪的语言之争，实质上是纯化语与通俗语之间进行的一场政治博弈。伴随着两种语言社会功能的嬗变，希腊民族从"理想主义"逐步走向"务实主义"，完成了从"幼稚"迈向"成熟"的艰难蜕变。

四、结语

简要梳理和回顾两个世纪以来希腊语言之争的发展脉络，我们不难发现：不论是何种版本的语言方案都与希腊民族认同的构建和确立紧密联系在一起。19 世纪，为了建构和确立这种民族主义认同，希腊人在纯化语和通俗语之间进行艰难的选择和角逐。进入 20

世纪,两种语言方案的博弈,除了受到民族主义因素影响之外,更多地表现为一种特定政治身份的竞争,即在"保守"或"激进","落后"或"进步"之间争夺话语权和控制权。但是随着希腊现代化进程的推进,通俗语改革最终胜出,希腊人在"理想的民族主义"和"积极的务实主义"之间做出了艰难的、成熟的选择。

"帝国之间"之三解

包倩怡(北京外国语大学历史学院)

　　《断裂与转型:帝国之后的欧亚历史与史学》以 2015 年在北京大学召开的同名国际会议的参会论文为基础。这部论文集结合古代晚期研究与中西比较研究的双重视角,打通横亘于中国与西欧之间的地理与政治阻隔,从广阔的经纬空间和时间维度,比较研究欧亚大陆在"帝国之间"(Between Empires)的转变。①

　　"帝国之间"的一种理解是对介于两个或多个不同帝国之间的地区、民族或政治体的研究。本论文集对居于古代罗马与中国之间的诸民族与诸帝国研究,令人耳目一新。近年来,国际上古代晚期的研究领域不断扩大。研究范围在时间上分别向前向后延伸,在空间上也大有向东方推进之势。2013 年在美国莱斯大学(Rice University)举办了一场题为"动态世界:古代晚期的罗马、中国与欧亚大草原"(Worlds in Motion: Rome, China, and the Eurasian Steppe in Late Antiquity)的研讨会,以整个欧亚大陆为视角,探讨古代晚期世界不同政体与文化之间的交流,以及这种互动带给相应的政治体与文化体的影响。这场会议的不少参会学者,带着新的研究成果参加了2015 年在北京大学召开的国际会议。《断裂与转型》中收录的数篇

---

　　①　王晴佳、李隆国主编:《断裂与转型:帝国之后的欧亚历史与史学》,上海古籍出版社 2017 年版。这次会议的英文标题直译为"帝国之间:断裂、转型与递延"(Between Empires: Rupture, Transformation and Transmission)。会议由北京大学的历史学系、西方古典学中心和中国古代史研究中心共同主办,美国普林斯顿高等研究院和普林斯顿大学、芝加哥大学和奥地利维也纳大学协办。

论文,愈加呈现该研究渐趋体系化的特点。①

狄宇宙(Nicola Di Cosmo)提出古代草原帝国应该成为一个独立的研究对象,而不是中原文明的"他者"。草原帝国具有独特的形成与运作机制。帝国的形成"背景"具有偶然性特征。在发展周期上,它有三个常量:扩张要求,扩张过程中对包括中原民族在内的一系列民族的种种影响,以及因此而带来的种族混杂。在草原帝国的形成过程中,必然存在社会军事化。内亚政权高度依赖统治者个人的"卡理斯玛"(Charisma)。战争的胜利,是得神灵垂青的标志,统治者即为天命之人。这种战争与天命的直接关联,是内亚政权与中原政权的一种本质区别。

詹姆斯·霍华德-约翰斯顿(James Howard-Johnston)以《古代晚期欧亚大陆的世界大战》为题,勾勒出突厥为实现草原霸权展开的征战与合纵连横。它包括,在东线与北周、北齐以及其后的隋唐,在西线与罗马和波斯开展外交与战事。约翰斯顿认为,625年拜占庭向东突厥颉利可汗求援,为突厥贯通东西战场提供契机。突厥于626年进犯唐代长安,直抵渭河北岸,在优势情况下,与唐休战;后突厥大军西进,627年与拜占庭会盟,共同打击波斯。颉利可汗先期安定东线,遂全力进击西线,与拜占庭联手瓦解波斯强权,是其为实现草原霸权而实施的帝国军事战略。

理查德·配恩(Richard Payne)研究的是"帝国之间"的另一帝国——萨珊王朝。配恩从连接欧亚大陆两端的重要贸易通道——丝绸之路的影响,解释古代晚期萨珊王朝的兴起。萨珊王朝充分利用了伊朗位于丝绸之路中段的地理优势,在王室的统一规划下,打造出由数个枢纽城市组成并由王室管控与提供保护的商贸网络。依靠远程贸易,王室征收关税,发展来料加工的纺织制造业与金属制造业。产品既供应国内奢侈品市场,笼络贵族,也远销国外,赚取高额利润,

---

① 关于2013年莱斯大学召开的会议,参见会议论文集:Nicola di Cosmo and Michael Maas (eds.), *Empires and Exchanges in Eurasian Late Antiquity: Rome, China, Iran, and the Steppe, ca. 250—750*, Cambridge: Cambridge University Press, 2018。

由此形成萨珊王朝独特的政治经济模式。

"帝国之间"的第二种理解是对同一区域从旧帝国消失到新帝国形成之间的历史研究。在欧亚大陆的西端，具体而言，是从罗马帝国经历三世纪危机，帝国东西分治，帝国统治在西部消失，蛮族诸王国兴起，直至加洛林帝国形成的历史。论文集的中文主题"断裂与转型"，很好地概括了西方在研究这段历史中的史观转变。在早期，这段历史分立为晚期罗马史与早期中世纪史，核心命题分别是西部罗马帝国的衰亡与蛮族统治下中世纪欧洲的形成。出于对此前历史研究中重"断裂"的纠正，古代晚期兴起近半个世纪以来，相关研究强调晚期罗马的渐变与转型，强调古典文明在中世纪欧洲的继承与延续。新研究重"转型"，将原本分立为两个研究领域的研究对象合一，关注的重点也由以王朝更替为中心的政治史转向对族群、文化、观念演进历史的探讨。参加此次会议的，不乏西方古代晚期研究的领军人物。欧美历史学家带来的历史阐释，充分体现了古代晚期的史观。

古代晚期研究视野广阔，重视文明间的互动与参照。瓦尔特·波尔（Walter Pohl）的论文《蛮族和罗马——一个可资比较的框架》就直接受益自狄宇宙对中国与中亚游牧民族关系的研究。波尔关注到罗马人在融合其他民族方面表现出强大能力。传统上相对于罗马而言的"蛮族"，实际上在民族融合政策之下分化为已融入帝国的蛮族和尚在帝国之外的蛮族。在西部帝国的瓦解过程中，来自"帝国之外的蛮族"事实上只起到催化剂的作用。他们不过改变了帝国内部的政治均势。瓦解帝国并获得权力的，是业已身为帝国将领的"帝国之内的蛮族"。波尔指出，这些帝国内的蛮族，以族群为号。在此基础上发展起来的诸王国，以种族区分，为后来欧洲多元民族与政体奠定基础。

赫尔穆特·海米茨（Helmut Reimitz）同样试图解释欧洲的民族多元与多民族的统合。海米茨指出，帝国在西部的消失，实际上是曾经由帝国认可的小王国逐渐取代罗马帝国的过程。伴随帝国消失的，还有曾经用于整合该地区的中心性，即"中央罗马性"的消失。古代晚期的编年史书写,继承自晚期罗马帝国的基督教编年史,对后帝国时期重塑世界观起到重要作用。基督教视角为"小罗马"们超越各自族群,将自身命运与整个基督教世界及与之不分彼此的罗马帝国联系起来提供可能。新的编年史将帝国合法性建立在罗马政治与文明的优越性之上,以基督教的普世性统合多民族,令"基督教诸民族组成的共同体"实现对罗马旧秩序的替代。

颜·伍德(Ian Wood)指出,后帝国世界中蛮族诸王国与拜占庭的关系,类似大英帝国之后的英联邦。从观念史的角度,伍德提出476年罗慕路斯·奥古斯都路斯被废事件断非历史发展的断裂。除了马尔切利努斯·戈梅斯—乔丹—比德一脉,当时很少有人认为该事件具有重要意义。在帝国东部看来,西部帝国作为政体结束了,但是帝国对西部的统治依旧存在。西部蛮族王国的统治者则从拜占庭皇帝获得称号,将自己标榜为帝国在西部的代表。蛮族诸王国保持了某种程度上对拜占庭的臣属关系,一直到查士丁尼西征与查士丁尼瘟疫。

斯蒂芬·艾斯德尔斯(Steffen Esders)将这种关系向后延续。他指出,即使法兰克王国在9世纪脱离拜占庭,也还是自视为"与拜占庭平起平坐"的另一位罗马皇帝。艾斯德尔斯以三则个案,说明在当时政治与宗教高度关联的情况下,基督教与教会成为维护地中海世界理念的内聚与联系力量。它们包括:551/552年间,三章案中教宗与米兰教会神职人员通过书信游说高卢教会;《弗里德加编年史》中反映的皇帝希拉克略的形象与649年拉特兰公会议的关系;680/681年第六次普世大公会议前夕,教宗在帝国与西部诸个宗教与政治力量之间的居中斡旋。

彼得·席泽尔(Peter Heather)则完全抛弃了地中海视角,将研究聚焦欧洲的形成。这个"欧洲"的自然边界,北到落叶林带,东南至顿河东岸。该地区的自然条件,允许在古代技术条件下发展密集型农耕。席泽尔提出一个长达千年的"早期全球化进程"。他依据公元元年之后各地的发达程度,将欧洲划分为三个不同地带。发达程度不同的诸地带之间，持续进行经济、外交、军事、政治、文化的动态交流，推动因这种交流而创造的新财富以不均衡的方式在不同地区间进行分配，带动政治与社会关系在三个地带之间递延。源于罗马帝国的管理模式与意识形态为早期全球化提供统一性。其结果是在公元 1000 年前后形成了人们熟悉的欧洲。

或许受到欧洲多国共存，以欧盟作为欧洲共同机构的现实状况影响，论文集中的欧美学者乐见将欧洲或地中海作为整体呈现，将文化与观念视为维系的纽带。同样研究罗马与加洛林两大帝国之间的历史，相较于西方学者对后帝国世界演进的重视，中国学者对新帝国的兴起显示出更为浓厚的兴趣，重视新帝国的制度研究，强调文化与观念在帝国统治中的意识形态功用。

李隆国聚焦皇帝名号在公元 800 年欧洲的再出现，梳理这一历史事件史料与研究历史流变。史料的缺失与有限史料间的相互矛盾，令后世对加冕事件出现多种解读。李隆国注意到相关历史研究在称帝的"名"与"实"之间摇摆。早年研究贴近加洛林史家的观点，从加洛林的政治政策之"实"，推演查理曼加冕冠以皇帝之"名"的合理性，也符合加洛林政治文化要求"实至名归"的思路。新近的研究则过于重"实"，以至于忽略"名"具备的政治意义。李隆国认为倘若将"名"置于查理曼大一统的政策之下，则有助于认识皇帝名号的"名""实"内涵。

刘寅提出加洛林政治的最大特征是"权力弥散"与"政治参与多元"。"帝国"为其提供了超越地方之上的政治空间，联接地方政教精英的利益。这种政治形态以形成诸方共识为帝国的政治基础，要求皇帝与政教精英开展合作。加洛林的政治运作模式在"训诫"的政治话语中得到良好体现。刘寅追溯"训诫"的基督教起源，并以两个加洛林政治的经典文献，包括查理曼在 789 年颁布的敕令《广训》与兰斯大主教辛马克于 882 年为新国王卡洛曼二世编撰的《宫廷治理》为例，分析这种政治话语在加洛林公共生活中的运用和它对当时的基督教社会的教化功能。

李云飞选择从皇位继承的制度性问题探讨加洛林王朝的帝制。通过对比 806 年查理曼的《分国诏书》与 817 年虔诚者路易的《帝国御秩》,李云飞提出后者继承自以前者为代表的法兰克传统,也是对前者的突破。突破在于明确了帝国只有一个最高统治者,但它本身却只是对已有传统的调整,而非与之决裂。路易设计的皇位继承模式,既未有制度保障,也缺乏文化观念支持。此后二十余年中,路易与他的诸子之间实力对比变化显著,最终令该设计无法实现。

关于欧亚大陆的西端,中国学者的加洛林帝国研究为原本在论文集中占据压倒性优势的古代晚期研究提供了有益的补充。在欧亚大陆的东端,3 世纪也经历了汉帝国灭亡。汉之后,中原的分裂割据长达四个世纪。尽管因为分裂,战乱与灾难频繁,魏晋南北朝在文化上却富有成果。从更长的时段看,中原大地的合与分,远不仅限于此段历史。在此之前,尚有"秦楚汉间"。在此之后,唐亡带来半个世纪的动荡。宋代则西有西夏,北有辽金。关于古代东方帝国之间的研究,较之对西方的讨论,内容上较为微观,研究路径也相对平衡。

李开元认为后世由于受到《汉书》以来的所谓"正统历史观"的影响,将汉朝作为秦王朝的革命者与直接继承者,在著史中削弱甚至消匿楚国在历史中扮演的角色。"秦楚汉间"的历史重要性被隐匿。李开元提出"后战国时代"应作为独立的历史阶段。它始于"秦楚汉间"的 8 年间(公元前 209—前 202 年),秦王朝崩溃,战国七国复活,项羽称霸,分封十九国,刘邦战胜项羽,建立汉王朝。由此演变而成的后战国时代,大致从秦二世元年(公元前 206 年)持续到武帝建元六年(公元前 135 年),兼有战国晚期和部分秦帝国的历史特点,可用于解释从秦楚之际到武帝时代的历史发展。

王小甫捕捉到秦的强国文化在韩半岛的辐射作用。秦国兼并与扩张,给韩半岛带入大量移民,造成族群分化,政权更迭。此时辰韩势力兴起,整个韩地全部加入了辰国共同体。王小甫认为,"辰"字,音近"秦",有仿效秦的意思,代表韩地诸族对国家统一的追求。他推测古代韩半岛族群凝聚与国家认同的经历为:"辰韩六部/国—十二国—弁韩二十四国—辰国—马韩辰王—韩国韩王—马韩辰王（灭于百济）—韩国辰王（辰韩）—新罗（辰韩、马韩）—统一新罗。"

邓小南从宋代诸多史料中捕捉"掩映闪现"于历史事件中的内尚书身影，讨论宋代尚书内省与尚书群体。内尚书是宋代的常设性机构，设立于宫禁深处。内尚书们履行随侍君王、检视文书、代笔批书、代掌规程、戒惕与限制等辅助政务的职能。关于内尚书在宋代制度化，女性宫官得以接近帝王政务的缘由，邓小南推测，当与晚唐宦官之祸提供的教训有关。

后帝国研究重视族群与文化认同问题。这一点同样反映在欧亚大陆的东段。戚道安（Andrew Chittick）提出后世把南北朝描述为互补且暂时分立淮水两岸的两个政权有违历史真实。因为北朝与南朝，均以自己作为文明的中心，自认是汉文化的唯一正统。北朝人以"汉人"自居，将南朝人归为"吴人"，是为"非汉非华"族群，也常见用更为贬义的"吴寇"、"吴贼"，或"南人"称呼。南朝则自述为"文明礼教的承载"，将北方叙述为"低劣"、"野蛮"的族群。戚道安旨在说明，南北割据之下，南北朝曾经朝向两个不同族群演进。这个进程，在589 年随着隋朝统一而终止。

江湄对宋人"严华夷之辩"的释读，同样体现族群文化对立背后的政治与社会因素。辽、金文化是契丹、女真文化与中原汉族文化相互"涵化"的结果。宋朝使者对它们的抗拒与厌恶，是对汉文化被外族文化杂糅的抵触，也出于对金有意取代宋朝成为中国之正统的忧虑。在南北对峙之下，宋朝通过"严华夷之辩"，试图确立起一种纯正的中国文化。究其实质，与金一样，都是力图通过将"中国"义理化，宣称对"中国"的主权。

除了关于"帝国之间"，《断裂与转型》还收录了其他数篇选题独到、研究精细的文献考据与文本释读论文。范韦理克推论公元前 36年安东尼远征帕提亚的目的在于同米底亚－阿特罗帕泰耐结盟。叶炜通过分析唐代集议，探讨唐代皇权的作用方式。赵冬梅通过考据，指出司马光晚年拒作碑志，实为坚持自己"极简主义"碑志写作理想。

夏洞奇从《忏悔录》对罗玛尼亚努斯的人物塑造,探究它的作者奥古斯丁的真实世界。蔺志强从对经由英译的拉丁文 *libertas* 的中文误译,讨论中文中对《大宪章》代言"自由"的误读。

　　本书收录的论文,单篇的讨论多专注于一域。然而,全书作为一个整体,却提供了十分可贵的跨越时空的多重比较。中外学者带着各自的研究视角,汇集一堂。他们在处理史料与微观问题上无甚差异。在后帝国历史的研究路径选择上,却呈现出微妙的东西之别。东方学者更多地偏向研究帝国如何维持统治,多自觉或不自觉地流露对大一统的关注与接纳。西方学者则倾向于探讨"中心性"消失之后的秩序重构,强调后帝国共同体中的多元与平等共存。这种差别,与此文集中唯一的一篇中西比较史学研究论文得出的结论相一致。王晴佳对比欧亚"国史"不同的起源,讨论它们的相似性与相异性,进而指出古代帝国之后的国史史家们以各自的观念与实践在不同程度上影响着其后的历史写作。《断裂与转型》这部历史研究论文集,在提供比较视野的同时,也佐证着上述判断:后帝国国史编撰为各自史学传统打下的烙印,至今依旧可辨。或许,它可以视为"帝国之间"的第三种理解。

评《剑桥欧洲经济史》第一卷
《中世纪的农业生活》[①]

相泽宇(北京大学经济学院)

《剑桥欧洲经济史》系列丛书由著名经济史学家 M. M. 波斯坦 (M. M. Postan)等主编。约翰·克拉彭(J. H. Clapham)和艾琳·鲍尔(Eileen Power)是丛书第一版的主要发起人,该版第一卷于 1941 年出版,直到 1989 年全书最后一卷的出版才完成,其中第一卷和第二卷分别在 1966 年和 1987 年经历过修订。《剑桥欧洲经济史》的中译本于 2002 年出版,由王春法主译。全书可分为三部分:前三卷主要探讨了欧洲经济从中世纪向现代经济的转变;四与五两卷探讨了欧洲作为一个整体在 16 世纪和 17 世纪的对外扩张以及欧洲的工业革命;六、七、八卷为全书第三部分,主要研究和分析工业革命以来包括美国、日本在内的国家的经济发展的历史。

《剑桥欧洲经济史》第一卷《中世纪的农业生活》由郎立华、黄云涛、常茂华等基于 1966 年第二版 1988 年第六次印刷本译出,主要探讨了欧洲农业与农民生活的转变过程。这是一部地理、文化和经济因素共同影响下的农业制度史和技术史;但同时,技术和制度的进步能够在一定程度上又反作用于这些因素,降低地理因素对经济发展的制约。

全书第一章由理查德·克伯纳(Richard Koebner)撰写,内容涉及中世纪的民族迁徙与大垦荒,时间跨度从 2 世纪到 13 世纪,可以

---

① 〔英〕M. M. 波斯坦主编:《剑桥欧洲经济史》第一卷《中世纪的农业生活》,王春法主译,经济科学出版社 2002 年版。

说是全书的一个总览。从学术研究来看,西欧大垦荒运动的时间跨度主要被定义于 11 世纪至 13 世纪,而从实际历史的发生来看,垦荒行为和民族迁徙早在罗马帝国时期就已经出现了。此外,日耳曼人和罗马人农地制度和耕作技术的差异造成的冲突也丰富了西欧民族迁徙的内容。日耳曼人的耕作技术是原始的,其可支配的耕地面积由社会地位决定,而耕地本身则通过征服而获取。人口增长带来的相对土地不足引发了日耳曼人与罗马人旷日持久的争斗,2 世纪下半叶的马可曼尼(Marcomanni)战争标志着罗马帝国已经无力守护其北部边疆,民族大迁徙的新阶段也随之到来。长期的战争使城市和农村衰败,设防的庄园住宅开始出现,但更具有意义的现象则是为了战争需要和预防经济危机而出现的计划经济和税制改革。随后到来的 5 世纪至 7 世纪的大规模移民对欧洲中世纪的人种分布产生了重大影响,基本奠定了人口土地比从西向东递减的格局,为日后的垦荒运动埋下了经济基础。教会对土地开垦起到了重要推动作用。它对土地开垦的影响有直接和间接两种,直接影响是僧侣在森林等荒芜之处建修道院,间接影响是世俗之人到修道院附近定居并捐赠开垦的土地,后者作用更大。这种教会主导的垦荒从 8 世纪中期开始大量增加,其要比加洛林时期世俗人士主导的情形稳定得多。

第二章至第五章分别由 C. E. 史蒂文斯(C. E. Stevens)、查尔斯·帕兰(Charles Parain)、阿方斯·多普施(Alfons Dopsch)和奥斯特罗格尔斯基(Ostrogorsky)撰写,详细描述了西罗马帝国至拜占庭帝国时期的农业状况,因为西罗马帝国于 476 年灭亡,其领土被对中世纪欧洲经济发展起决定性作用的日耳曼诸国所取代,所以 5—9 世纪日耳曼诸国的农业制度也被作为单独一章,拜占庭帝国则一直延续到 15 世纪。西罗马帝国的核心区域是地中海地区,气候、工具原始、种植过密以及开垦林地造成的水土流失都对生产力产生了糟糕的影响,滞后的公司法和抵押法亦影响了农业企业的发展,再加上对灌溉工程的依赖,这些因素都导致了罗马帝国晚期农业的停滞。与之形成鲜明对比,西北欧的降水规律而且充足,农业发展的潜力巨大。在税收制度方面,西罗马帝国和拜占庭帝国都以土地税配合人头税为基础,保证相对公平。罗马帝国后期的发展非常迅速,新征服的区域越来越多,可是战争需要成本,这就需要扩大生产,罗马的城市化原则与迅速扩大生产的要求是一致的。到了 7 世纪,赫拉克留斯的改革"将拜占庭的农业发展引向了新的道路",一方面通过军事改革,另一方面通过人头税和土地税的分离,农业人口的行动自由大大增强,7 世纪末查士丁尼二世领导制定的《拜占庭农民法》中"清楚地表明了自由农和行动自由农这一牢固阶层的出现"。在 10 世纪,贵族势力膨胀,动摇了拜占庭帝国财政和军事力量依赖于小自由农地产的基础(即赫拉克留斯改革的制度基础),于是"新兴的大地产所有者和中央政府之间的一场苦战开始了"。11 世纪起,由于中央政府势力越来越弱,包税制产生,在一定程度上意味着大地产所有者的胜利。在拜占庭帝国的最后阶段,封地地产的暂时所有制转为世袭的无限所有制,享有税务豁免的部分大地主日益繁荣。尽管拜占庭帝国拥有在当时较为领先的文化,但在农业技术方面还处于较为原始的状态,"一直到其末日,拜占庭都在使用极其古旧的挽具来役使牲畜",因为拜占庭帝国的土地资源相对不稀缺,大地主真正争夺的是佃农。

第六章由马克·布洛克(Marc Bloch)撰写,专门介绍了庄园制度,也是对第七章中世纪全盛时期的农业社会做了制度上的铺垫。庄园制度的显著特点是地主直接耕种的大片区域与依附农的小块土地紧密联合,它在欧洲历史上占有重要地位,但它的起源十分模糊,正如"我们很难找到任何早于 9 世纪的庄园的明显迹象——而 9 世纪已是无可辩驳地太老了"。不过我们几乎可以肯定的是,"使庄园具备了最终形式的,还是奴隶制的衰落",取而代之的是依附农业制度带来的繁荣,它是以国家的衰落为代价发展起来的。从历史发展来看,封建制与庄园制存在某种联系,"许多没有庄园的国家,如弗里斯兰、迪马特申、挪威,也没有封臣和采邑",而且长期来看,拥有完全保有权的庄园多的地区拥有更多的自由农。

　　第七章是大垦荒时期(11—14世纪)欧洲各国家的具体发展,第一节"法国、低地国家和西部德意志"由韦赫斯特(Verhulst)和甘绍夫(Ganshof)合作,第二节"意大利"由菲利普·琼斯(Philip Jones)撰写,第三节"西班牙"由R.S.史密斯(R.S.Smith)撰写,第四节"易北河东部的土地与日耳曼的东向殖民"由奥班(Aubin)撰写,第五节"波兰、立陶宛和匈牙利"由杨·鲁科夫斯基(Jan Rutkowski)撰写,第六节"俄国"由R.E.F.史密斯(R.E.F.Smith)撰写,第七节"英格兰"由M.M.波斯坦撰写,第八节"斯堪的纳维亚诸国"由斯蒂勒·布林(Sture Bolin)撰写。作者从耕地范围、土地管理和地产的性质与分配三个方面描述了其中发生的变化。更值得留意的是由热尼科(Genicot)撰写的第八章,它阐述了14世纪至15世纪的中世纪大危机,它恰好发生在大垦荒之后,其间是否有因果上的联系是值得探究的问题。作者从人口、资本、政治和社会背景三个大的方面进行了阐述,并对地主和农民两个阶级进行了细致梳理。14世纪的世界气候经历了由暖期向小冰期的转变,粮食作物的减产和饥荒、瘟疫与战争也随之而来,从出生率和死亡率两个方面都对人口下降起到了推动作用。人口的下降也造成了劳动力的短缺,在14世纪到15世纪出现了谷物价格的下降和工资的大幅上升,以及其导致的肉类、工业品和奢侈品价格的上升,这或许为日后生产结构的改变创造了经济基础。在政治和社会背景方面,集权统治开始形成。危机带来的变化改变了西欧农业制度的基本框架,因为劳动力的相对稀缺和受破坏较小地区土地等资本的相对富庶,人口流动性增加了。

　　目前,国内尚无有关第一卷的专门书评,国外的书评主要集中于20世纪40年代和20世纪60年代后期两个时间段,与该书英文版的两次出版时间密切相关。在这些评价中,《剑桥欧洲经济史》的第一卷确是一部集当时知识之大成之作,填补了对欧洲中世纪农业与农民生活转变的全面细致历史总结的空白。

　　通读全书,我们可以认为中世纪农业与农民生活的转变是两种力量共同作用的结果:国家政权与大地主私有地产者的博弈,以及劳动力相对土地资源的稀缺程度。当劳动力相对稀缺的时候，为了吸引劳动力，地主不得不提供更为优厚的待遇和地位；当劳动力过于密集或者生产效率太过低下时，对外开拓或者征服的需求就变得旺盛。从国家政权和庄园主为代表的大地主的博弈来看，国家对于农民的需求主要在于税收，而庄园主也需要佃户为自己生产。在历史进程中，当劳动力相对稀缺时力量更强的那一方更有动机和能力来提供制度上的变革，因此归根到底，农业与农民生活的转变仍满足需求定律的基本逻辑。

"综观"的历史研究

宁飞（北京大学历史学系）

《分化与突破：14—16世纪英国农民经济》是北大历史系黄春高教授在其博士论文的基础上扩充和修订出版的。[1] 虽然作者的学术兴趣一度发生转变，但终究剪不断"农民的孩子"的特殊情结，追随国内中世纪经济史研究名家张云鹤先生和马克垚先生的问学经历更是坚定了他继续14—16世纪英国农民经济研究的信心和决心。十几年的断续辗转后，黄春高教授终以一部史料丰富、分析精细、风格朴实的学术著作结束了学界长期的等待。从这部书中，我们可以深切体会到从小目睹父母"在地里刨食"的成长经历对于他观察和理解的微妙影响，他长年寒窗苦读所夯筑的学术积淀，以及国内世界史学科摸索发展的路径。

提到工业革命以前的农民经济，我们多会联想到自给自足、封闭落后这样的字眼。众多资本主义起源研究者则将其作为资本主义经济的对立面加以提及，实体主义者往往过于强调农民经济的维生特征，形式主义者则走向了夸大其市场化行为和谋利特征的极端：农民经济研究在这样的偏见中日益繁杂。[2] 本书试图跳脱农民经济与资

---

[1] 黄春高：《分化与突破——14—16世纪英国农民经济》，北京大学出版社2011年版。

[2] 黄春高教授接受了黄宗智关于农民经济二元性的论断，并进一步辨析了实体主义者、形式主义者和马克思主义者关于农民经济性质的讨论，在经验的层面上论证了农民经济的二元性。参见黄宗智《华北的小农经济与社会变迁》，中华书局2000年版；Grigg. D., *The Dynamics of Agriculture Change：The Historical Experience*, Hutchinson, 1982。"实体主义"可参见 Solar, P. M., "Poor Relief and English Economic Development Before the Industrial Revolution", *Economic History Review*, 2nd series, Vol. 48, No. 1 (1995)。"形式主义"可参见〔美〕西奥多·W. 舒尔茨：《改造传统农业》，梁小民译，商务印书馆1987年版。

本主义的二元对立,把资本主义形式生产的租地农场理解为农民经济突破的产物之一,以一种历史的、实证的方式描述 1348 年黑死病以来英国农民经济的具体情况,从而将较早的 14—16 世纪纳入讨论范畴,进一步分析农民经济与资本主义的关系。

农民经济的主体是农民。本书以农民领有土地的法律特征为标准细致比较了契约租地农、公簿持有农和自由持有农的特点,又以更贴近历史实际的自称或者他称用语具体描述了约曼农、农夫和雇工的基本特征,揭示了 14—16 世纪英国农民的构成情况,从而确定了本书中"农民"的所指。接着,他从家庭规模和份地规模、农民家庭份地的生产经营环节以及农民家庭的经济状况等方面勾勒出 14—16 世纪英国农民家庭经济的轮廓:

(1)中世纪晚期英国农民家庭以核心家庭为主导,核心家庭一般由五口人构成;相应地,农民家庭份地以中小规模为主,家庭份地的规模会随着家庭人口和社会经济环境的变动而变动,且地区差异显著。[①] 一般来说,维持一个核心家庭的正常生活需要约 15 英亩的份地,一个农民份地或者农场的规模上限约为 50 英亩。

(2)开田制下的农民家庭份地生产以谷物种植为主导;饲养家畜与谷物种植紧密结合,是对农民家庭经济的重要补充。大体来看,14—16 世纪英国农民家庭农场的大麦种植比重最高,小麦保持相当比重,黑麦和燕麦的比重随地区差异波动,豆类作物比重增速较快。

(3)农民家庭支出[②]分成三个部分:食物、衣物等的生活消费占

[①] 黄春高教授从家庭生命周期入手考察了以核心家庭为主的英国中世纪家庭的婚姻、生育、规模等情况。在动态分析中,他既注意到家庭生命周期这一现代社会科学理论适用范围的局限性,也意识到中世纪史料的欠缺和地域色彩,谨慎揭示了农民家庭人口规模及其变迁的实际。一对夫妻组建家庭,随着孩子的增加,人口压力增大,他们被迫去获取更多的土地、种植更大面积的作物,而随着孩子逐渐离开家庭,他们持有土地的意愿会下降,土地数量逐渐减少直至原有规模。但家庭人口压力增大不等于持有土地规模的增大,人口与土地一致性在英国的发生要得益于 14—16 世纪英国农村相对灵活的继承习俗(长子继承制、幼子继承制和男子均分制存在于不同地区)、活跃的土地市场、封建领主的"通情达理"、相对常态的村社管理。

[②] 黄春高教授通过雇工伙食的记录、农民间为土地转租签订的赡养协议、农民的遗嘱、农民死后的财产清单、庄园记录等材料,最大限度地揭示出普通农民家庭的支出状况。

据主导地位；地租、什一税、人头税等政治性消费和宗教性消费是农民家庭沉重的负担，大大挤占了家庭生活消费的空间；购买种子、肥料、饲料、农具等的再生产消费是家庭支出的重要组成部分。对于持有中小份地的农民家庭来说，谷物、家畜产品的收获以及工资收入时常不足以担负家庭支出，他们大多在生存线上挣扎。但维生的艰难并不意味着农民家庭农场与外界的隔绝，维生的部分需求需要通过市场实现①，在这一过程中农民也表现出"精明、敏锐、对市场行情有很好把握"（《分化与突破》，第 305 页，后略书名）的谋利特征。

本书通过领主自营地的生产经营记录推导出农民家庭农场的土地生产率、家畜生产率和劳动生产率，并引入"总要素生产率"这一概念表现农民家庭农场使用劳动力的复杂性和多样性，尽管家庭农场与自营地的差异不可忽略，但是在相近生产力水平下，这种推导能够大致反映出农民家庭农场经营的整体特征，揭示农民家庭经济具有谋生与谋利的二元性，但很大程度上仍是谋生的。

相对于农民家庭农场，以租用农场、雇佣劳动力、为市场生产为基本特征的租地农场是 14—16 世纪英国农民经济的另一个重要方面。租地农场的规模较大，谋利特征更加突出，但从中世纪晚期的经营状况来看，"其路途虽不是荆棘密布，也是坎坷重重"（第390 页），对租地农场谋利特征的强调仍需谨慎。租地农场的经济状况受地租、物价和工资的直接影响，在地主、租地农场主、农场工人之间的博弈中，租地农场主并不总是"得利者"，"14、15 世纪的租地农场整体上处于一个惨淡经营的状态"（第 343 页），即使 16 世纪时情形发生转变但租地农场主的获利程度仍旧相当有限，但明显好于普通农民。在与家庭农场的竞争中，无论是在作物的种植选择、畜力使用、肥料投入等农业经营的具体方面，还是在生产率甚至劳动生

---

① 13 世纪以后，即使是生活拮据的农民也需要到市场上兑换货币现金以缴纳什一税、领主地租、国家赋税、罚金以及杂税，购买盐等无力制造的生活必需品；此外，当农牧产品剩余时农民也需要进入市场换取可以长久贮存的货币现金。

产率①上,租地农场都占不到压倒性的优势。相反,家庭农场经营规模小、收入较稳定的特征在土地承租过程中表现出相当大的竞争力,进而削弱了租地农场的实力。若以资本主义企业所必需的条件——自由劳动、自由生产和规模生产——来衡量的话,租地农场在本质上仍然属于农民经济范畴。

此外,在领主自营地以及富裕的和中等农民的农场上还活跃着一群辛勤劳动的工资劳动者,他们与以上考察的富裕农民及中等农民共同构成 14—16 世纪英国农民的整体。领主与佣仆、雇主与雇工之间雇佣劳动关系的形成是 14—16 世纪英国农民经济的一个突出特征;同时,黄春高教授指出"15、16 世纪的工资劳动不是现代意义上的工资劳动"(第 442 页)。雇工与佣仆的收入包括雇佣劳动、种植业、畜牧业、手工行业、副业、商业活动等多种渠道的所得,还有小块土地和公有地上的各种权利。虽然工资收入许多时候占很大比重,但是在市场尚未健全的情况下,土地所具有的安全感更是不可或缺的心理屏障,他们受制于土地及其他生产资料,"离乡不离土"。这种心理层面的关照实为贴切。此外,雇佣劳动的出现不等于进步与突破,都铎圈地的历史显示,"劳动者被资本从土地上剥夺,成为自由工资劳动者的经典模式即使在英国也未必完全符合历史实际"(第 443 页)

在细致的分析与描述中,黄春高教授指出马克思主义经典分化理论难以解释英国农民经济的历史实际——"第一阶段,1350—1500年分化相对缓和;第二阶段,1500—1640 年分化非常剧烈,两极分化特征突出"(第 467 页)。他将黄宗智的理论(没有发展的增长、也称内卷化)颇有见地地引入英国农民经济的探讨中,并批判地接受了新人口论、人口分化理论的合理解释,进而指出:英国农民经济的分化与人口分化、阶级分化交织在一起,呈现出两极分化、单极分化、多向分化共存的局面。一方面,商品化引发的阶级分化没有导致农民为

---

① 黄春高教授以家庭农场的"总要素生产率"和租地农场的"劳动生产率"加以比较,有效弥补了"劳动生产率"在表现农民家庭农场劳动力使用方式时的不足。

新的阶级所取代,中小农民没有消亡,英格兰西部和北部还出现了"再农民化";商品化为农民家庭提供了就业和糊口机会,使家庭生产更加密集化和专业化,"在一定程度上加速或者缓和甚至阻滞业已出现的分化"(第483页),换句话说,资本主义大租地农场不是农民经济突破的唯一出路。另一方面,在人口因素以及其他社会经济因素的作用下,富有的不能永远富有,贫穷的也不会一直贫穷,农民经济周期的存在则巩固了农民经济的存在。归根结底,14—16世纪英国农民经济分化的复杂性是由农民经济的二元性决定的。当中等农民以及小持有农的谋生不再是问题时,谋利的追求便会放大;而富裕农民也会因为市场风险的担忧,充分展示出谋生之本,"农民经济的二元特征使其经济行为朝着商品化发展,而农业商业化又使农民经济的二元特征愈发牢固地结合在一起"(第485页)。因此,英国农民经济的分化是正常且经常发生的,而当由谋生与谋利并重的二元特征走向谋利的一元特征,英国农民经济便实现了对其自身框架的突破。该书提出突破的关键时期在1688年之后,甚至18、19世纪。笔者认为,比较14—16世纪与17—18世纪的英国农民经济发展状况,并以其他国家与地区的农民经济分化为参照能够得出更为深入的讨论,当然,这远远超出了该书的研究范畴。

　黄春高教授在爬梳史料、辨章学术的基础上对14—16世纪英国农民经济的分化给出了不失公允的论述。尽管英国农村的多样性、史料的分散与零碎,以及经济史理论与计量统计模型的复杂增加了其考察的难度,但他从问题出发,梳理已有的学术成果,不汲汲于评价其高低优劣,而是注重发现前人研究的遗漏和谬误,以一种平等的、综合的、客观的目光在史料的基础上重新建构符合农民生活实际的历史解释,其良好的历史感又时常能透过繁杂的历史表象捕捉到历史变迁的线索。黄春高教授的治学方法给予了我们这些异国他乡的"观察者"颇多启发。在经济史研究转向地区研究的潮流下,笔者相信,黄春高教授的"综观"研究对于我们这些初学者以及专业研究者依旧意义重大。

评《我们必须给历史分期吗？》①

周程祎（北京大学历史学系）

作为年鉴学派第三代代表人物，雅克·勒高夫在中世纪史领域留下了许多重要著作。他的研究范围覆盖心态史、文化史（如《炼狱的诞生》《钱袋与永生》《中世纪的知识分子》等），对传统政治宗教人物亦有关注（《圣路易》《阿西西的圣方济各》），甚至还不吝于通俗历史读物的写作（《中世纪文明》《给我的孩子讲欧洲》等）。即便如此，《我们必须给历史分期吗？》在他的众多作品中依然占据着独特的位置。原因不仅在于这是他生命将尽时的最后一部作品，也不仅是其文体乃独立于主流学术论文之外的随笔（essai，或曰散论），更是这本小书讨论的主题蕴含了他长期以来的思考，即历史分期的概念及其在中世纪史研究中的运用。因而该书被他自己称为一部"线索书"（《分期》，第 2 页，后略书名），促使人们探索历史分期系统的更多可能性。

全书一共由八个章节组成。在序言部分，勒高夫开宗明义地提出，本书的研究对象是所谓的"中世纪"和"文艺复兴"之间的关系，并强调划分历史时期需要体现转折意义，为下文的论述搭建了框架。第一章首先回溯了基督教传统中的三种经典分期模式；其一是旧约《旧约·但以理书》描述的由异兽化身而成的四个连续的王国，被后世编年史家和神学家用以对应世界历史上的巴比伦、波斯、希腊和罗马；其二是奥古斯丁在《上帝之城》中提出的六阶段分期法，将创世经

---

① 〔法〕雅克·勒高夫：《我们必须给历史分期吗？》，杨嘉彦译，华东师范大学出版社2018 年版。

过与人生阶段、历史进程相联系[①];其三源自中世纪的圣徒传记《黄金传说》,作者以人类的救赎史为主线,把历史分成"迷途"、"革新"、"和解"和"跋涉"四个时期。另外,伏尔泰也提出过以重要人物为标志的四时期分期法。第二章叙述了"中间的时代"(media aetas)概念的出现以及含义的变化。从14世纪的彼特拉克到18世纪的启蒙思想家们,中世纪长期被赋予"黑暗时代"的意义,直到19世纪作为一门学科在欧洲各国兴起,才渐渐获得了历史学家的正名。勒高夫指出,与文艺复兴息息相关的意大利在历史分期中具有独特的地位,"罗马一直在决定着西方的时间"(第18页),且"古代晚期"概念的出现也部分消解了对中世纪的传统定义。因此他认为,"存在一个漫长的中世纪,不能将文艺复兴看成是一个特殊的时期"(第20页)。第三章从历史教学的需要方面来论述分期的意义。历史在法国直到18世纪末才成为一门教学科目,这是一个"把历史转化为学问"(第25页)的过程,宗教自觉和国家意识是当时教科书中分期方法的两大特点。通过比较德国、英国、意大利等国的历史学科发展,勒高夫认为正是为了便于教学,人们营造出古代与现代、文艺复兴与中世纪之间的对立,而这成为了欧洲的主流观念。

从第四章开始勒高夫切入本书的核心,即中世纪与文艺复兴的关系。他着重叙述了儒勒·米什莱和雅各布·布克哈特这两位19世纪著名历史学家在定义文艺复兴过程中所做的工作。前者将"重生"(Renaissance)一词赋予15、16世纪,认为这一时期不仅标志着向古典精神的回归,更是全球化的开始;后者提出文艺复兴是关于"人的发现,人文主义的建立,以及对世界的发现"(第46页),深刻影响了学界和学界以外对文艺复兴的认识,同时指出这一光辉时代的少许阴影,比如道德失范。第五章是文艺复兴研究的学术史概述。勒高夫主要介绍了四位20世纪历史学家的不同研究取向:克利斯特勒从希腊罗马的人文科学和以奥古斯丁为代表的古代教父两处寻找

---

① 或称七阶段分期法,把第七阶段末日一并算入。

文艺复兴的思想来源;加林既意识到要冲破中世纪的话语束缚,又试图回到中世纪寻找现代因素;潘诺夫斯基对米什莱和布克哈特提出的文艺复兴定义做了更精细的修正,作为一个艺术史家,他认为这一时期不仅涌现出了大量文学、思想和政治精英,还汇聚了许多艺术精英;德吕莫则将文艺复兴视为现代的第一个阶段,认为地理大发现和宗教改革也在其中扮演了重要角色。这些经典阐述构成了勒高夫立论的基础,也是他接下来进行挑战的对象。第六章正式开始批判"中世纪黑暗说"。与传统观念不同,勒高夫认为古希腊-罗马文化在中世纪依然存续,并得到了进一步的发展,表现在博雅教育、拉丁语、理性思维方面,而现代性、人文主义等思想已经出现在中世纪作家的笔下,建筑、绘画、文学、音乐等方面也取得了相应突破。因此他在这章末尾指出,"断裂是罕见的。常见的模式,是或长或短、或深或浅的转变,是转向,是内在的重生"(第 92 页)。

　　循着前文的讨论,勒高夫在第七章对"漫长的中世纪"的命题做出了全面的解释。所谓的"漫长",是指中世纪的尾声不在 15 世纪,而在 18 世纪。在此之前,欧洲社会的各个领域都没有发生根本性的变革。比如虽然地理大发现是 15 世纪的重要产物,但是美洲地位提升、真正成为世界的一部分,这一转变要到 18 世纪才实现;宗教改革的冲突没有减损基督教作为整体的影响力;对于法国来说,君主制直到法国大革命时才结束;18 世纪《百科全书》的问世才标志着真正的知识革新……交通、经济、饮食、技术、时尚等方面的变化也都是到了 18 世纪方才明朗。在论述完 18 世纪的转折意义后,勒高夫接着开始探讨中世纪与文艺复兴的关系。他认为,从前述众多角度观之,两者始终都具有连续性,尤其是"现代国家的诞生"(第 113 页),这一政治领域的现象在 18 世纪之前并未普遍现出,而文艺复兴时期"理性的觉醒"和人文主义在 12 世纪便已浮现。诸此种种,都反映出文艺复兴和中世纪的亲缘性。当然,他也肯定了前者确实拥有一些新的活力,所以文艺复兴是"中世纪的最后一次重生","在 18 世纪后半叶酝酿并预示了真正的现时代。"(第 128 页)第八章则简短地回应了书名的问题——"我们必须给历史分期吗?"勒高夫的答案是肯定的。因为历史学作为一门社会科学,需要历史分期这一基本研究工具,即使分期的标准仍处于争议之中。而这与他通篇强调的连续性并不矛盾。为了掌握更加饱满的历史客体,"就应该将连续性和断裂性相结合"(第 131 页)。至此,《分期》一书得到了巧妙的收束。

作为一本随笔性质的小书,《分期》的结构不若其他学术专著精致,论证也称不上多么缜密严实。但是抛去文体限制,我们仍然可以感受到勒高夫一贯的洞察力和表述能力。他将讨论置于历史分期问题的背景下,探讨历史观念的形成和变迁,赋予全书近乎历史哲学的纵深;而真正起到牵引作用的是"中世纪与文艺复兴的关系"这一论题,也就回到了他的本行中世纪史。通过梳理这两个分期概念的诞生过程和学术史,以及提出"漫长的中世纪"的观点,他明确指出从中世纪到文艺复兴没有发生根本的变革和断裂,欧洲直到 18 世纪才迈出中世纪,而文艺复兴只是中世纪的"最后一个子时期"。最终,这个结论又服务于更加宏大的历史分期问题,从而呈现出清晰的逻辑线索。在材料方面,勒高夫没有使用大段的一手史料,而是在论证间信手拈来,这种调遣自如主要依托过去的积累。他引用了许多二手研究,包括一些最新出版的著作,反映出他对学术动态的持续关注。本书后附的参考文献指引读者按图索骥,亦是重要的组成部分。

不难看出,"漫长的中世纪"与布罗代尔提出的"长时段"(longue durée)理论有着渊源关系。布罗代尔重视人与环境之间"几乎静止的历史"和"节奏缓慢"的社会史[1]。勒高夫继承了这一年鉴学派传统,将中世纪的终结归于 18 世纪而非 15 世纪,认为 15—17 世纪一些所谓的变化并没有真正影响时代本质。比如在政治领域,虽然 17 世纪的英国发生了查理一世被送上断头台、詹姆士二世逊位等事件,但是这些没有改变君主制的政体(第 114 页),因此不能称为断裂或

---

① 〔法〕费尔南·布罗代尔:《菲利普二世时代的地中海和地中海世界》(第一卷),唐家龙等译,商务印书馆 1996 年版,第 8—9 页。

新生。特定的政治事件只能起到划分短时段的作用，这种论调正同
布罗代尔的观点遥相应和。此外，正如彼得·伯克指出，年鉴学派第
三代学者们更易吸收法国国外的观念，"他们采用各式各样的方式，
努力综合年鉴学派与美国的学术潮流——心理史、新经济史、民间文
化史、象征人类学等等"①。勒高夫以往在心态史、文化史方面的研
究多少便已受到美国新文化史影响，我们在本书中也可看出类似倾
向。例如他对"中世纪黑暗说"的批判，以及重新审视文艺复兴这一
概念，显然是哈斯金斯《12 世纪文艺复兴》问世以来引发讨论的背景
下展开的。他提及贝尔纳的人文主义思想，令人联想到美国中世纪
史学者卡罗琳·沃克·拜纳姆等人对 12 世纪修道思想的研究，可见
他与国外、特别是美国学界的互动。当然，他也并非对年鉴学派传统
和美国学术潮流亦步亦趋。在第七章证明中世纪的进步意义和文艺
复兴的非中心性时，他逐一列举了经济、社会、文化等领域的事件，更
多是从布罗代尔所说的"群体的历史"即社会史角度展开，以之作为
衡量时间的标尺。他致力于打破文艺复兴作为一段特殊历史时期的
神话，指出历史分期凸显了"历史作为人类知识工具的脆弱性"（第
16 页），在结尾处却又承认历史分期的必要性，似乎有悖于长时段理
论，实则深化了对此的解释：在他看来，尽管长时段"使诸多的时期变
得混乱不清，甚至是消除了各个时期"（第 131 页），但是它与历史分
期并非全然对立，因为历史分期造成的断裂性是为了更深刻地反映
每个时期的特点，从而体现过渡、转折的意义，这与长时段理论强调
的连续性在本质上是相近的。连续性和断裂性的结合，正是理解过
去的重要途径。总之，《分期》一书既是勒高夫如同以往吸收年鉴学
派传统和新兴学术思潮的成果，也蕴含了他自身的历史观念和深邃
思考。

　　本书的译笔流畅自然，轻松易读，虽然不乏一些可商榷之处，比

---

① 〔英〕彼得·伯克：《法国史学革命：年鉴学派，1929—1989》，刘永华译，北京大学出版社 2006 年版，第 61 页。

如刘寅指出的几处,另外笔者认为"époque païenne"一词译为"异教时期",比起原文"不信教时期"(第 17 页)可能更符合国人的阅读习惯和认知,但是总的来说《分期》不失为一部出色的译作。[1] 勒高夫已逝四年,这本他生前最后一部作品,连同过去诸多皇皇巨著,依然持续且深刻地影响着我们,如他所言,成为了"能够让我们迈向新时期的遗产"(第 129 页)。

---

[1] 参见刘寅:《勒高夫与"长中世纪"》,《文汇学人》,2018 年 3 月 23 日第 3 版。

评《穆罕默德和查理曼》①

王页天（北京大学外国语学院）

　　《穆罕默德和查理曼》一书由比利时著名历史学家亨利·皮朗所作，他提出"伊斯兰扩张征服与中世纪西方形成之间存在着一种十分密切的联系"，即所谓的"皮朗命题"（The Pirenne Thesis）。其基本内容是：匈奴与日耳曼诸族对罗马世界的冲击尽管颠覆了西罗马帝国的统治，但作为罗马世界最基本特性的地中海统一性仍然存在；7世纪后伊斯兰教的大扩张割裂了地中海，西方社会首次出现了由地中海向北方地区的转移，并处于自然经济状态，其后果就是墨洛温王朝垮台与加洛林王朝兴起，开始进入中世纪时代。

　　皮朗命题在当时引起了学术界的轩然大波，理论也有瑕疵之处，但是他的研究视角跳出了原有罗马因素与日耳曼因素两元结构的桎梏，将视野扩大到地中海地区，凸显了伊斯兰势力对西方文明的巨大影响。所以他的理论也激发了许多历史学家的探讨。

　　作者将全书分为两编，每编又包括三个章节和一个简短的结论。第一编描述了"伊斯兰教入侵前的西方世界"。在第一章"日耳曼人入侵之后地中海文明在西方的延续"中，作者指出，罗马帝国虽可按语言分为东部希腊语区和西部拉丁语区，但是不影响其一体性，地中海即为"我们的海"（Mare Nostrum），君士坦丁堡成为枢纽。

　　在蛮族入侵后，日耳曼化与罗马化同时发生。476年罗慕路斯·奥古斯都鲁斯垮台，西罗马帝国灭亡，直接原因是哥特人以军事

---

　　①　〔比利时〕亨利·皮朗：《穆罕默德和查理曼》，王晋新译，上海三联书店2011年版。

边区(dukes)的组织形式避难(匈奴入侵)并进入帝国。但蛮族诸政权名义上仍服从罗马帝国皇帝统治,并存在罗马式的共性,即:绝对主义国家;世俗国家;统治机构为财政机构和国库。基督教会也认可罗马皇帝是法理上的主人。

在查士丁尼大帝期间(527—565年),拜占庭帝国曾短暂恢复对地中海统一体的控制。但是此时的帝国多线作战,波斯人与斯拉夫人使帝国东境不宁。重新统一的帝国衰落的开端始于568年伦巴德人入侵意大利。而东方化趋势始于戴克里先,拉丁人与希腊人的矛盾深化,一性论危机(640—681年)和圣像破坏运动(726—843年)是标志性的事件。

第二章阐述"日耳曼人入侵之后的经济和社会状况以及地中海航运"。

(1)私人财产与土地:日耳曼人入侵后取代原有罗马奴隶主,继续向隶农(Coloni)征税,原有农业制度未改变,即:大地产仍由承租人(conductores)承包,罗马式租佃形式保留。社会阶层可粗略分为:①自由人(ingenui),包含元老贵族(senatores);②隶农;③奴隶。

(2)地中海东部航运:大量叙利亚人和犹太人从事商贸活动,贸易的商品包括贵金属、丝绸、酒水、粮食、香料、纸草、油料、奴隶和木材等。

(3)内陆贸易:基督教会不反对被释奴(mancipia)的存在,被释奴的最大来源是战争中被俘的蛮族战俘。商人居于城镇之中,构成独立的社会阶级。

(4)货币与货币流通:黄金本位的货币体系,通用货币依然是拜占庭帝国铸造的金索里达,蛮族王国制造赝币。信贷业存在,从业人员多为犹太人,基督教会禁止高利贷,认定为非法获利。经济形态是商品经济而非自然经济。

第三章则讲述了"日耳曼人入侵之后的知识生活"。

基督教会不排斥古代文学,如维吉尔的诗歌。古典文化的教育仍存。日耳曼人不反对隐修运动,修道院大量出现,教会改用通俗拉丁语。东方艺术在帝国范围内出现。社会的世俗性体现在世俗君主是基督教会的领袖,社会仍开展世俗教育,提供世俗人才。

所以作者认为日耳曼人仅摧毁帝国对西部地区的统治。地中海地区仍然是罗马化的,新变化是西方出现一批蛮族政权,基督教会有助于维持古典社会平衡均势。查士丁尼的再征服也彰显了地中海的统一性,同时东方希腊化的趋势也有所增强。看不出地中海共同体有崩溃的趋势。

在第二编"伊斯兰世界与加洛林王朝"中,作者首先在第一章提及"伊斯兰教在地中海地区的扩张"。

拜占庭帝国皇帝希拉克略对伊斯兰的征服无能为力。阿拉伯人的优势在于:阿拉伯人入侵的突然性;拜占庭帝国军队的混乱无序;拜占庭帝国对基督教异端教派的镇压不得人心;波斯军队虚弱无能。

日耳曼人入侵的目的是融入罗马帝国,伊斯兰教的入侵则带来了新秩序。伊斯兰教使阿拉伯人免于被征服民族的同化,同时不排斥学习被征服民族的科学和艺术。安拉地位至高无上,沙里亚法地位高于罗马法,阿拉伯语地位高于拉丁语和希腊语。这引导被征服者主动皈依伊斯兰教,学习阿拉伯语。

加洛林王朝诸王相对成功地遏阻了穆斯林的陆上攻势。但是海军薄弱不足以与穆斯林舰队争锋,使萨拉森人(The Saracens)对沿海地区的袭扰加强。同期的拜占庭帝国仍有强大海军,希腊火是秘密武器,但是在西西里被占领后,放弃对地中海西部的控制。

西地中海关闭的征兆是新商路被开通与海上贸易消失。以巴格达为核心的伊斯兰世界成为亚欧大陆上的贸易大商路(The Great Trade Route)的终点。加洛林帝国是内陆型国家,经济中心向北迁移至内陆地区。

在第二章"加洛林剧变与罗马教皇立场的转变"中,作者提出法兰克人承担了遏制穆斯林在西欧扩张和重建欧洲的使命。

商贸的消失使城市和元老家族衰败,掌握大量地产的日耳曼大贵族地位上升。丕平家族经过斗争享有专任法兰克王国宫相一职的特权,加洛林家族通过宫廷政变取代墨洛温王朝。

罗马教皇是拜占庭皇帝的属臣,但是 638 年希拉克略试图推行"一志论"(Monothelism)被罗马教皇宣布为异端。利奥三世 725 年开始推行圣像破坏运动,被教皇格里高利二世诅咒,731 年格里高利三世宣布开除圣像破坏者的教籍。教皇与皇帝的矛盾激化。

732 年查理·马特击败阿卜杜·拉赫曼。754 年,矮子丕平支持教皇斯蒂芬二世抵抗伦巴德人的入侵,史称"丕平献土",法兰克王国成为罗马教廷新的保护者。800 年,查理曼由罗马教皇加冕称帝。可以说是伊斯兰教对西班牙和非洲的占领造就了称霸基督教西方世界的法兰克国王。

在第三章中,作者展望了"中世纪时代的开端"。8 世纪前的西方经济是古代地中海商业经济的延续,之后是非商业性的文明。帝国经济受阿拉伯人和诺曼人入侵影响,退化到自给自足的庄园经济;查理曼用白银铸币,拜占庭和阿拉伯仍用黄金铸币;税收由货币变为实物;加洛林王朝强调君权神授,推行军事附庸制度,查理曼死后,权力加速向地方大贵族转移;拉丁语不再日常使用,成为学术语言。作者最后总结,加洛林王朝的日耳曼化影响了日后的中世纪政权。

纵观全书,作者着眼于地中海,以罗马帝国为主体展开分析,继而引入蛮族(日耳曼人)、外敌(匈奴、波斯、斯拉夫和阿拉伯人)、异教(基督教和伊斯兰教)等概念。粗略地说,蛮族入侵带来日耳曼化的同时,蛮族也受罗马文化影响,基督教取代多神信仰成为国教都可归于"罗马化"的框架,无损于地中海统一体的存在,甚至后来成为帝国存续的要素。而匈奴人、斯拉夫人和波斯人的外敌入侵同样也无损"罗马秩序"。但是外敌阿拉伯人与异教伊斯兰教的兴起则带来"新秩序"。

查理曼由教皇加冕为帝,而穆罕默德则缔造了伊斯兰,所以尽管二人生活的年代相差逾百年,仍不影响其内在联系,是他们携手开启了中世纪。

当然,本书似有一些意犹未尽之处。作者在本书中描述的伊斯兰势力相较于其对于基督教世界的阐释是相对模糊的。先知穆罕默德死后，伊斯兰内部的教派与政治分歧，导致了内斗与混乱。安达卢西亚、北非、安纳托利亚三地入侵欧洲的穆斯林在从穆罕默德到查理曼生活的这百余年间，并不是团结一致的。中央权威由四大正统哈里发向倭马亚哈里发再向阿拔斯哈里发的转移，地方政权的建立与割据都影响着对基督教世界的军策变化。如果作者能够更为深入地剖析穆斯林的攻势停滞的原因，或许可以更有力地构建加洛林家族的查理曼建立帝国与伊斯兰教兴起的逻辑关系。

评《国王的两个身体》①

张哲（北京大学历史学系）

　　《国王的两个身体》是犹太裔美国历史学家恩斯特·康托洛维茨于 1957 年出版的政治思想史著作，重点讨论了中世纪和近代早期欧洲关于君主制和国家的政治思想。这本书借助莎士比亚和但丁等人的多种文本和图像材料，介绍了中世纪和近代早期神学家、历史学家和法学家将"国王"理解为肉体凡胎和超越时间的实体的结合这一奇特现象。《国王的两个身体》为历史学家和政治学家们理解关于政治权威和国家观念的演变做出了重大贡献，时隔多年，这本书仍然是该领域的经典之作。

　　康托洛维茨的这部著作在行文风格上明显不同于史学作品的经典范式，仅仅用广博来形容他的风格是远远不够的。在方法上，康氏使用了钱币学、纹章学、图像学、心理学以及前文所提到的多种学科的专门方法；在内容上，从晚期奥古斯丁到托马斯·阿奎那，康托洛维茨对中世纪政治神学的演变非常熟悉，并且超出了教会学者的范畴，对英法等国的世俗政治理论也如数家珍；在结构上，康托洛维茨以多层次的视角，先后以基督、法律、政治体和人为中心的王权讨论"国王永远不死"的核心话题，但作者在立场上又十分超然，绝大多数篇幅用在整理政治神学的学术史，不容易从中读出作者自己的思想倾向。

　　康氏以对普劳登判例报告的研究作为全书的研究切入点引出国

<hr />

① 〔德〕恩斯特·康托洛维茨：《国王的两个身体》，徐震宇译，华东师范大学出版社 2018 年版。

王二体论，即国王有两个身体：有朽的自然之体和不朽的政治之体。国王的自然之体与普通人相同，而他的政治之体并不可见，更加无以把握。政制与治理结合形成了国王的政治之体，其形成的缘由乃是为了处理公共事务和管理人民，故而国王自然之体的无能和能力衰退对政治之体及其政治行为是没有影响的（《国王的两个身体》，第77 页，后略书名）。然而，此后康托洛维茨笔锋一转，没有继续谈论国王二体论的源流问题，而是别出心裁地讨论与普劳登判例报告同时代的莎士比亚写作的《理查二世》。《理查二世》向来被认为是一部政治剧，莎士比亚时代的人们会拿伊丽莎白时代的君臣关系与理查二世作对比，莎翁在剧中透露出的国王二体论的倾向无疑是在影射现实。文学领域的材料支撑并丰富了康氏在第一章提出的观点。

　　接下来作者转入君主制政治权力理论的探讨。大体按照时间顺序，首先是以基督为中心的王权。在基督教正统教义中，基督二性论与国王二体论尽管本质上是不同的，但在表述上具有高度的相似性，两者非常容易产生类比。基督的人性与神性和国王的自然之体与不朽的政治之体代表着类似的含义，二者之间并非是孤立的而是统一的，国王因其自然之体是人，在受膏之后便拥有了属灵的职能和非人格的、不朽的超绝身体。接下来，康托洛维茨用亚琛福音书的卷首画和一些文学作品证实了这种观念在中世纪并不罕见，而且并非仅在教会法学家之中流传。

　　随着教会法的完善和罗马法的复兴，王权开始利用法学理论为其背书。身为基督徒的国王是基督的代理人，是连接和沟通天堂和尘世的"中保"。但随时间推移，"偏向基督统治——礼仪性的王权概念，被一种偏向神权——法学性的政府概念所取代"（第 187 页）。宗教为核心的王权被以法律为核心的王权取代（尽管仍未脱离神学范畴）。国王的形象更加崇高，直接作为上帝/圣父在尘世的代理人，不再需要圣子基督作为中介。与此同时，王权建构理论也开始世俗化，罗马法的影响愈发重要。"法律思维毫无疑问已经压倒了礼仪的灵性，现在，法学觉得可以来创建属于自己的世俗灵性了。"（第 191 页）

在弗里德里希二世统治时期,受罗马法的影响,皇帝试图将自己塑造成立法者乃至法律化身的形象。这是一种半理性半神秘主义的论调,用康托洛维茨的话说,它"充斥了教会论思维,沿用了教会法词汇,并混合了半基督论语言,以表达政治的秘传之道,但却不再依赖于一种以基督为中心的王权的观念……事实上,皇帝作为'正义的主人与仆人'这样的双重职能……源于古代罗马人民的著名法律……随之而来的,是一种严格以法律为中心的意识形态开始取代之前几个世纪占统治地位的奥秘式的'效法基督'"(第 198 页)。换言之,政治神学开始去基督化,法律/国家自身开始拥有神格。在这个新型国家之中,人民扮演主权者的角色,而立法活动则由君主负责。但君主立法,却并不意味着立法者在法律之外。国王既在法律之上,又在法律之下。国王不再单纯是贵族们的封君,而是公共领域的主人。

康托洛维茨在"以政治体为中心的王权"一章中继续讨论中世纪晚期教会与国家的相似性,并且引入了"奥秘之体"的概念。众所周知,罗马教廷的政治理论与组织结构一直为西欧世俗政权所效仿,在近代君主制的建构上也不例外。"教宗也被称为'君主'和'真正的皇帝',在这种'大祭司的尊威之下',罗马教会的圣统制机制,在一个神秘主义的基础上,开始成为一种绝对和理性化的君主制完美的雏形,而同时,国家也越来越多地表现出一种倾向,可以成为一个'准教会',或者一个建立在理性基础上的,奥秘性的法人/合众体。"(第306 页)由此可见,康托洛维茨所说的奥秘之体实际上指的是一个社会性政治集体——教会、人民或者国家。而这个奥秘之体与国王的关系是这样的:"国家选举君主、君主接受此项选任,构成了一种类似于婚姻的契约或合意。"(第 327 页)所以国家/人民是国王的身体,而国王是国家/人民的首脑,两者密不可分,如婚姻般紧密结合,不存在无人民的国王,也不存在无国王的人民。同时按照基督教道德,这个奥秘之体与它的头也是不能够"离婚"的。那么,二者之中究竟何者为重呢?康托洛维茨通过举证指出:"只有当君主承认自己是全体臣民集体的受造物,他才成为个别公民的父亲。"(第 347 页)也就是说,国王凌驾于任何人之上,却要服从全体臣民的意志。

通过对教会理论的模仿与学习,国家这一概念在国王二体论的基础上复活。正如古典时代那样,"国家成为了政治效忠和准宗教情感的对象"(第 348 页)。长期以来,中世纪的人们并没有祖国这一概念,对家乡、对教会甚至对基督教世界的认同感都要远远强于对某个王冠统治下的领地的认同感。但在此时,封建义务的影响力已然不如人们对于国家的忠诚,后者的影响力已经远不止狭隘的以村庄为单位的地域范畴。保卫祖国,就是保卫国王、保卫奥秘之体,如同为信仰而战一样,其意义高于一般个人的生命。相反,作为奥秘之体的头,国不可一日无君,君主是爱国主义热忱的目标,而非其中的一分子。

国王政治之体/奥秘之体的不朽性也体现在政制的延续性上。在中世纪政治神学中,奥秘之体是上帝的永久造物。某位君主自然之体的死亡不会影响这种永恒性。康托洛维茨将这种状态概括为"国王永远不死"。作为奥秘之体的人民/国家自然是不死的,一个不朽的躯体只能拥有一个不朽的头部,所以作为头部的国王也应该是不朽的。由于国王肉身是会坏朽的,王位的继承必然要具备稳定性、连续性与神圣性。篡位者、空位期与出身低贱者都不是奥秘之体的理想状态。拥有王位继承权的人必须出自王室血脉,这样他就比所有人更高贵,更适合作为奥秘之体的头。人民拥戴、上帝默示与王室血脉,共同保证了王权或王位的连续性。如此才会"王冠永远不死"(第 463 页),"王冠高于作为人的国王,也高于地理性的国王,同时,它与王朝的连续性以及政治之体的永久性处于同一层面"(第 467 页)。

所以,君主的统治权是不朽的。作为君主,必须保证他治下的国家的主权和法理财产不受侵犯。"通常情况下是'王国的共同体'向王冠宣誓,因为国王、咨议会成员、官员、教俗贵族都异口同声地宣誓要保护王冠的权利;他们作为一个整体,加上国王是他们的头,代表且就是'王国的共同体'即'共体'。"(第 487 页)为了践行国王的统治职责而必需的各种衍生物,如军队、官僚机构、法院等,也是不死的,或者说,是永久延续的。

在本书的最后一章,作者完成了基督教政治神学世俗化的最后一步,从人本主义的角度讨论王权的建构。但丁所主张的政教权力关系明显带有"双剑说"的影响,然而但丁的独特之处在于,他成功实现了对于基督教政治神学的祛魅。"君主不仅独立于教宗,还独立于教会,并且,实际上其至独立于基督宗教。"(第 497 页)世俗权力完全可以独立于宗教影响而存在。但丁在著述中并未表现出像后世一些启蒙学者那般鲜明的去基督教化的倾向,但他的确强调了"人"相对于基督教世界这一整体的独立性和自我价值。康托洛维茨称这是"但丁在政治神学领域最具原创性的成就"(第 605 页)。正是自但丁始,人开始要为人性本身加冕。

值得注意的是本书的结论,康托洛维茨虽在前文中指出了"国王永远不死"这一现象,却拒绝为其政治意义做任何引申性的评论。对此康氏在序言中有自己的解释:"尽管我们的时代发生了恐怖的事情,就是从大到小所有的国家,统统拜服于最诡异的教义,将政治神学发挥成真正的妄想症,在许多情况下直接挑战人类和政治理性的基本原则,但是……这类思索属于嗣后的思考,是眼前这项研究的结果,而不是原因,也不影响研究的过程。"(第 66 页)可见,康氏并不希望看见对该书进行意识形态上的解读,也无意挑战人类和政治理性的基本原则。因此康托洛维茨选择到此为止,留给读者自己的发挥空间。这种安排在史学作品中无疑是颇为罕见的。

然而,政治神学本身便是极易引起争议的领域。正是由于康托洛维茨有意地在书中隐藏自己的政治立场,后人必须通过了解康氏的生平才能对书中隐含的思想了解一二。倘若无意探究作者自己的立场,而是见仁见智地试图通过解读本书来了解中世纪政治神学的话,以本书内容之艰深广博,想必一千个读者会有一千个康托洛维茨了。也许这正是康氏如此行文思路的原因。

评《历史、记忆与书写》①

孙沐乔（北京大学历史学系）

《历史、记忆与书写》所选的十几篇文章，从多个侧面显示了格里教授广博的阅读积累与开阔的学科视野。而整合多元学术兴趣的核心，是教授对历史学者工作价值的真诚关怀：他认为只有深入思考历史与现实的关联，才有助于我们清晰理解历史研究的意义与局限。本文将以这一核心为线索，从全书主要涉及的几个主题展开。

在"作为公共知识分子的历史学者"一文中，格里教授分析了亨利·皮朗、马克·布洛赫和蒙森三位中世纪研究大师对学术与政治关系的理解和实践：三位史家都关心时政，布洛赫先生甚至在战争中为祖国奉献了生命。但在学术上，皮朗将自己在政治上对日耳曼的怨恨带入到古代日耳曼历史研究中，而布洛赫和蒙森则保持了在学术问题上的克制与审慎。格里教授希望借此说明：历史学是关于理解变迁的学问，提供的是有关如何审视过去的知识；关注自己的时代固然是历史学家的责任，但因此更要承认自己专业的局限。格里教授对历史研究边界与限度的理解还特别体现在"作为记忆的历史"一文中：他指出，历史研究的成果是某种分析性的、判断性的和理解性的历史记忆，而社会中的集体记忆是某种流动的、易变形的、不断裹挟着某个社会群体的文化传统。历史学家所能做的，是在认识到两者区别的基础上，努力合作塑造历史记忆，并努力转换所处社会的集体记忆。哪怕社会常常更需要集体记忆而不是历史记忆，历史学家

① 〔美〕帕特里克·格里：《历史、记忆与书写》，罗新等译，北京大学出版社 2018 年版。

至少也可以颠覆性地、唐突地提醒公众注意确实在沉睡的事实。

　　"中世纪研究在美国"、"多重中世纪：竞争中的元叙事及对讲述过去的竞争"、"拉丁文出了什么事"三篇文章，主要展现了格里教授对美国中世纪研究发展历史的看法。中世纪研究一直以来存在如下的几个元叙事传统：强调中世纪与近现代之间截然不同的文艺复兴范式；放弃中世纪本体论地位，以古代晚期概念（强调古典文化的发展与变化，持续到公元 800 或 1000 年）与旧欧洲概念（从 11、12 世纪一直到法国大革命）取而代之的范式；强调中世纪作为西方文明"失乐园"所具有的他异性特质；以进步主义为核心（尤其体现在法律、政治、文化史领域），强调中世纪作为近现代理性与解放的先驱。以上的几个传统都建立在对"现代性"价值的承认之上，而近五十年来后现代主义思潮对"现代性"的解构，促使历史学者摆脱元叙事框架的束缚，更多地从微观、地方、事件与故事分析的角度来进行研究，这是格里教授更加认同的整体方向。与欧洲相比，美国对欧洲文化传统的天然积淀较少，所受的惯性束缚也较少。这一方面造成美国的中世纪研究者不得不以传播知识文化的教学活动为工作核心，另一方面也促使他们更多地关心跨学科的整体研究。此外，美国非常注重发展各类由学者和各行业爱好者所组成的中世纪研究协会，以低门槛的方式促进对中世纪感兴趣的人进行广泛交流，并吸引丰富的经费赞助。在"拉丁文出了什么事"一文中，整体上看，格里按时序、分地区地回顾了中世纪拉丁文的接受和使用情况，以及地方方言的迅速发展。中世纪拉丁文在教会和学术领域得到了广泛使用，直到17、18 世纪仍然活跃，但在地方政治与社会层面，社会中上阶层与大众之间在八九世纪就出现了语言隔阂。我认为格里教授借此历史现象所要表达的，是提醒中世纪研究协会应始终保持对一般爱好者的开放，避免因过分强调拉丁文而将中世纪研究局限在文化精英的小圈子中。保持开放交流的态度，一方面有利于扩大中世纪研究协会的经济来源，一方面有助于将现实社会中的文化挑战与历史研究联系起来，增强整个学科的生命活力。

　　格里教授对古今对话的关切,充分体现在几篇关于蛮族的文章之中。欧洲近年来所面临的难民潮问题,促使教授对历史上的民族迁徙问题十分感兴趣。在"蛮族与族姓"一文中,他以叙述的方式回顾了罗马帝国晚期各支蛮族活动的主要线索。其中教授还借用了一些社会学概念来描述各族群与政权的类型:身份认同源自领头家族或王室的模式;以中亚草原族群中的魅力型首领和部落组织为核心的多元追随者模式;缺少中央王室与群体认同构建,研究材料较少的去中心化的模式(最为典型的是斯拉夫人)。在几种基本的区分基础上,教授重点用史料描述了这些族群的发展历史,旨在揭示这些概念的动态形成过程。在"中世纪早期欧洲族群认同的情境性建构"一文中,教授进一步指出了族群研究的多重困难。一、族群研究的源动力曾经来自民族主义,很容易陷入思想惯性的陷阱。二、从文献的角度看,虽然 6 世纪到 10 世纪的文献大量出现相关话语,但古人的问题意识和现代人的问题意识不同,对族群的理解也不同,需要具体区分不同材料中不同类型的族群话语的含义:地方性因素、军队上下级因素、宗教因素、起源因素等。研究中最紧要的工作仍然是深入分析历史文献的语境与内涵,力图按照社会内部亲历者对社会的想象去理解古代社会。最典型的案例也许是近年来学者们对都尔主教格雷戈里的重新定位:《法兰克人史》从一度被认为不过是一部缺乏思考深度的社会观察记录,到如今被学界重新评价为"一份在基督教目的论视角下揭示社会历史的细腻描述"。法兰克人的概念成为了特定思想体系的具体产物,反映了中世纪作家们对在复杂社会舞台上活动的政治精英们的深入思考。

　　然而仅凭对书面材料的分析很难彻底满足中世纪研究者对历史民族迁徙问题的好奇。书中最后部分的三篇文章,以基因研究为核心,介绍了格里教授近年来在普林斯顿所参与的跨学科综合研究,这也是美国中世纪研究的一个特色。在格里教授主持的研究开始以前,基因研究虽然也有过开展经历,却因过分依赖于采样技术,以及对古代和现代移民假说、生殖优势假说的怀疑而受到历史学家的反对。然而近年来一份关于当代欧洲 DNA 的突破性研究证明,现代欧洲人基因差异中相关性最强的因素是地理——简而言之,基因流动发生在临近人群中。格里教授的团队受此启发,力图探究同样的地理模型是否在古代大迁徙时期成立。研究方法是从古代墓葬中获取 DNA,以恢复古代世界的基因地图,来重现古代人口实际的迁徙过程。需要补充的是,这项研究本身无法回答历史上是否发生了文化、社会和政治层面的迁徙与互动的问题,解释这种问题仍有赖于对文本、考古材料的综合考察。

"圣徒与圣地:中世纪朝圣者的目标"、"中世纪宗教实践中对圣徒的逼迫"两篇文章,均出自格里教授《与死者共生的中古时代》一书,以圣徒这一社会文化现象着手,描述了中世纪早期社会建构的一个侧面。在墨洛温和加洛林早期时代,西欧地方割据严重,公权衰微,对基督的崇拜式微,而地方性的圣徒崇拜则更能满足群体多方面的需求:促进社会融合,建立身份认同,提供保护和经济扶助。在此基础上,圣徒的流动也是地方社会权力博弈的重要面向。移动圣徒肉身是否正当,成为了当时相关文献争论的焦点。我们之所以看到有些圣徒转移在文献中被描述为偷窃和绑架,其实就是中世纪作家解释自己行动合法性的一种文化发明。11、12 世纪还出现了一种奇怪的现象:承担着与信徒互惠互利义务的圣徒如果逃避责任,就会被公众逼迫甚至凌辱。这一问题曾被神学家忽视,却得到了历史学家的重视。对这一现象的进一步考察显示,在许多场合,的确发生过惩罚事件,其方式也是高度仪式化的,带有某种公共戏剧的意味。惩罚圣徒的起因常常是导致社会不稳定的事件:比如出现了涌向偏远修道院的朝圣者,或是无视修道院权利的本地地主对修道院农户的欺压。因此,教授认为,对圣徒的公开惩罚,起到了安抚民心的社会效果。到了 12、13 世纪,圣徒肉身和圣徒地方崇拜之间开始脱钩,转而出现的是对全地域圣徒的崇拜。比如在整个法国南部出现了对童真玛利亚的崇拜;圣餐崇拜也在拉特兰第四次大公会议后得到强化。

"700—1000 年间欧洲的土地、语言及记忆"、"中世纪庭外和解的几种方式"两篇文章则从书写文件入手,分析了中世纪社会的特点。尽管在早期中世纪,口传文化是社会的主流传统,但书面文字也深刻影响了对过去的接受和对当下的控制,这一研究主题的领军人物是英国学者罗萨蒙德·麦吉特里克与珍妮特·尼尔森。土地不仅是家族财富与权利的基础,从相关的契约材料来看,它还与家族历史与记忆的塑造紧密相关。对这一时期文献的普遍阅读显示,拉丁文和各地方言被广泛使用,而且许多文本显示出明显的程式化表述特征,这与中世纪早期特定仪式化情境中公开朗读的需求紧密相关。将这些口头仪式化表述、誓言记录下来,表现了各种历史主体对保存记忆甚至是在未来重新呈现的期待。对中世纪庭外和解问题的关注,在方法上的新颖之处是摆脱了传统法律研究对纲领性法典与敕令集的依赖,转而从具体语境中重估争论各方在社会关系网络中的角色。相关材料出现在一些蛮族国家的个案现象之中,分为三类:当事双方签订私人契约,以双方自愿为核心特征;求助于有影响力的大人物庇护;接受第三方的强制性裁定,主要是主教出面调停。这三类个案反映了在公共司法权力之外的社会关系网络样态,也涉及早期加洛林社会中司法体制与社会结构之间的紧张关系。

在本书的编者序言中,罗新老师全面介绍了帕特里克·格里教授的学术生涯与治学风格,其中最令人印象深刻的一点是,格里教授既熟悉法德学术传统,又重视梳理介绍中世纪研究在美国的发展。本书所选的文章性质多为旁征博引、高屋建瓴的综论文章,意在通过此次中译机会向中国读者介绍教授个人对中世纪研究的宏观理解,并着重刻画当前美国中世纪研究的整体面貌。考虑到中国在欧洲中世纪研究领域的文化处境与美国类似,本书所传达的经验和关怀尤其值得中国学者关注。

统治者与被统治者之间的交换机制

李隆国（北京大学历史学系）

马克·布洛赫著《国王神迹：英法王权所谓超自然性研究》最近由张绪山教授翻译，在商务印书馆出版。[①] 感谢张绪山教授的辛勤劳作，布洛赫的一部重要历史作品有了中译本。关于布洛赫的生平和相关学术思想，不仅张绪山教授有详细的介绍，学术界的研究已经非常多了，布洛赫作为民族英雄的高大形象有如丰碑一样矗立着。在史学史上，布洛赫的名字与年鉴学派（运动）不可分离地联系在一起了。而从比较史学的角度分析布洛赫的作品，业已有我的导师马克垚教授，以及译者张绪山教授本人的精彩分析。

坦白地讲，我本人并没有资格来评说马克·布洛赫的学术。因为我本人可以说是在他的直接影响下成长起来的。在我读研究生的时候，他的《法国农村史》、《历史学家的技艺》和为《剑桥欧洲经济史》所撰写的英文章节都是我反复研读的作品。《历史学家的技艺》，则是我当教师之后讲授史学概论的首要参考书。所以我的评说自觉不自觉之间，都是偏向于积极性的，与主流的史学史叙事基本符合：一位富有气节的、开辟了史学新路的高大史学家的形象，尽管马克·布洛赫本人长得既不高大，也不威猛（169厘米）。

由于我个人一直对中古时期的奇迹有着异常浓厚的兴趣，甚至有意识地想创建一门奇迹学，所以我特别有兴趣拜读绪山兄翻译的这部《国王神迹》，也特别愿意追随绪山兄来讨论交流阅读的心得。

---

① 〔法〕马克·布洛赫：《国王神迹：英法王权所谓超自然性研究》，张绪山译，商务印书馆2018年版。

这部作品分为三卷,开篇的导言是方法论介绍,说明研究的价值在于开创新政治史,即解释为什么中世纪的人们要相信"神圣王权"?第一卷起源,包含两章。第一章介绍治病仪式的缘起,第二章说明国王神圣性的文化传统。第二卷的标题为"国王奇迹的辉煌及其变迁",包含六章。第一章分别介绍国王的触摸仪式、对触摸行为的量化分析、医生对此病的认识,以及教会与君王之间对触摸奇迹的理论争执、西欧诸国对待瘰疬病触摸治疗之异同。作者认为相同的是集体意识对王权超自然性的信仰,异的是王室的成功与否。论述英格兰独特的另一种瘰疬病治疗方式:佩戴国王触摸过的戒指是第二章的内容。作者也是从长时段的集体意识来解释其起源,以及国王如何独占并赋予这一仪式以治疗效果。第三章至第六章是本书的核心章节。第三章讨论文艺复兴时期国王获得神圣性的理论与实践,从凭借膏立礼(涂油礼)到世袭(包括胎记、王室标记等)称圣。第四章介绍法国王室的治疗仪式与圣马库尔礼拜的结合,以及其他治疗瘰疬病的民间仪式,特别是数字巫术(第七子)与圣马库尔礼拜的结合。按时间顺序,第五章接着说明绝对君主制时代的国王神迹。虽然宗教改革带来了更为复杂的思想背景(新教徒对待国王神迹的矛盾态度),但治疗仪式随着王权的强大而日益隆重,以及随后随着王权的衰落而日益受到质疑。第六章指出虽然继续有人相信国王神迹,但是随着理性主义运动的兴起,国王触摸最终退出了历史舞台。

第三卷其实是结论章,总结了前现代的各种解释模式,尤其是以自然原因来解释的方式,作者认为皆不理想。在布洛赫看来,国王神迹之所以长期流行在于民众的"期待",因为瘰疬病属于反复发作、不断痊愈的疾病类型,所以,这种期待可以被利用。换言之,对神圣王权的信仰就是一种被王室利用的集体错误。附录部分介绍各种具体的历史证据和资料,应该是作者为写作而做的必要的资料准备。

在附录中,作者展示了强大的史料收集能力和批判能力。一方面,布洛赫要依赖于大量的前人研究;另一方面,他对已有学术研究成果的批判也是非常坦率而尖锐的,颇能一语中的。例如,他对克吕格尔的批评，非常具有代表性。在分析捕鸟者亨利举行即位仪式时拒绝使用涂油礼的原因，为了证明自己的观点，克吕格尔拒绝了传统的权威性史料——威杜金的编年史。对此，布洛赫做了精彩的点评，批评其使用证据的草率态度。"一旦文献不符合我们的理论，就以虚假文献视之，这样处理真是太随便了。"（《国王神迹》，第431页。后略书名）确实，在史料考证中，最为繁难的问题就是出现有分歧的不同论述时，如何处理它们之间的关系。布洛赫没有简单粗暴地排斥一种不合自己观点的证据，而是从文化背景的角度解释这些不同文献为何彼此歧异，从而将事情说圆了。布洛赫的史料辨析技术超越了当时流行的区分史料真伪的硬考证（即考证出一个最原始、最权威性的证据），而是从思想文化所构成的上下文中来分析这些史料产生的合理性，将彼此歧互的史料都各尽其用，从而拓展了史料的范围。这种方法可以称之为"软考证"。

当然，布洛赫如此处理史料的时候，也会有其局限性，那就是史料的运用比较随意。这一点在附录中不常见，但在正文中还是出现得较为频繁。例如他用爱德华二世的治疗统计数量少，说明其作为国王的声望低落且日益低落（第83—84页），并作为文献中爱德华二世的负面形象的佐证。但是在后面讲述圣油礼的时候，布洛赫又提到了另一个证据，说明爱德华二世特别重视神圣王权的建设，"这位不幸国王心中所藏计划的钥匙，即借助于奇迹强化其摇摇欲坠的威望"（第210—211页）。布洛赫还提到正是爱德华二世将痉挛戒指的圣化仪式转变为王室（独占的）礼仪。（第147页）这些证据值得好好地深入分析，但可惜的是，布洛赫忽略了。大概因为是研究长时段的现象的原因，在这些个案上所花的精力不能过多的缘故吧。如何在进行宏观分析的时候，结合扎实细腻的个案分析，至今仍然是对史学界的重大挑战。而对于理解神圣王权而论，像爱德华二世这样试图有所作为而实际上失败的君主，特别值得研究，因为在这些极端的案例中，国王们往往会不得不采取许多措施，以巩固自己的权威，从而留下相应的历史材料，使得我们有可能窥探到正常君王统治时无法捕捉到的异常现象,从而有利于丰富对神圣王权的认识。

从注释和附录中,似乎还可以看出布洛赫选择新政治史的史学路径背后的学术界现状。德国学者对神圣王权,尤其是围绕经典名家名作、各种官方仪式手册业已做了非常深入细致的研究;另一方面,英国学者从医学史的角度,对国王神迹也进行了系统全面的总结。面对如此深厚的学术研究史,布洛赫则选择从集体意识或者心态史的角度,利用那些非经典的作品,例如让·戈林对《神职论》的法文译本。"通常不被人注意的是,这部作品内容多于一部译作,且优于一部译作……增加些他本人的东西。这是一篇'论君主圣化礼的小论文'。"(第 116—117 页)可以说,选择不那么精英权威的经典文献,使得作者能够利用一大批前人所知但较少重视的史料。"更好的做法也许是研究二流作者的著作,翻阅有关君主制的普通法概要,赞颂君主制的作品……这些作品在 16、17 世纪的法国大量问世,阅读这些作品,读者不要指望得到巨大的精神享受,他们的思想水平通常都相当低下。"(第 307 页)而正是基于这些普通知识分子的作品,可以说明普通知识分子的思想状态,借此将政治思想纳入到更为"集体性"的层面来思考,从而发现经典作品及其所承载思想的"上下文"。新的政治史或者政治文化研究由此得以可能。

但是,如何利用这些材料和作品,近半个世纪里,主要是政治思想史研究中的"剑桥学派"的探索,以及年鉴学派的实践之后,才较为规范。应该承认,布洛赫本人对这些材料的运用还较为随意。另一方面,这些材料在多大程度上反映了"公众观点"或者说"集体意识",还是需要画个问号。按照布洛赫的研究,这些作品往往更加明显地反映了国王的意志或者是对国王意愿的迎合,而非面向普通民众。至少这些作品也是代表着特定的政治利益集团的政治诉求,而非普通民众的心声。大众的政治声音在今天都不是很容易听到,何况在中古时期呢?虽然如此,如何在历史叙事中捕捉和倾听下层群众、少数群体的声音,却是近一个世纪史学的突破方向,而且业已取得了辉煌的成绩(如微观史)。

在史学方法上的创新,却并不一定就意味着在历史理解上取得同等程度的突破。从本书的论述,尤其是结论部分可以看出,奇迹在中古基督教世界非常流行,对其解释的模式也极为繁多。作者敏锐地指出,如何理性地理解国王神迹,是一大趋势。作者最终将此视为一种"集体错误"来理解。而且从今天的科学和理性标准来看,国王神迹确实反映了一种前现代的"集体错误"。布洛赫也承认这种"集体错误"在当下仍有延续。他确实试图将历史现象不仅当作不同于今天的现象,而且也同时视为正常的,体现了现代人也在潜移默化之间、自觉不自觉之间尊奉的某些原则。

基督教会提倡奇迹,信众喜欢发生奇迹,为什么?这是证明上帝的威力和信仰的必要性,尤其是通过圣徒的中介。而通过圣徒的中介,就是通过基督教会,因为几乎每个教堂都有自己的主保圣徒,如圣彼得大教堂、圣保罗大教堂、圣安德鲁大教堂,等等。奇迹固然是权威的赐予和展示,也是一种保护和报应。如果从权威与控制、保护和报应这种双重属性来看奇迹,就会理解奇迹其实是信众与教会之间交换的一个媒介,而且是教会与信众众多交换方式中最为极端的一种,也将这种交换关系表现得最为明白清楚。通过奇迹,教会确立权威,获得资源,控制信众;而也是通过奇迹,教会为急需帮助的信众提供帮助,除暴安良。基督教奇迹既是基督教权威合法化的工具,也是回馈信众支持的手段。

与此类似,国王神迹不过是使"中央权力"合法化乃至神圣化的一种极端手段,也是保护臣民的极端性体现。其具体的形式虽然在今天消失了,但它会改头换面,以现代人接受的方式体现在政治实际中。或者说,改变的只是载体——国王神迹,而不变的则是统治者的权威与被统治者受到保护之间的交换关系。因此,需要注意到,国王神迹,只是以一种极端的方式,表现了政治历史上某些普世的、永恒的政治交换和运作方式。国王神迹既是被统治者与统治者之间的某种正常交往的机制,也是政治合法性的极端表现形式,尤其是最高权威与最普通民众之间交往的基督教文化方式。

破除西方话语霸权

李隆国（北京大学历史学系）

蔺志强教授的《在专制与宪政之间——亨利三世时代的英国王权运作》于2016年由中山大学出版社出版。本书是作者在北京大学完成的博士论文的基础上修改完成的。全书共分为五章，另有导言、结论、参考文献、译名对照表和后记。书前还有马克垚先生的序言。

导言总结了中西方对王权概念的理解和相应的研究动态。作者提出王权包括国王个人、国王内府和国王政府，而国王政府是判断王权强大与否的根本。接下来的第一章进一步梳理了13世纪的王权理论："国王观念——王权的思想基础"。作者指出尽管有各种各样的对王权加以限制的企图和主张，但是，王权不仅必要，而且王权至上是主流观念，对王权的限制主要来自于道德方面，依靠国王自身的觉悟。第二章具体地介绍英王亨利三世年幼统治时期的国王政府的制度化运作。尽管总体上为贵族集体决策方式，但作者细致地按照时间顺序区分了几个阶段，从摄政代治到宰相当国再到幼主亲政。此后亨利三世尝试"专制"，在运作良好的国王政府的基础上重建王权、乃至更为强大的王权。随后的一章具体分析亨利三世所建立的高度的"个人统治"。作者首先指出亨利三世的君权理念乃是基督教思想中的"国王至上"。在权力运作过程中，亨利三世扶持御前会议，复兴内府，将各个职能部门的划分及职能制度化，形成以锦衣库为核心的国王政府，以及以财政署为核心的中书省负责中央政府的运作，使得听命于王的政府落到实处。

第四章"威加海内——王权在地方的实施"则聚焦于郡政革新，

通过分析郡守人选的骑士化或者非大贵族化,国王政府使得郡守日益成为服务于王权的地方政府首脑,独立性遭到削弱;郡法庭与百户区法庭日益成为以王室巡回法庭为中心的王国法律治理的基层组织。在此过程中,不仅"司法获大利"获得制度保障,而且司法程序逐渐得到完善,神裁法被抛弃,陪审团制度建立。与此同时,通过开展大规模的特权调查和确权活动,国王政府使得各种特权领地的持有者逐渐接受王室官员的渗透,将他们逐渐纳入到王国司法体制之中,甚至变成政府的地方区划和基层治理单位。城市的自治也从来不是完全独立于国王政府之外来实施的,其财政自主权也主要是实现替国王管理税收的功能,如果它们不让国王官员干涉城市管理,也得由城市官员来完成国王的事务。在教会事务方面,亨利三世一方面依靠罗马教廷,向本国教会征集财物,并控制对本国教会的管理,获得前任用强硬手段所无法获得的大量经济利益;另一方面利用英格兰教会与罗马教廷之间的利益冲突为自己谋取最大的活动空间和权益。亨利三世利用罗马方面的权威对付国内的贵族势力,保护王室自身的利益;也在权益受到侵犯的时候,联合教会代表会议抵制罗马教廷在英格兰的过分扩张。但这种在罗马教廷和本国贵族之间的平衡实难维系,最终导致 1258 年贵族反叛。

　　第五章专门讨论 1258—1267 年的政治风波。作者首先梳理了学术史,提出超越宪政史学的模式,要从实际情况来考察和评判这场危机。作者辩证地辨析了相关史事,对传统的"重用外国人"等原因做了合理的解读。蔺志强认为,这些因素都有些似是而非,归根结底,国王政府的原则是录用更为熟悉业务、更为专业化的人员,而非属于哪个地域或者派别之人。这场政治风波的发生,一方面因为王权的扩张确实触动了旧的封建贵族的利益;另一方面亨利三世的王权也并没有强大到他设想的那种程度,以便能够足以遏制贵族们的自私、短视和泥古不化。在这种背景之下,作者对1258 年爆发的贵族运动的具体历史环境进行了更加细致的梳理和辨析。他将整个运动的进程,分为前后两期,从前期的维权到后期的叛乱。西西里事务的外交冒险失败,加之 1258 年发生各种天灾,使得天灾人祸一起袭来,成为点燃贵族运动的导火索。亨利三世雄心勃勃的对外政策使得他自己落入到了反对他的贵族之手,积聚多年的矛盾一下子爆发出来。

在运动的初期,贵族阵营比较团结一致,但是,贵族阵营并没有进行真正的改革,而主要目的是确保贵族控制亨利三世建立起来的国王政府机器。随着时间的流逝,罗马教廷逐渐表明自己支持亨利三世的立场,法国国王路易九世也偏袒亨利,国外政治环境发生了变化。在国内,贵族内部日益分裂,参加运动的贵族分化。从 1264 年开始,以西蒙·孟福尔为首的贵族强硬派挟天子以令诸侯,实施贵族寡头统治,使得斗争的性质改变,从贵族改革转化为贵族叛乱。贵族虽然打着维护"共同体"利益的旗号,但实质上就是维护自己的利益。贵族运动失败之后,亨利三世并没有丧失多少权利,不仅仍是最高权威,而且也通过没收反叛贵族的地产而获得巨大的实际利益。就这样,经历了政治风波之后的王权得到恢复,英格兰王国的政治重趋于平衡。贵族试图维护旧有特权的做法行不通,而王权的过度膨胀也得到了一定程度的纠正。这场政治运动中有许多尝试也在英国政治史上留下了深刻的烙印,如议会等,但在当时,却并不能被视为宪政的开始。

在结论部分,蔺志强总结了全书的观点,认为"在亨利三世统治时期英国王权仍是强大的、不断向前发展的。它显然没有达到有的宪政史家所说的国王个人专制的程度,但把它看作一个王权在所谓宪政斗争中不断败退的时代也是不符合史实的"。

这部作品在理论辨析部分,体现了中国学术传统中的辨章学术、考镜源流的良好品质,对相关概念进行了精准的分析,对研究动态做出了辩证的评价。基于这种能力,作者成功地将王权强大与否这一传统问题转化为对国王政府的制度考察,从而在某种程度上摆脱了"议会研究"的偏颇和干扰。在制度分析部分,作者充分利用文书公文的格式对行政制度的运作进行了新颖的分析,将理论与实际运作综合而观,别开生面。总体而论,这部作品在破除宪政史观方面,与有功焉! 如马克垚先生所言,这本书将启迪读者摆脱"西云亦云"的思维定式,在制度分析的基础之上,进一步对中古时期的政治运动进行更加鲜活的考察。

征稿启事

　　本刊业已出版过两辑，现在恢复出版。今后拟每年出版一辑。现向学术界征稿，稿件要求大体如下：

　　(1)文献翻译和专门研究并重。每辑一个主题，依托于每年在北京大学主办的"拉丁语希腊语文献研究工作坊"。复刊第一辑(即第三辑)的主题为"法律文献"，包括古代中世纪(延伸至 1700 年)欧洲的法典、政府敕令、宗教会议决议、官司判决书、法律思想文献等。也可以自由选题，作者自定。

　　(2)翻译作品最好能够从希腊语、拉丁语等语言翻译，参考现代译本。整篇文献以有导言和注释为宜。对版本源流以及文献历史价值的介绍越详细越好。注释采用国内一般通用格式，并参考 *American Historical Review*。

　　(3)译文应符合中文书写习惯。

　　(4)译名宜采纳通行译法。

　　(5)专门研究提倡宏观与微观结合、史料扎实。

　　(6)文章长短不限。

　　(7)书评来稿需在 3000 字以内，以介绍图书内容为主。

《西学研究》编委会

编辑说明

改革开放四十余年来，世界史研究突飞猛进，大有一日千里之势。之所以成功，其中一个重要的因素在于对史料的占有和研究受到了前所未有的重视。随着世界史专门研究的日渐深入，我国培养世界史人才的机制也日趋完善。为了更好地培养学生对史料的感情，增加他们对史料的积累，从原文翻译原始史料，提供忠实顺畅、对读者友好的中文文本，实属必要。本刊愿为此略尽绵薄之力。

本辑所收文章，分为三类。第一类为史料翻译，篇幅最大。八篇文章基本上都是对古代中古原始文献的翻译。其中希腊文一篇，拉丁文五篇，现代早期英语一篇，现代早期德语一篇。本辑所录译文以法律类文献为主，编排遵循史料产生的时间先后顺序。第二类作品为现当代希腊史研究，所收的两篇论文反映了北京大学历史学系的特色。这里的希腊语教学和希腊研究的人才正在逐渐成长起来，他们的研究将改善我们只知有古希腊而不知有现代希腊的知识困境。第三类作品为书评。九篇书评都是针对中文学界近年出版的著作和译作。通过这些书评希望增进读者了解国内欧洲古代中古史研究的新进展。

本辑的出版，得到了北京大学学科建设基金的资助。北京大学古典学研究中心和北京大学历史学系召开的"拉丁语希腊语文献研究工作坊"，为本辑大部分译稿的成文提供了良好的学术机遇。没有商务印书馆的大力支持，本辑作品将不可能如此顺利地出版。感谢他们和本辑的每一位作者！

（CIP）数据

，2020年.第1辑:总第3辑/陈莹雪,李隆国
京:商务印书馆,2020
978-7-100-19150-0

.①西⋯ Ⅱ.①陈⋯ ②李⋯ Ⅲ.①西方国家—
究—丛刊 Ⅳ.①K107-55

中国版本图书馆CIP数据核字(2020)第185452号

西 学 研 究

总第3辑

主编 陈莹雪 李隆国

商 务 印 书 馆 出 版
(北京王府井大街36号 邮政编码100710)
商 务 印 书 馆 发 行
北京艺辉伊航图文有限公司印刷
ISBN 978-7-100-19150-0

2020年11月第1版 开本787×960 1/16
2020年11月北京第1次印刷 印张15¼ 插页1
定价:88.00元